中央领导同志接见第五届“我最喜爱的人民警察”评选获奖者

2014.11
湖北·武汉

中央领导同志接见第五届“我最喜爱的人民警察”评选全体获奖者

中央领导同志接见第五届“我最喜爱的人民警察”评选当选者

赤胆忠心

——第五届“我最喜爱的人民警察”评选活动集锦

公安部新闻中心　编

群 众 出 版 社
·北京·

孟建柱在会见第五届“我最喜爱的人民警察”评选活动获奖民警时强调：珍惜崇高荣誉 牢记为民宗旨 为建设法治中国平安中国作出新贡献 杨晶、王晨、郭声琨、周强、曹建明参加会见

（代序）

正在湖北省武汉市出席深化平安中国建设会议的中共中央政治局委员、中央政法委书记孟建柱3日晚亲切会见了第五届“我最喜爱的人民警察”评选活动全体获奖民警。他强调，要深入学习贯彻党的十八届四中全会和习近平总书记系列重要讲话精神，倍加珍惜亿万人民群众授予的崇高荣誉，始终把党和人民利益放在心中最高位置，全力维护社会稳定、服务人民群众，为全面推进依法治国、深化平安中国建设作出新的贡献。

由公安部和中央电视台共同主办的第五届“我最喜爱的人民警察”评选活动3日晚在武汉揭晓评选结果并举行颁奖典礼。孟建柱与深化平安中国建设会议代表一起出席了评选颁奖典礼。颁奖典礼结束后，孟建柱会见了刚刚揭晓的第五届“我最喜爱的人民警察”侦办刘汉刘维特大黑社会性质组织犯罪集团案专案组、曹志刚、宝音德力格尔、崔光日、张宝发、陈怡、郑伯武、高明、木拉提·西日甫江、韦汉忠，与他们一一握手，向全体获奖民警表示热烈的祝贺，向长期战斗在维护国家安全和社会稳定第一线的广大政法公安干警表示崇高的敬意。

孟建柱即席发表了讲话。他饱含深情地说，我们刚才观看了第五届“我最喜爱的人民警察”颁奖典礼。你们的事迹感人至深，深

深地打动了现场每一位观众，我们都是饱含着感动的泪水在看、在听你们的故事。你们中间，既有勇于攻坚克难、成功侦办刘汉刘维特大黑社会性质组织犯罪集团案的专案组，经常临危受命、在重大案件侦办中善用“撒手锏”的技侦专家张宝发，出生入死行走在缉毒一线、屡破大案的“缉毒先锋”高明，长年奋战在反恐最前沿、时刻面临生死考验的木拉提·西日甫江，又有在危急关头冲锋在前、把人质安全放在第一位的曹志刚，把青春年华奉献给祖国蓝色海疆的海警战士韦汉忠，身患尿毒症仍拖着肿胀双腿坚守在交通执勤一线的崔光日，还有忠诚守护戈壁草原、做好事“多如牛羊”的宝音德力格尔，离家在自己服务的社区租房住、被儿子称为“见不到面的妈妈”的陈怡，与歹徒搏斗两次负伤留下12道伤疤、倾情帮扶辖区困难群众的郑伯武。你们虽然岗位不同，但都把党和人民利益放在心中最高位置，忠诚使命、默默奉献，在平凡的岗位上做出了不平凡的业绩。你们的事迹就是活生生的人生教科书。你们无愧为党和人民的忠诚卫士，是政法公安战线真正的英雄。此时此刻，看到“烈火双雄”刘洪坤、刘洪魁的父母，看到“焦裕禄式的好民警”吴春忠的妻子，我们更加怀念为党和人民事业献出宝贵生命的战友。虽然他们离开了我们，但他们的先进事迹和崇高精神将永远激励着我们，他们永远活在我们心中，党和人民会永远记住他们。

孟建柱指出，第五届“我最喜爱的人民警察”评选活动启动以来，受到了社会各界和广大人民群众的高度关注。短短2个月，评选活动相关专题网页浏览量超过4亿人次，微博平台相关话题阅读量超过6亿人次，网民评论留言30万余条。大家之所以能够获得“我最喜爱的人民警察”的崇高荣誉，之所以能够赢得亿万群众的衷心爱戴，最根本的一点，就在于心中始终装着党和人民利益，始终把服务人民作为永恒的价值追求，以无怨无悔的付出、竭诚为民的奉献忠实践行了“人民公安为人民”的庄严承诺。

孟建柱强调，“我最喜爱的人民警察”称号，是一份至高无上的荣誉，饱含着广大人民群众对政法公安机关和政法公安干警的深情厚谊和殷切期望。希望大家把党和人民群众授予的崇高荣誉，化作继续前进的强大动力，再接再厉、再立新功。全国政法公安机关和广大政法公安干警要以“我最喜爱的人民警察”为榜样，学习英雄模范的崇高品质和先进事迹，永葆坚定的理想信念和高尚的道德情操，对党忠诚、献身使命，牢记宗旨、一心为民，为全面建成小康社会、实现中华民族伟大复兴的中国梦作出新贡献。

国务委员、公安部部长郭声琨主持会见活动时强调，全国公安机关和广大公安民警要认真学习贯彻党的十八届四中全会和习近平总书记会见全国公安机关爱民模范集体代表和爱民模范时的重要讲话精神，坚定理想信念，忠诚党的事业，保护人民，服务人民，为建设法治中国、平安中国贡献智慧和力量。

中央书记处书记、国务委员兼国务院秘书长杨晶，全国人大常委会副委员长兼秘书长王晨，最高人民法院院长周强，最高人民检察院检察长曹建明，中央政法委秘书长汪永清，湖北省委书记李鸿忠、省长王国生，中央电视台台长胡占凡参加会见。

目录

CONTENTS

上篇 人民喜爱是至高无上的荣光

当选者

特别致敬奖

特别奖

提名奖

中篇　评选活动媒体报道

下　篇　颁奖典礼媒体报道

第五届“我最喜爱的人民警察”评选活动当选者名单

侦办刘汉刘维特大黑社会性质组织犯罪集团案专案组（以肖传家、李仁喜、田红强、吴俊为代表）

曹志刚，男，43岁，北京市公安局反恐怖总队副总队长

宝音德力格尔，男，40岁，内蒙古自治区巴彦淖尔市乌拉特后旗公安局潮格温都尔镇派出所民警

崔光日，男，48岁，吉林省延边朝鲜族自治州汪清县公安局交警大队城区中队民警

张宝发，男，58岁，上海市公安局技术侦察总队总队长

陈　怡，女，41岁，浙江省宁波市公安局鄞州分局钟公庙派出所民警

郑伯武，男，35岁，福建省福州市永泰县公安局赤锡派出所所长

高　明，男，47岁，云南省临沧市公安局禁毒支队支队长

木拉提·西日甫江，男，38岁，新疆维吾尔自治区和田地区公安局民警

韦汉忠，男，42岁，中国海警海南海警第一支队46001艇代理枪帆长

第五届“我最喜爱的人民警察”评选活动特别致敬奖名单

向党的十八大以来，以“烈火双雄”、吴春忠为代表的，为维护国家长治久安、人民幸福安宁英勇牺牲的700多名公安民警和边防、消防官兵致敬。

“烈火双雄”——

刘洪坤，男，35岁，北京市石景山区消防支队参谋长（牺牲）

刘洪魁，男，28岁，北京市石景山区消防支队八大处消防中队副中队长（牺牲）

吴春忠，男，55岁，海南省东方市公安局天安乡派出所所长（牺牲）

第五届“我最喜爱的人民警察”评选活动特别奖获得者名单

云南鲁甸地震抗震救灾公安英雄群体（以谢樵、夏大猛、陈蓉为代表）

胡志国，男，52 岁，湖南省长沙市公安局经侦支队支队长（葛兰素史克专案主侦人员）

陈文荣，男，43 岁，福建省晋江市公安局局长

刘　安，男，49 岁，北京市公安局丰台分局蒲黄榆派出所民警

祁福孟，男，55 岁，辽宁省大连市公安局开发区分局指挥中心民警

牟清元，男，48 岁，黑龙江省大兴安岭地区加格达奇区公安局交警大队民警

陈德骅，男，58 岁，上海市公安局普陀分局桃浦派出所民警

李树干，男，55 岁，江苏省扬州市宝应县公安局汜水派出所民警

陈素青，男，57 岁，浙江省金华市公安局刑侦支队民警

陈　林，男，49 岁，安徽省公安厅物证鉴定管理处副处长

李权卿，男，46 岁，河南省濮阳市公安局治安管理支队民警

王　群，女，46 岁，湖北省武汉市公安局汉阳区分局洲头街派出所副所长

张　娟，女，40 岁，湖南省怀化市沅陵县公安局刑侦大队刑事技术中队中队长

孙建国，男，37岁，广东省佛山市公安局三水分局巡警大队特警中队长

潘少锋，男，40岁，广西壮族自治区南宁市公安局出入境管理支队三大队副大队长

陈　冰，男，33岁，重庆市公安局北部新区分局刑事侦查支队技术室民警

朱晓军，男，33岁，四川省甘孜州德格县公安局白垭派出所副所长

汪　勇，男，43岁，陕西省西安市公安局新城分局韩森寨派出所副所长

家新春，男，51岁，甘肃省兰州市公安局缉毒支队一大队大队长

邹清林，男，56岁，郑州铁路公安局洛阳公安处南阳车站派出所民警

第五届“我最喜爱的人民警察”评选活动提名奖获得者名单

高　媛，女，31 岁，北京市公安局网安总队六大队副大队长

梁智勇，男，42 岁，天津市公安局西青分局巡警支队三大队民警

张海峰，男，39 岁，河北省固安县公安局巡警特警大队长

张凤莹，男，45 岁，河北省承德县公安局刑事侦查大队大队长

申飞飞，男，28 岁，山西省长治市壶关县公安局鹅屋派出所指导员

霍耀明，男，43 岁，内蒙古自治区赤峰市林西县公安局新林镇派出所副所长

关吉文，男，44 岁，辽宁省本溪市公安局交通警察支队明山大队大队长

于　勇，男，56 岁，吉林省长春市公安局特警支队支队长

吴明星，男，40 岁，吉林省通化市通化县公安局光华派出所所长

姜　峻，女，39 岁，上海市公安局闵行分局刑侦支队民警

郭喜明，男，47 岁，江苏省苏州昆山市公安局正仪派出所民警

陈冶秋，男，34 岁，江苏省南京市公安局水上分局刑警大队法医

阮林根，男，46 岁，浙江省台州市公安局椒江分局海门派出所副所长

刘建设，男，33岁，福建省厦门市公安局交警支队科技信息通信处民警

吕　凯，男，30岁，江西省公安厅交警总队直属三支队中队长

李向利，男，35岁，山东省淄博市公安局张店分局西六路派出所民警

焦建新，男，38岁，山东省济宁市嘉祥县公安局马村派出所所长

郭　军，男，50岁，湖北省松滋市公安局信访科科长

刘培友，男，58岁，湖南省长沙市公安局天心分局城南路派出所民警

李　晖，女，46岁，湖南省衡阳市第一强制隔离戒毒所民警

邬松君，男，38岁，广东省广州市公安局荔湾区分局便衣侦查大队副大队长

周博文，男，34岁，广西壮族自治区梧州市公安局万秀区分局刑侦一大队副大队长

梁世军，男，37岁，广西壮族自治区崇左市公安局江州分局城南派出所民警

李观连，男，38岁，海南省海口市公安局美兰分局大致坡派出所副所长

刘　军，男，44岁，四川省成都市公安局金牛区分局沙河源派出所民警

胡启飞，男，28岁，四川省绵阳市平武县公安局交警大队事故中队副中队长

陈　红，女，42岁，四川省攀枝花市公安局东区分局治安管理大队副大队长

付　杰，男，35岁，贵州省安龙县公安局禁毒工作大队大队长

达瓦旺久，男，31岁，西藏自治区那曲地区班戈县公安局吉江扎西南路便民警务站站长

高尖措，男，50 岁，青海省海北州祁连县公安局峨堡派出所教导员

“帐篷中队”——青海省海北州祁连县公安局交警大队峨堡中队

张　斌，男，45 岁，宁夏回族自治区银川市公安局刑事犯罪侦查局重案侦查支队副支队长

努尔顿·吐鲁生，男，40 岁，新疆维吾尔自治区阿勒泰地区布尔津县公安局国保大队教导员

邓　锋，男，38 岁，新疆维吾尔自治区喀什地区莎车县公安局伊什库力派出所所长

刘文峰，男，47 岁，新疆生产建设兵团第九师公安局庙尔沟派出所所长

沈鑫敏，男，24 岁，安徽省合肥市公安消防支队庐江县中队特勤班班长

唐蔚宣，男，33 岁，广西壮族自治区崇左市公安边防支队那艾边防派出所副所长

卜凤山，男，50 岁，吉林省森林公安局临江森林公安分局局长

上　篇

人民喜爱是至高无上的荣光

当选者

侦办刘汉刘维特大黑社会性质组织犯罪集团案专案组：忠诚法律　敢于亮剑

致敬词：在惊心动魄的较量中彰显法治之威，在对邪恶堡垒的摧毁中锤炼钢铁队伍。公安司法工作者在用行动赢得人民的信任、增添百姓的信心。你们给平安中国、法治中国写下了新鲜生动的注脚、厚重庄严的篇章。

2013 年 3 月至 2014 年 2 月，在党中央的坚强领导下，公安部直接指挥北京、湖北、四川多地警方联手作战，历经近一年的艰苦侦办，

“1・10”专案组在研究专案工作（右起：李仁喜、肖传家、田红强、吴俊）

刘汉、刘维等 36 人涉嫌组织、领导、参加黑社会性质组织、故意杀人、包庇、纵容黑社会性质组织等案（代号“1・10”专案）成功告破，骨干成员全部抓获归案。该特大黑社会性质组织团伙被成功摧毁，无疑是彰显中央反腐决心、

更好地促进社会公平正义的又一个鲜活案例。案件也再次警示：法律的红线不能触碰，法律的底线不能逾越，不要去行使依法不该由自己行使的权力，更不能以言代法、以权压法、徇私枉法。谁违反制度就要给予最严厉的处罚，构成犯罪的，要依法追究刑事责任。

面对犯罪集团的深厚背景和侦查办案遇到的各种困难，面对必须绝无瑕疵的法律适用和证据要求，面对长时间、跨区域、高强度的连续作战，专案组全体成员以高度的政治责任感和使命感，勇于面对、敢于担当、善于攻坚，忠诚履职、不辱使命。多少个日日夜夜，多少次四处奔波……他们用信念、智慧和汗水克服了一个又一个困难，取得了一个又一个胜利，为彻底摧毁刘汉、刘维特大涉黑犯罪集团，铲除危害二十余年的社会毒瘤，为弘扬法治、彰显正义和打击保护伞、严惩腐败，作出了突出的贡献。被誉为“1·10”专案战场上的“四剑客”的肖传家、李仁喜、田红强、吴俊等四人就是这个英雄群体的杰出代表。

肖传家，男，55岁，咸宁市公安局副局长，担任“1·10”专案侦查工作执行指挥，具体负责案件侦查工作的组织实施。他从警三十四年，先后荣立个人二等功三次、三等功九次，在基层当刑警十年破案900余起、抓获犯罪嫌疑人800余人。2007年至2009年，他带队侦破中国网络赌博第一案，该案创下有史以来打击网络赌博犯罪涉及地域最广、抓获人数最多、追缴赃款金额最多、对地下钱庄调查最彻底等六项全国之最的纪录。

李仁喜，男，47岁，湖北省公安厅刑侦总队打黑支队民警，担任“1·10”专案侦查统筹组组长，负责全案的阅卷、取证任务下达、案件证据收集汇总和移送起诉工作。他曾荣立个人一等功一次、二等功一次、三等功三次。在湖北监利县公安局担任刑侦大队长、分管刑侦副局长六年间，指挥摧毁七个黑社会性质犯罪团伙，创下了湖北县级公安机关打黑纪录。在湖北省公安厅工作期间，参与指导摧毁30余个黑社会性质犯罪团伙，因打黑成绩特别突出被全国打黑办列为“打黑人才库”成员。

田红强，男，44岁，赤壁市公安局副局长，先后担任“1·10”专案四川取证组组长、追逃组组长、命案攻坚组组长。他先后荣立个人二等功两次、三等功五次，2006年被湖北省人民政府授予“全省优秀警官”称号。他参警二十四年，从事侦查工作二十四年，参与破获刑事案件3000余起。

吴俊，男，41岁，武汉市公安局刑侦局民警，担任“1·10”专案预审组组长，负责重要嫌疑人讯问工作。他参加公安工作以来，一直战斗在刑侦预审一线，参与侦破刑事案件800余起，成功讯问重要犯罪嫌疑人200余人，先后荣获武汉市优秀共产党员标兵、湖北省“十大执法标兵”等称号，是公安部讯问办案专家。

附记：“1·10”专案组：决战黑恶　不胜不休

（《人民公安报》2014年9月23日）

2014年8月7日9时，党的十八大以来党中央部署的全国打黑除恶第一案——刘汉、刘维特大黑社会性质组织犯罪集团案二审公开宣判：维持一审对刘汉、刘维的死刑判决。

2013年3月至2014年2月，公安部直接指挥北京、湖北、四川多地警方，成功侦破了刘汉、刘维特大黑社会性质组织犯罪集团案（代号“1·10”专案）。2013年4月，公安部指定此案由湖北管辖后，湖北省公安厅抽调近300名精兵强将组成“1·10”专案组，“大统筹”运转、“大兵团”作战、“大担当”拼搏。副省长、公安厅厅长曾欣任组长，公安厅指挥中心、刑侦、经侦、网安等部门负责人一线作战，全省60余名打黑、预审、法制、经侦专家和骨干参加。

涉案对象众多、涉及罪名重大、时间跨度大、涉及地域广，还需要经常实行异地作战，“1·10”专案是湖北警方从未经历过的大案、要案、难案。260余个日日夜夜，“1·10”专案组以顽强的作风和必胜的意志，打赢了这场侦办战：询问600余人，获取证言1000余份，调取相关资料1万余份，成功抓获7名重要在逃人员，侦破案件107起。

忠于使命　勇于担当

"很多人当了一辈子警察，也未必能经历这样的案件。"专案组执行指挥肖传家认为，1000余册、20余万页的卷宗，记录着刘汉、刘维特大涉黑犯罪集团的累累罪行，更反映出专案组民警英勇善战、百折不挠的硬作风、硬能力。

肖传家，湖北省刑侦专家、咸宁市公安局副局长，从警三十四年，长期奋战在刑侦一线，经手的大要案件不计其数。专案组成立后，肖传家负责统筹协调工作。侦办工作在四川、云南、北京、广东等多个战场全面铺开，数百名民警、数十个侦破小组同时展开工作。根据每名侦查员的特点，合理高效地配置警力是肖传家最重要的任务。他说："这就像下棋，要让每一颗'棋子'发挥最大潜能。"

布局、落子。所有参战民警的名字在肖传家的笔记本上、头脑里反复组合。交办任务、战前动员，每天"连轴转"，办案点一处简易会议室就是他的工作室，那里的灯光通常一亮就是一整夜。

新《刑事诉讼法》2013年颁布施行，对执法、办案提出更高的要求。肖传家及时组织法制培训，给侦查员们"加班、补课"，要求"案不漏人、人不漏罪、罪不漏证"。

一名老民警在部分证据收集上不太规范，与专班平行、独立工作的法制组对其进行纠正。他不服，提出申诉。肖传家认真调查，发现确实存在问题，坚定地支持法制组意见，与老民警从依法办案的角度耐心沟通，直至他心悦诚服。

运筹帷幄　忠诚履职

经周密部署，自2013年5月开始，百余名专案民警辗转十余个省市，行程数十万公里，夜以继日开展侦查攻坚。“可以说，犯罪行为涉及哪个地方，我们就赶到哪个地方取证，绝不留死角。”统筹组组长李仁喜介绍。

李仁喜，曾任监利县公安局副局长。2012 年 5 月调入湖北省公安厅刑侦总队有组织犯罪侦查支队，多次荣立个人一、二、三等功。

侦查统筹是整个侦查工作的“大脑”，是指挥的“神经中枢”。大规模取证工作展开后，负责案件统筹的李仁喜拟定计划、形成方案，每日列出任务清单，发到各个小组。“他是个马力强劲的发动机，大家都跟着他的节奏转！”同事们这样评价。

“1·10”专案的证据多达数万份，李仁喜坚持一一审核，指出案件瑕疵，提出具体办案要求。为确保案件质量，他将全案证据分类组卷，还专门制作《案卷证据总目录》等汇编材料，极大地方便了侦查和起诉阶段承办人审核证据。

在专案组，每当遇到案情细节不清楚，或是需要从浩如烟海的案卷中寻找证据时，大家首先想到的是给“百科全书”李仁喜打电话。“他的脑袋比电脑还好用！”同事丁桃明说。其实大家明白，人脑之所以胜过电脑，除了丰富的打黑工作经验外，更管用的是老李的勤奋和严谨。办案期间，李仁喜的工作笔记记了 30 余本。他习惯随身携带一个大包，里面笔记本电脑、笔记目录应有尽有，随时随地都能查找。

全案共抓获审查 101 人，部分人员只涉嫌个案，李仁喜先后七次提出对 60 余名非主要人员另案处理的建议，准确率达 100%。

重点攻坚　英勇无惧

2013 年 5 月起，100 余名涉黑组织成员分十批次先后被武装押解到咸宁。7 月 3 日，刘汉、刘维等涉黑组织头目被押解至咸宁，专案预审工作摆上重要议事日程。

如何突破犯罪嫌疑人的口供，让他们真心认罪，考验着预审专家田红强和吴俊的勇气与智慧。

田红强，赤壁市公安局副局长，从事刑侦工作二十四年。熟悉他的同事和朋友异口同声地用“拼”字来形容他。田红强的理解是：不痴不拼不专业，好警察就是聪明的傻子。

凭着这股“拼劲”，田红强在“1·10”专案的取证、追捕和讯问中立下赫赫战功。取证，他带队辗转四川、广东、云南等地，理清犯罪组织基本框架；追逃，他日夜蹲守；讯问，他战略明晰，步步亮剑，彻底打掉刘汉的嚣张气焰。

“预审中，我们给刘汉画了‘三道圈’，从外围开始，一圈圈收紧，一步步亮剑。”田红强介绍。第一道圈，指出他身边人，特别是保镖的犯罪行为。第二道圈，指出在四川绵阳小岛村的暴力问题，进一步撕开防线。最后是第三道圈，直指其授意杀人等。从正式交

“1·10”专案组上台领奖

锋开始，刘汉一步步往后退，由狂妄、进攻，到沮丧、退守，想方设法应对。

讯问刘维，同样惊心动魄。“刘维从不狂妄，甚至比较低调，但他黑道朋友多，证据点多。”预审专家吴俊说。

吴俊，武汉市公安局刑侦民警，从警十九年，科班出身的基层破案先锋，2013年被公安部刑侦局聘为预审专家。在“1·10”专案最为关键的讯问环节，他反复琢磨研究堆积如山的卷宗材料，一个接一个地讯问关联人，体现了高超的侦破、预审专业能力和敢打能赢的顽强作风。

“刘维特别善于混淆概念，比如你说他是‘哥佬倌’（四川方言中大哥的意思），他说四川那边谁都是‘哥佬倌’。”吴俊说，“这种情况下，我们死咬着不放，对每句证言进行严格审查，把他逼到墙角，切断退路。”

经过感化和教育，刘维最终坦承：“我有罪，我认罪，我对不起受害人，对不起家人。”

钢铁意志　英雄无悔

260余个日夜超负荷运转，专案组民警付出了常人难以想象的艰辛，做出了常人难以做到的牺牲和奉献：先后有六十人带病坚守一线，四人一再推迟婚期，三人亲属去世没能奔丧。大家说：“只要专案工作取得胜利，一切付出都是值得的。”

2013年9月底，肖传家突然感到头晕。医生要求他住院检查治疗，但直到2014年一审庭审完结以后，他才去住了一个多星期的院。

身患糖尿病多年，田红强基本上药不离身。为抓捕2号在逃人员缪军，他带领7名民警，在四川德阳最热的时节，顶着40摄氏度的高温，蹲守在一处没有通电的毛坯房内，喝凉水、吞干粮、睡地铺，一连十余天，直至将其抓获归案。

侦办工作取得完胜之时，已经在专案组工作了一年多的李仁喜感慨，工作中有“三个对不起”：为办案争执和动怒，对不起战友；一上案就没日没夜，几个月都回不了家，对不起家人；长期吃泡面盒饭，连续熬夜作战，对不起自己的身体。

声音：

“我们是幸运的，因为不是每名警察都能亲历侦办‘1·10’这样的大案；我们是自豪的，因为我们的警察人生有过这样浓重的一笔。成绩只能代表过去，未来任重道远。除黑恶、保民安，我们在路上。”

——“1·10”专案组

回声：

肖传家、李仁喜、田红强、吴俊都是有着多年刑侦工作经历和丰富办案经验的老刑警，他们身先士卒，带领大家冲在一线、干在前头，是大家的“主心骨”、工作的“发动机”、攻坚的“主攻手”。

——专案组成员、赤壁市公安局民警曹树胜

“这些人都是精英中的精英啊！”

——网友评论

数字：

肖传家，十年破案900余起、抓获犯罪嫌疑人800余人。

李仁喜，指挥摧毁7个黑社会性质犯罪团伙，参与指导摧毁30余个黑社会性质犯罪团伙。

田红强，从事侦查工作二十四年，参与破获刑事案件3000余起。

吴俊，参与侦破刑事案件800余起，成功讯问重要犯罪嫌疑人200余人。

曹志刚：战斗在打击暴力犯罪第一线

致敬词：你把生的希望留给群众，你把自己变成歹徒的梦魇。冲上去的一瞬间，释放着一生的坚守；对歹徒的无情，来自于对人民的深情。平安中国，因为你和你们而坚不可摧。

曹志刚，男，43 岁，北京市公安局反恐怖总队副总队长。

作为负责侦查处置绑架、涉枪涉爆案件专业队的领导，曹志刚始终坚持亲自出现场、开展调查访问、组织实施抓捕。在每次执行任务时，他都冲在危险的最前面，他对队友常说的一句话就是“我第一个上，你们跟在我后面”。近 3 年来，他带领队伍及时侦破、成功处置了一批绑架、涉枪、涉爆等案件，打掉犯罪团伙 23 个，解救被绑架人质 32 名，

曹志刚（右一）整装待发

收缴各类枪支300支、子弹26000余发，及时防止了危害后果的发生，消除了安全隐患。

曹志刚亲历了一次又一次的绑架案件现场，他凭借过人的胆识、精湛的技能和对群众生命安危高度负责的态度，科学指挥、有效应对、高效处置，安全解救被绑架人质，最大限度地维护了人民群众的生命财产安全。2009年，曹志刚带领战友们及时解救了被绑架的仅五个月大的女婴，将孩子安全送回父母的怀抱；2010年，成功解救被绑架的北京某学院教师邹某；2011年，又成功解救刚刚回国探亲年仅8岁的美籍华人。在处置绑架外籍人士案件中，犯罪嫌疑人绑架人质躲在汽车里，情况危急，曹志刚为确保人质和队友安全，自己潜伏到嫌疑人所在的一侧，第一个将嫌疑人一侧车窗玻璃打碎，将还没反应过来的犯罪嫌疑人牢牢控制住，而曹志刚的手臂多处被玻璃划伤，血流不止。

针对近年来涉枪涉爆犯罪手段不断变化的新情况，他深入研究犯罪的规律特点，带领队伍按照快速反应、快查快破、一查到底的工作原则，第一时间到达现场、第一时间开展核查、第一时间排除隐患，不断强化对涉枪涉爆案件线索的查证核实和对涉枪涉爆犯罪的打击力度，取得了接报的所有涉枪、涉爆线索100%开展查证核实，对具有行动性、现实危害性的涉枪、涉爆线索100%结案的突出工作业绩，为北京奥运会、国庆60周年等重大活动安保作出突出贡献。为了缉捕公安部通缉的外省某重大犯罪嫌疑人，曹志刚带领队伍反复研究其活动规律，顺线追踪，历经3个月时间，终于将其成功抓获。

曹志刚多次受邀参加国内外举办的处置绑架案件指挥、抓捕与谈判等业务技能培训班。针对绑架、涉枪、涉爆犯罪可能遇到的情况，他研究制定了一系列工作预案和处置流程、规范，不断总结经验，固化机制制度，强化实战演练，有效提升了应对处置此类犯罪的能力和水平。

曹志刚曾荣获“全国优秀人民警察”、“北京市十大杰出青年”、

"我最喜爱的首都人民警察"等荣誉称号，其分管队伍被评为"全国政法系统先进基层党组织"，连续八年被评为"全国青年文明号"等。

附记：曹志刚：从绑匪手中解救人质170名

（《人民公安报》2014年9月13日）

8月12日下午，由人民公安报社、北京市公安局共同举办的"做自己的首席安全官"主题宣传活动第六站走进国家图书馆。讲坛上，一名身材魁梧、一身警服的帅气警察正在结合自己经历的真实案例，生动形象地为现场观众讲解国内外暴力恐怖袭击的常用手段和特点，以及北京市反恐防恐工作的具体举措。

这名有气场的演讲者就是被誉为"绑匪克星"的北京市公安局反恐怖总队副总队长曹志刚。

勤奋苦练，磨砺出警队中的"神枪手"

曹志刚小时候曾目睹一名女警察在集贸市场勇猛地把小偷按倒在地，"警察是正义的化身"这一印象深深地烙印在曹志刚幼小的心灵中。18岁时曹志刚应征入伍，入选三军仪仗队成为一名战士。1992年，曹志刚放弃了上军校的机会，进入北京市公安局成为一名人民警察，圆了自己的警察梦。

1997年，曹志刚成为一名巡警。2000年，北京市公安局选拔刑警，他凭借沉稳、冷静的性格特点脱颖而出。但刚步入刑警队伍的曹志刚射击很不好，不是脱靶就是打不准。带他的队长也有招儿，把弹夹卸了，让他打空枪，他瞄得很准。接着，他又偷偷给曹志刚的枪里装上一发子弹，不明就里的曹志刚还当是空枪，枪响了，十环，这下把曹志刚的信心打出来了。他开始苦练射击基本功，端枪、放下、端枪、再放下，每天一个动作训练成百上千次，手臂酸得抬不起来了还要坚持。早晚练体能，白天练战术，还有各种射击姿势，光训练背心就磨破了十几件，肘部磨出了厚厚的茧子。

这些训练，为曹志刚赢得警队“神枪手”美名奠定了基础。

“玩命”队长用身体保护人质安全

“我没想到警察能冲进来，听到的声音就是爆裂的窗户和门，反应过来时，满眼都是民警，北京这么大，没想到这么快就能把我救出来。”许多被救的人质都这样描述。在行动中，曹志刚不止一次将人质拥在怀中，用自己身体做遮挡，让被绑架的人质免受次生伤害。

北京市公安局刑侦总队特别侦查支队肩负着打击绑架、劫持、涉枪等严重暴力犯罪的职责，经常要面对凶恶歹徒和各种危险场面。在这里任职时，曹志刚把这个团队带成了一支敢于“玩命”的团队，他也是这个团队里最“玩命”的人。“出生入死的时刻，我们队长

曹志刚当年解救的人质为他颁奖

总是第一个冲进现场。”曹志刚的队友如是说。

对此，曹志刚却说：“他们都还是孩子，都是独生子女，别说牺牲了，就是伤一个也受不了啊。作为队长，我把他们带出去执行任务，更有责任把他们安全带回来。”

2004年2月，著名演员吴若甫被绑架。曹志刚被任命为解救人质突击小组组长。2月3日深夜，第一名落网的嫌疑人王立华带着警方前往关押吴若甫和另一名人质的地点。在那个平房小院的院门外，王立华停下了脚步，问：“他们有枪，你们谁先进去？”“我。”身穿黑色防弹衣的曹志刚平静地说。“你可能出不来了。”“我等会儿出来还要见你。”曹志刚回头对王立华说。

“行动前我们已经知道歹徒有手枪、冲锋枪、手雷等武器，但曹队仍像往常一样冲在第一个。”和曹志刚一起参加行动的队员说，“当时我们进院时在大门受阻，曹队说了一句‘翻墙’就上了墙，等我第二个跟着翻上墙，曹队已经用身体把门上的玻璃撞碎，第一个往屋里冲了。”

“简直是迅雷不及掩耳！”吴若甫在回忆当时获救情形时说，在自己和另一名人质几乎放弃希望时，关押他们的小屋所有门窗突然一起爆裂，霎时间，特警鱼贯而入，绑匪们还没有反应过来便已全被制伏。

“整个过程不到三秒，之后，曹队把我紧紧搂住。”吴若甫感慨道，自己事后得知，歹徒持有炸药和手雷，曹志刚是做好了用胸膛保护他的准备。

即便一枪毙命是职责，他也只到万不得已才开枪

曹志刚总说：“嫌疑人和人质一样，都是人命。警察不是杀手，最终目的是要让人质安全获救，案件和平解决，击毙并不是最好的结果。”第一次击毙歹徒后对生命的扼腕，逐渐演化成他对枪的敬重。从警以来，曹志刚开过四枪，击毙歹徒三名，击伤一名，没有一枪

轻举妄动，没有一枪伤及无辜。冷静果敢、枪法出众以及过人的心理素质为他赢得了“绑匪克星”的美名。但每一次开枪，他都会反思案情，即便一枪毙命是职责，但不到万不得已，他绝不会扣动扳机。

2004 年 5 月 18 日傍晚，北京西客站东侧的马连道，男子王某抢了路边瓜摊上的西瓜刀疯了般挥砍，接连划伤三名无辜路人，并劫持了女青年小钟。

在车棚里，王某用西瓜刀顶住小钟的脖子。谈判专家在车棚外喊话，担任解救人质重任的曹志刚则端着枪守候在距车棚一米外的地方，随时准备破门救人。

一小时后，王某的情绪有所缓和，接受了从窗户递进去的饮料，顶住小钟脖子的手开始松动。心急的小钟想要趁机逃脱，却激怒了王某。王某举刀向小钟的脖子狠狠划去，事态急剧恶化。得到命令后，曹志刚踹门而入。在王某再次砍向小钟时，曹志刚扣动了扳机，人质解救成功。

这是曹志刚第一次开枪。当天晚上，他怎么也睡不着。“才 20 岁啊，这么年轻，做点什么不好，为什么要劫持人质呢？是我开的枪，他伤害了人质，我不能坐视不管……但是，如果他没有伤害小钟的举动，我就能制伏他而不是击毙。”这些没有答案的问题，让曹志刚辗转难眠。

欧阳夏丹和杨禹采访曹志刚

“击毙他是很可惜，但如果不击毙，无辜

的人质就会受伤害……”想到最后，曹志刚解开了心结。次日一早，单位请来心理医生为曹志刚做心理辅导。几个问题后，心理医生惊讶了，这名昨天才开枪击毙劫匪的警察心理素质如此之好。

仅仅过了三个月，北京市通州区的一间发廊里突然冲进一个男人，持刀砍伤三名服务员后，劫持女孩小彭为人质，给谈判组开出8000万元赎金的天价。两个多小时的谈判没有结果，专案组决定突击解救人质。现场窗户极高，外面还罩着钢筋的防盗栏，窗帘也都被拉上了，这一切，对枪手而言是极大的考验。就在歹徒不经意间探头观察外面的情况时，曹志刚举枪便射，子弹穿过细密的防盗栏，击碎双层玻璃，准确地击中了歹徒，人质获救。

开枪是迫不得已，在更多的情况下，曹志刚会尽力争取和平解决。在一起劫持案件中，嫌疑人失恋后把前女友劫持为人质。曹志刚了解情况后认为嫌疑人本质并不坏，对女孩感情也很深，经请示，他做出“不采用武力手段、和平处置案件”的处置策略。在七个小时的劝解中，曹志刚隔着门与嫌疑人沟通，谈到口渴时就递上一瓶水，饿了就送去点吃的，最终嫌疑人被感化，主动释放了人质。

23个除夕夜，他默默守护百姓平安

2014年除夕夜，曹志刚依然身着作战服，带领民警在王府井巡逻。此前的二十二个除夕夜，曹志刚或奔波在抓捕犯罪嫌疑人的路上，或值守在安保岗位上，都放弃了和家人守岁跨年的机会。曹志刚说：“这时候，睡在单位比在家里踏实。”

能够和爸爸团聚一次，对13岁的女儿来说简直就是一种奢求。所以每次曹志刚挤出吃午饭的时间到学校看女儿，懂事的女儿总是格外珍惜。对日思夜想盼着他回家的父母，曹志刚也总说，过两天就回去看看，却屡屡食言。

虽然曹志刚欠家里人一些陪伴，但那些被他救下的人质却一直忘不了他。曾被曹志刚从歹徒刀下救出的女大学生已经成家，与爱人在浙江的一个小城市经营着一家乐器店。2014 年 7 月，听说曹志刚到杭州出差，女孩和她的爱人连夜驱车上百公里来到杭州看望他。女孩的爱人反复对曹志刚说：“您是我媳妇命中的贵人，也是我命中的贵人，没有您，我们就没有现在的幸福生活。”

声音：

“从警多年，时代在变，不变的是战友们面对金盾的热血赤心，是同志们面对危险的义无反顾。作为人民警察队伍的光荣一员，我热爱我的职业，愿意为其付出我全部的热情和执著。平安北京，为你，我们永远坚守。”

——曹志刚

回声：

“和曹队在一起，你也会不假思索地向歹徒冲去。我想，这就是所谓的正能量。”

——曹志刚的战友

“原来成龙演的《警察故事 2013》说的就是曹志刚啊！原来这样的人在生活中真的有，赞一个！”

——网友评论

数字：

直面 423 名绑匪，解救 170 名人质；2006 年以来，他参与侦破的绑架案破案率为 100%。

宝音德力格尔：戈壁草原上的“察戈答”

致敬词：爱民之事皆溪流，小溪可成江河；平凡日夜皆细碎，琐碎铸就豪迈。你们给法治的刚性里增添了柔情，你们在警察的定义中书写着安宁。小事成大爱，平凡亦英雄。

宝音德力格尔，男，40岁，蒙古族，内蒙古自治区巴彦淖尔市乌拉特后旗公安局潮格温都尔镇派出所民警。

十七年的坚守，让宝音德力格尔和牧民亲如一家，成为牧民心中最信任的人。在牧民中间，流传着这样一句话：“草原上的牛羊千千万，宝音察戈答（蒙古语，意为警察）就一个。”他的辖区有五个“嘎查”（蒙古语，意为村子），1672平方公里，917户居民散居在这片广袤的戈壁，每户至少相隔五六公里。一辆摩托车、地图、褡裢、两部手机，构成了

宝音德力格尔在辖区巡查

宝音的“临时警务室”。十七年来，他骑坏了六辆摩托车，每月深入辖区二十多天，每年平均行程六万多公里，总里程相当于绕地球二十五圈。

宝音一次次进入戈壁荒山，克服的困难，遇到的危险，常人难以想象。有一次，宝音突然在茫茫戈壁“失踪”，七八天没有音信，无人能找到他，宝音的妻子甚至已经准备了后事。原来宝音在驾车翻越荒山时，车胎被石子划烂，跌进深沟，昏倒过去。因为没有手机信号，他醒来后走了三天，找到戈壁“羊道”一个临时的放牧点，此时他已经筋疲力尽。一天后，牧民救起了奄奄一息的宝音。2010年初春，一哈日朝鲁嘎查牧民放牧时遭遇强沙尘暴，牧民和300多只羊被风暴裹挟到离放牧点15公里外的地方迷了路。情急之下，他急忙给宝音打电话。宝音请来驾驶技术高超的司机，两人顶风上路。由于戈壁狂风给人带来错觉，车一出镇，路便消失了。在沙石漫天的戈壁草原，宝音拿出随身携带的手电筒，用脑海中的“地图”反复定位，走走停停，三小时后锁定了牧民的大致位置，连夜从十几公里外将他救回。

在他看来，下牧区如同“回家”般温暖。十七年来，他累计走访牧民十余万人次。哪个孩子快上学了，哪家牧民的羊绒没卖，甚至哪家的牛羊是什么记号，宝音都清清楚楚。宝音进牧区时，他的褡裢总是满满当当，里面塞满了牧民订阅的书刊、订购的药品，甚至有汇款单和米面蔬菜，他成了义务邮递员。宝音申请的48号邮箱是潮格温都尔镇邮政局利用率最高的私人邮箱，也是戈壁草原牧民们的公用邮箱。他随身带的笔记本上记得密密麻麻，工作日程排得满满当当，这样的笔记本宝音已经记满了23本。多年来，宝音管辖区可防性案件发案为零。宝音在实践中总结出“多走、多看、多问、多记、多想”的“五多工作法”，摸索出的矿山危爆剧毒品监管、草牧场矛盾纠纷调处、服务少数民族牧民群众、边疆牧区流动人口管理等一系列工作方法，成为边疆基层公安管理工作的范本在内蒙古推广。

宝音德力格尔曾荣获“全国争先创优优秀共产党员”、“全国优秀人民警察”、“全国公安机关爱民模范”等荣誉称号。

附记：宝音德力格尔：戈壁草原上的“赛因察戈答”

（《人民公安报》2014 年 9 月 13 日）

在内蒙古自治区乌拉特后旗潮格温都尔镇有一名名叫宝音德力格尔的片警，管辖着 1672 平方公里的辖区。在这片“春天一身沙，夏天一身泥，秋天一身蚊，冬天一脸霜”的戈壁草原上，他坚守了十七年，成为辖区牧民最信任的人。靠着一辆摩托车、一个褡裢、两部手机，他用瘦弱的肩膀担负起了戈壁草原牧民的希望。

宝音德力格尔对戈壁草原了如指掌。“下牧区”这样的词从他的嘴里说出来，就如同“回家”一般温暖。牧民们都亲切地称他为“赛因察戈答”（汉语意为好警察）。

褡裢、地图、摩托车、手机构成的流动警务室

1997 年，宝音德力格尔被招考到了乌拉特后旗巡警队，随后被分配到了潮格温都尔镇派出所，这一干就是十七年，辖区牧民们都称他为“宝音”。宝音的责任区面积有 1672 平方公里，917 户居民分散居住在这片广袤的戈壁草原上，每户至少相隔五六公里。一辆摩托车、一个褡裢、一张地图、两部手机，构成了他的“流动警务室”。十七年来，他每月深入辖区二十多天，骑坏了六辆摩托车，走过的路可以绕地球二十五圈。

“牧户住得再远，我也要经常走进去。”刚入警时，宝音骑着摩托车走访辖区，迷路和摔跤是家常便饭。戈壁大山中，没有什么标志物可以做参考，即使是有牧区生活经验的人也很容易迷路。为了改变这一状况，宝音开始在调查走访中绘制他的警务“地图”，

每找到一家牧户，宝音就掏出随身携带的本子记下大致方位。

戈壁草原地形复杂，有绵延的丘陵，有干涸的河床，有一望无垠的戈壁，宝音无法进行精确的地质测量，但他有自己的一套方法：以公路为主线绘制“树形图”，每走访一家牧户，都要详细询问距离其他牧户有多远，周围有什么参照物。在“宝音地图”上，只要找到一家牧户，就可以沿图所导方向找到另一户。2008 年，宝音把辖区五个嘎查（汉语意为“村”）的分布图合成一张标示 1672 平方公里戈壁草原的大图。这张以宝音一己之力绘成的地图，2009 年被巴彦淖尔市公安局录入警务平台。如今，这张图不但印在了纸上，更刻在了宝音的心里。他可以通过一块石头、一段河槽来判断方向，至于每户牧民住在哪里，他更是了然于胸。

宝音进牧区时，他的褡裢总是塞满了牧民订阅的书刊、订购的药品，甚至有汇款单和米面蔬菜。原来，牧区居民居住分散，邮政网络只能通到嘎查，从嘎查到牧民家有时需要翻山越岭，摩托车也开不进去。宝音在走访牧户时，有的牧户会让宝音帮着汇款、邮购药品等，宝音总是很爽快地答应。这样的分外“业务”多了，宝音索性当成分内事来做，他在镇邮政局申请了一个专属邮箱，编号 48，现在成了镇上利用率最高的“私人邮箱”。多年下来，宝音已经记不清到底帮助牧民送了多少东西，他总是说“利用率高就好”。

社区民警宝音德力格尔上台前，救了他的蒙古族老人为他整理奖章

牧民们信任宝音，

大事小情都愿意找他。宝音的手机也总是响个不停。

“宝音，我家新雇了个羊倌，你给把把关呗。”

“宝音，刚刚我在草场上瞅见一个人，看穿戴不像是本地的，不知道是不是有问题？”

……

一个个电话正应了宝音常说的那句话，“我的手机就是为牧民们配的”。

乌拉特后旗戈壁草原上有许多地方手机信号不稳，但宝音知道哪个山坳里联通信号可以收到，而移动的信号没有，在哪座山丘再往上走几十米可以打出电话。

在进行牧区人口登记时，宝音总要反复核实牧户的手机号码。为了方便接警，宝音专门自备了移动和联通两部手机，全天开机，保证随时能接听到牧民的求助电话。

“草原上牛羊有多少，宝音做的好事就有多少”

17 年来，宝音到底为牧民群众做了多少好事，他自己也记不清，牧民群众说：“草原上的牛羊有多少，宝音做的好事就有多少。”一年里，他大约有 260 天时间都沉在牧区，为群众解决各种难题。大多数群众到派出所办事，进门的第一句话是:“宝音警官在吗？”“有事找宝音”成了辖区牧民的共识。

和辖区群众亲如兄弟

一次走访中，宝音偶然了解到，牧民尕拉马撒和丈夫离婚后，孩子由于家庭经济困难未能上学。宝音特地来到尕拉马撒家，放下一箱奶和学费，说："以后孩子的学费和生活费由我来承担。"

牧民雷金花在冬天几次丢羊，给宝音打电话，他骑上摩托车就来。宝音还经常帮雷金花家的羊圈清理羊粪。雷金花说："这样的小伙儿到哪里去找！亲儿子有时候还不干，嫌脏！"

十七年来，宝音帮助辖区困难群众申请办理低保百余人次，资助20余名家庭困难的孩子上学，向困难牧民捐款捐物折合人民币三万余元。

"五多工作法"织就辖区"平安网"

作为北国边疆戈壁草原上的一名社区民警，宝音需要面对的矛盾纠纷往往事关重大，草场划分、矿产开发、外来人口等问题引发的矛盾纠纷往往需要懂法律、懂政策、通蒙古语、情况熟的民警调停处理，特别是需要牧民认可的民警关键时刻发挥作用。用宝音的话说就是"光我认识牧民还不行，重要的是让牧民认识我"。

一家建材公司开矿影响到牧民放牧，造成汉族工人和蒙古族牧民的关系一度紧张，公司的简易住房几次被牧民拆毁，驻地水井也屡次被牧民用石块填塞。宝音了解情况后，吃住在工人宿舍，向汉族工人介绍牧区的风土人情，还教汉族工人用蒙古语问好。他带着汉族工人到蒙古族牧民家做客，开始牧民只认宝音，不让工人们进屋，宝音反复做工作，牧民们终于开始接受这些汉族工人。如今，蒙古族牧民和汉族工人成了熟人，有什么事大家都能坐在一起商量。当然，这时候少不了宝音这位朋友，因为宝音不仅是个好"翻译"，更是大家都信得过的人。

宝音对管区熟，牧民对宝音更熟，吵架的牧民，见到宝音就不吱声了；酒后闹事的牧民，见到宝音也不胡闹了。矛盾纠纷总是在宝音和颜悦色的调解下云开雾散。十七年来，宝音在实践中总结出"多走、多看、多问、多记、多想”的“五多工作法”，还开创性地运用草牧场矛盾纠纷调处法、“三个一”常住人口管理法、矿山危爆剧毒品监管法等一系列方法，织就了一张辖区“平安网”，成为边疆少数民族地区基层公安管理工作的范本。

在2011年“清网行动”中，宝音在登记人口信息时发现一名男子身份可疑，便向外地发协查函，最终确认这是一名潜逃十五年的犯罪嫌疑人。据统计，宝音的辖区连续十三年可防性案件发案数为零。

在戈壁草原奔走十七年，宝音走访牧民累计达十余万人次，记录了23本民情日记。哪个矿点新进了危爆品，哪家牧民来了亲戚，哪个孩子快上学了，甚至哪家牧民的牛羊是什么记号，宝音都清清楚楚。十七年来，宝音的辖区常住人口双向熟悉率为100%，暂住人口网上比对率为100%，从未发生漏管失控。

声音：

“我生在牧区，长在牧区，我的根已深深地扎在乌拉特草原上，我对草原的一草一木都非常熟悉，也和牧民群众有着亲人般的感情。从我成为牧区片警的那一刻起，心中就有一个目标：要为牧民群众多办实事，多做好事。”

——宝音德力格尔

回声：

“宝音是我们牧区的活地图，有他在我们身边，我们什么也不用担心。”

——牧民巴图德力格尔

数字：

在戈壁草原奔走十七年，宝音走访牧民累计达十余万人次，记录了23本民情日记，致力于维护1672平方公里戈壁草原的平安。

崔光日：用生命践行信念的警营“铁人”

致敬词：无愧于人民，你便是最好的警察。无愧于岗位，你已有最久的坚守。患难与共，是一份挚情应得的勋章；万千通途，是一位交警可筑的春秋。

崔光日，男，48岁，朝鲜族，吉林省延边朝鲜族自治州汪清县公安局交警大队城区中队指导员。

从警二十四年来，崔光日始终坚守信念、执著事业、全心工作，用忠诚彰显一名人民警察的价值追求。为了保护群众，身中两刀、肠子都露了出来的他，仍与战友制服犯罪分子。他先后三次因工作劳累晕倒在工作岗位上。2012年8月，他被确诊为尿毒症，由于同时患有严重的糖尿病，无法接

崔光日（右一）护送学生过马路

受肾移植手术，只能靠血液透析来维持。尽管他每周需三次透析，但仍坚持在执勤一线，只因他热爱警察这个职业。十年来，他路面执法上万起，没有一起被投诉。

在他看来，疾病不可怕，最可怕的是离开工作岗位。在没有透析的日子，他总是比别人提前半小时上岗，最后一个离开。因为执勤要喊话，为避免多喝水，他专门买了一个带吸管的塑料瓶，每次嗓子干了就用吸管沾沾嘴唇。执勤站着时间长了，他的腿脚经常浮肿，有时肿胀疼得实在挺不了，就到车里脱鞋松松。胳膊上用于透析的瘘，正常情况下十年都不会堵塞，而他一年就堵了，医生说，这是因为他执勤经常挥动胳膊，过度劳累造成的。

在汪清，部分群众常年在韩国打工，留下大量空巢老人和留守儿童。执勤中，崔光日特别关注他们的出行安全，并提供力所能及的帮助。遇有老人、孩子过马路，他都亲自护送。每天学校上学、放学，他都到汪清县第一小学路口维持交通秩序，护送学生安全过人行道。崔光日家庭条件比较困难，但始终坚持原则，从不利用职权谋私利，也从不拿群众一分钱，而且每当遇到生活困难的群众，还竭尽全力地给与帮助。一年的腊月二十九，一名出租车司机为了揽活逆向行驶，被崔光日处以200元罚款。司机求情说：家里困难，能不能照顾一下。崔光日没有答应。他询问得知这名司机家庭确实困难，专门买了400元钱的年货找到出租车司机，诚恳地说，逆行是严重违章，必须处罚，这是我的一点心意，留着过年吧。出租车司机老高患上重病，家庭生活困难，崔光日得知后，主动看望，并联系大队对其进行帮扶，直到老高病逝。

崔光日是个铁骨铮铮的汉子，从不惧怕任何困难和危险。每当遇到重大任务，他都主动请战，冲锋在前。当缉毒警时，有一次崔光日着便衣外出办案，突然碰到两伙人群殴，其中两个人手持尖刀正要行凶，情况十分危急。崔光日立即冲上去制止，被疯狂的犯罪分子刺中了两刀，肠子都露了出来，浑身染满了鲜血。但他仍然坚持与随后赶来的战友们一起将罪犯制服。

崔光日曾荣获吉林省“公安系统优秀基层民警”、“吉林好人”等荣誉称号，被授予延边州“五一”劳动奖章。

附记：崔光日：带着“三件宝”，做完透析就上岗执勤

（《人民公安报》2014 年 9 月 15 日）

“拖鞋、棉衣、小水壶”是崔光日身边常备的“三件宝”。

崔光日身患糖尿病多年，后来发展成尿毒症。

备着拖鞋，是为了在长时间执勤站岗导致腿脚肿胀后，能到车里脱掉皮鞋，换上拖鞋放松一下；带着棉衣，是因为他身患多种疾病，比一般人怕冷，经常需要穿上棉衣暖暖身体；背着小水壶，则是因为他站岗时间长，口干舌燥却又不能多喝水，只好用吸管吸一小口，

妻子沈英爱为身患尿毒症的丈夫崔光日颁奖，她说希望他身体好起来，因为人民需要他，家人更需要他

润润嘴唇后再吐出去。

工作，是他生活的乐趣和动力

崔光日最高纪录是连续工作两百天没有回过一次家。他曾两次晕倒在工作岗位上被送往医院，醒过来后直接走出医院，又投入到工作中。

他像头犟牛，谁也劝不了。

2012 年 8 月，身患糖尿病多年的崔光日突然再次晕倒在工作岗位上。

经过医院全面检查，确诊崔光日患上了尿毒症。崔光日的病情牵动着吉林省汪清县公安局领导和广大民警的心。公安局党委两次开会，专门研究为他治病，打算让他回家休息。但崔光日一口回绝，硬是从病床上爬起来，回到了工作岗位上。

每天上岗后，崔光日主动到路况最复杂、车流量最大的路段执勤，一站就是一天。有时候，他的腿和脚浮肿起来，走路都困难。崔光日在车里和办公室里，分别备着一双大号的拖鞋。腿脚肿得实在太厉害，他就脱下皮鞋，缓一缓。稍微好些，又穿上皮鞋，走上街面执勤。

崔光日的主治医生介绍说："尿毒症本应注意休息，也最需要休息，可崔光日这个病人，从来不听劝阻。我曾多次在路上见到他还在执勤工作，跟他急过几次，但他就是不听我的话。"

血液透析需要在胳膊上做个瘘。正常情况下，一般病人的瘘十年都不会堵塞。可崔光日的瘘一年就堵了——他执勤要开车巡查，要敬礼，纯粹是累的。没办法，医生只好再给他做个瘘。

现在，崔光日每周做三次血液透析，每次四个小时。每次做完透析后，崔光日跟其他病人一样，身体非常虚弱，走起路来飘飘摇摇，甚至上不了楼，回不了家。崔光日就打电话，让妻子下楼将他扶回家，躺半天才能恢复过来。

而第二天，崔光日立马跟个好人似的，一头扎在了岗位上，雷打不动，风雨无阻。

妻子心疼他，哭着求他："光日，你别上班了，你为了自己，为了这个家，为身体健康考虑一下吧，别再拼命了。"

"不让我上班，还不如现在就判我死刑。工作，是我生活的乐趣和动力。家庭重要，亲人重要，身体重要，可是对我来讲，没有了自己喜欢的工作，哪还有乐趣？没有了乐趣，还有什么意思？"崔光日永远改不了犟脾气。

哪里有需要，他就顶到哪里

48岁的崔光日从警已有二十四年，在缉私、禁毒、派出所等多个部门都干过。他始终坚守"当警察就要为群众办事"的誓言，时刻肩负着保护人民群众生命财产安全的责任。

2000年，善打硬仗的崔光日被任命为缉私大队副大队长。为了扭转边境地区走私猖獗的局面，他主动带领缉私队员进驻深山设伏。在1年左右时间里，他和队员们克服各种困难，天天在山里设伏堵截，风餐露宿，日晒雨淋，先后查获走私车50余辆，案值近千万元。

每次堵截，崔光日都主动带头冲在最辛苦、最危险的一线。

也就是在这段时间，由于劳累过度和压力太大，他患上了肾炎和糖尿病。崔光日把病历悄悄锁进办公桌抽屉，转身继续扎在工作中。

2002年的一天中午，崔光日和一名同事外出，路上遇到一伙人手持尖刀、铁棍等凶器追砍着几个手无寸铁的人。

崔光日第一个冲了上去，亮出工作证，大喝一声："我是警察，把刀放下！"那伙人非常疯狂，见崔光日上前阻拦，直奔他而来，挥刀乱刺。制止斗殴过程中，崔光日腹部被刺两刀，肠子都露出来了，浑身染满鲜血，但他仍然和同事一起奋力与歹徒搏斗。最终，在及时赶到的其他民警帮助下，行凶者全部被擒获。

这件事，在汪清县广为流传。

两年后，崔光日被任命为东光派出所代理所长。在短短半年时间里，他大胆探索，不断创新，很快把落后派出所变成了先进派出所。

又过了一年，崔光日被任命为交警大队百草沟中队中队长。百草沟镇地处交通要道，辖区内有旅游区，交通管理任务十分繁重。

为了遏制交通事故高发势头，崔光日带领中队民警将辖区内的重点路段全部排查一遍，把险路险段作为重点监控部位，切实加大了管控力度。那段时间，崔光日每天带队巡逻，主动把巡逻时间改为从早6时到晚6时，每天延长工作四个小时。

由于措施得当，崔光日就任百草沟中队中队长期间，当地交通事故比以前下降了40%。

2009年，因工作需要，崔光日又调回交警大队做督察工作。工作中，崔光日不徇私情是出了名的，不管谁犯错违规，都一视同仁。有一次，一名副大队长违反规定，工作期间没有着装，崔光日毫不

站的时间长了，崔光日有些低血糖，妻子沈英爱从随身携带的包里拿出糖给他

客气地按规定进行通报处罚。

自此以后，交警大队再无违纪现象。

一次次助困，他对群众满怀柔情

常言说得好，人熟为宝。汪清县城不大，很多司机都想跟崔光日拉上点关系，关键时刻能关照一下。可崔光日坚持原则，谁也拿他没辙。

而那些跟他素不相识的群众一旦需要帮助，崔光日总会及时伸出援手。2011 年，司机高成勇在路上驾车，突然感觉极不舒服，便放缓了车速。正好遇到崔光日开展路查，发现高成勇没带驾驶证，于是开了 50 元罚单。通过交谈，崔光日得知高成勇身患重病，家庭非常贫困。崔光日在递给高成勇罚单的同时，从兜里掏出仅有的 200 元钱递给了高成勇。

2013 年，汪清县对非法营运三轮车进行专项治理。交警大队城区中队民警每人包保了十辆非法营运三轮车，开展劝导工作。崔光日的工作对象中有一名姓金的残疾人。一次次交流，毫无结果，金某不但不改正，还骂崔光日，甚至要对崔光日动用拳脚。可崔光日不急不恼，继续理性劝说。

最终，金某在崔光日面前哭了，并讲了家里的困境。了解情况后，崔光日积极帮助金某解决困难，还经常自掏腰包买一些生活用品送到金某家。后来，惭愧万分的金某主动放弃了非法营运。

夏天天气炎热，为了防止民警在烈日下站岗执勤中暑，他经常让岳母煮好绿豆汤，逐一送到每个岗台。民警谁得了疾病，他像自己的亲人生病一样主动联系医院进行救治。

崔光日的家境其实很清贫。妻子没有固定工作，孩子上学的费用、家里的生活开销，都靠他一个人微薄的工资。

为了改善家庭条件，妻子外出打工。直到今年春天，为了照顾患重病的崔光日，她才回到汪清。

崔光日工作起来不分早晚。但他也是一名合格的父亲，特别是妻子外出打工那段时间，工作再忙，每天早上他都要早早起床，为女儿准备好早餐，再迅速赶到岗点上早岗。夜晚，他拖着疲惫的身体回到家中，不仅要打理家务，还要陪女儿学习，常常坐在沙发上就睡着了。

声音：

“一个人如果工作不干出个样子来，就没有尊严。当警察，就要为民办事，做百姓的公仆。只要我还活着，还有一口气儿，就要工作在岗位上。名利对我来讲，都没有太大意义，我是真心喜欢警察这个工作。”

——崔光日

回声：

“每天早晨送孩子上学，我都会看到他站在学校门口指挥交通。后来，我才知道他还有尿毒症，他可真是一面旗帜啊。”

——学生家长

“崔光日就是基层民警的一面旗帜。老崔，加油！”

——网友评论

数字：

连续工作 200 天没有回过一次家。每周做三次血液透析，每次四个小时，却仍然坚持在工作岗位上。

张宝发：打造“杀手锏”

致敬词：无形战线，令敌人胆寒；无私奉献，给警徽增光。技侦人，无名英雄，人民从心底里记住了你们的鼎鼎大名。伟大祖国敞开胸怀，收下了你们的赤胆忠心。

张宝发，男，58岁，上海市公安局技术侦察总队总队长。

一次次临危受命，张宝发解开一个个难以解开的谜团；一次次奔赴现场，张宝发用不同于常人的火眼金睛，破获不计其数的大案要案……三十六年从警生涯、二十五载技侦岁月，他把自己融入技侦事业，忠心耿耿，无私奉献，见证了技侦从无到有、由弱变强、从传统走向现代的发展史，打造出了一支全国一流的忠诚之师、钢铁之师、精锐之师。

他是全国公安技侦“上海标准”和“建设模式”的引领者和创建者。“科学技术发展到哪里，技侦工作就要跟进拓展到哪里”，从模拟到数字、从有线到无线、从传统电话通信到通信网、互联网、

张宝发在介绍案件侦办情况

广播电视网“三网融合”，乃至步入当今的大数据时代，每一刻，每一时，张宝发都能号准科技跳动的“脉搏”，及时提出项目建设、器材研发的设想和规划，并且将最新技术应用于侦查实战。在他的领导和大力推动下，上海公安技侦先后完成了近百个科技项目建设，许多专项技术应用系统在公安业务领域中发挥了杀手锏作用，技术系统功能设计和实战应用达到了“世界一流，全国领先”的水平，为公安技侦新技术发展建立了战略优势。

他是将公安技侦手段和侦查破案完美结合应用的侦查专家。技侦是公安工作的核心战斗力，破案就是最好的试金石。作为一名资深侦查专家，张宝发有句名言：“如果你不能掌握情况，那是因为你离现场还不够近”。从 1997 年造成申城社会恐慌的魏广秀系列抢劫伤害案，到 2000 年上海籍夫妇在荷兰遭劫的“1・19”跨国绑架案，再到 2010 年“9・8”黄金大劫案，直至今年的“伪基站”案、跨国电信诈骗案，张宝发领衔破获的一系列经典案例在技术应用方面具有突破和引领的标志性意义。

老一代技侦民警的代表为张宝发颁奖，两人拥抱在一起

做破案攻坚的“锤子”、创新发展的“尖子”和忠诚守业的“钉子”，是张宝发给自己的定位。“选择技侦，也就选择了寂寞和坚守。也许，在许多公开场合，我们只能是一个背影，

但它却是整个公安侦查工作的脊梁。我们的背影，就是无数公安技侦人忠诚敬业、默默奉献的缩影。”

张宝发曾先后荣立个人一等功两次、二等功两次。他带领的总队先后荣获集体一等功18次、集体二等功205次，个人获记功嘉奖和各种荣誉称号2366人次。

附记：张宝发：25载坚守，解开一个个疑案谜团

（《人民公安报》2014年9月26日）

干技术侦察这一行，有家顾不了，这是常有的事，如果大家都顾家谁来破案？再说，有些案子都是晚上发生，你不去行吗？勘查现场如不及时的话，可能有的东西拿不到，你怎么破案？

有人说他神奇，神奇在哪儿？在三十六年的从警生涯中，尤其是在二十五载技侦岁月中，他一次次临危受命，解开一个个难以解开的谜团；他一次次奔赴发案现场，用不同于常人的火眼金睛，破获了不计其数的大案、要案、奇案……誓言无声，由于工作的特殊性，他的名字却鲜为人知。

“干我们这一行的，必须耐得住寂寞，既不能图名，更不能逐利，否则你就别干这个行当。”8月底的一个夜晚，当朴实敦厚、有着神奇经历的“无名英雄”——上海市公安局技术侦察总队总队长张宝发走进记者的视线时，我们越发感到他有一种独特的人格魅力。

从门外汉到业务尖子靠的是永不服输的精神

二十五年前的一纸调令，使张宝发由一名派出所所长成为当时上海市公安局技侦处处长助理。从此，他与恢复重建的上海公安技侦一道成长，见证了技侦从无到有、由弱变强、从传统走向现代的发展史。

“我没有搞过技术侦察，可以说一开始完全是个门外汉，但我有永不服输的精神。”张宝发说。

刚到技侦处工作时，没人把张宝发当做“一盘菜”，张宝发也因为业务生疏，导致一次抓捕行动失败。张宝发深受刺激，永不服输的那股劲被彻底激发出来。他不懂就学、不会就问，共事时间长了，大家发现，张宝发是个干工作不要命的人。

在张宝发的办公室，记者看到，桌子上、茶几上、椅子上，摆的都是古今中外的各种业务书籍。上海市公安局技术侦察总队政委柳国青对记者说：“他每天不管工作多忙，都要挤出时间读书上网，干技侦工作不久，就能把技侦领域国内及国际的情况了解得非常透彻，让人钦佩。”

张宝发给自己是这样定位的：做破案攻坚的“锤子”、创新发展的“尖子”和忠诚守业的“钉子”。正是这种自我加压，使他进步神速，成长为一名业务尖子。他撰写的《关于以信息化引领技侦警务机制改革和创新的思考》等十余篇论文发表后，对上海乃至全国公安技侦工作的开展和发展产生了积极的推动作用。

侦查破案已融入了他的全部生活

“如果你不能掌握情况，那是因为你离现场还不够近。”张宝发经常这样说。每每在案情进入胶着时，他的话往往会激励着每一名办案人员。

1997年3月至4月，上海接连发生十三起拦路行凶抢劫妇女的“敲头案”，造成二死十二伤，一时间舆论哗然，人心惶惶。上海市公安局成立联合专案组，展开地毯式摸排。因线索不明，侦查一度陷入僵局。

“只要犯罪分子作案，不管采取的手段多么隐秘，总会留下蛛丝马迹。”这起案子虽然已经过去了十七年，但张宝发记住了几乎所有细节。

当时张宝发率队参战，亲自踏访过每一个案件现场。办案间隙，他把自己关进屋子里，仔细从厚厚的案卷中寻找端倪。突然，笔录中的一个细节让他眼前一亮——某受害人被抢的手提包中有一台新近购入的寻呼机。

寻呼机是当年时兴的通讯产品，张宝发想，嫌疑人会不会启用它？他火速率领侦查员，利用刚引进的一套系统展开布控。由于措施及时，三天后，布控民警发现一条重要涉案信息，直指宝山淞南地区一家普通住户。侦查员顺藤摸瓜，追踪到了这家住户的邻居魏广秀并将其顺利擒获。事后查明，魏广秀抢劫得手后，在一次串门时，用邻居家中电话拨打寻呼台试用过寻呼机。

此案堪称经典，被写进上海公安教科书。

正是在一起一起的案件侦破中，张宝发书写着自己的传奇人生。在走上领导岗位后，他仍然冲在侦查破案的第一线。“侦查破案已融入了我的全部生活。”他说。

对科学技术的研究到了着魔的程度

“科学技术发展到什么程度，技侦工作就要跟进拓展到什么程度。”在张宝发看来，科学技术是推动公安技侦工作发展的第一生产力。侦查破案与技术建设犹如车之两轮、鸟之双翼，不可偏废。

长期跟随张宝发办案的民警告诉记者，张宝发对科学技术的研究简直到了着魔的程度。从模拟到数字、从有线到无线、从传统电话通信到通信网、互联网、广播电视网“三网融合”，乃至步入当今的大数据时代，张宝发都能号准科技跳动的“脉搏”，及时提出项目建设、器材研发的设想和规划，并且将最新技术应用于侦查实战。十年来，上海市公安局技术侦察总队先后建成了近百个科技项目，为全国公安技侦创建了“上海标准”和建设模式。

如果说“敲头案”的侦破是公安技侦工作从传统手段侦查转向信息导侦的里程碑，那么，张宝发领衔破获的一系列经典案例在技术应用方面都具有突破和引领的标志性意义。

2010年9月8日20时15分，上海市莲花南路某超市底楼的黄金饰品柜台遭遇三名蒙面歹徒抢劫，被抢黄金饰品价值近百万元。案件性质恶劣、影响重大。

案发当晚，张宝发第一时间赶到现场，率队在数十平方公里范围内搜集和保全现场信息。在刑侦部门勘查现场的同时，他组织技侦精干力量在案发现场的海量信息中寻找突破口。那些天，他频繁地在前线指挥部和总队数据中心之间奔波，连续七天七夜吃住在现场和单位，累计休息时间还不到三十个小时。

在得知其中一名涉案嫌疑人的 DNA 与 2009 年 7 月贵州省习水县一起未破抢劫案认定同一后，张宝发大胆从歹徒进入现场踩点、实施犯罪、逃离现场、离开上海等行为入手，依托总队“电子围栏”系统，设计出 50 余种数据模型，对 40 余亿条海量信息进行综合比对，从而在极短的时间里于茫茫人海中锁定了犯罪嫌疑人的行踪，查清了他们的真实身份。之后，重庆、贵州、上海三地公安机关联动，成功抓获三名犯罪嫌疑人，追回被抢黄金饰品。

奖杯在手中熠熠生辉

“‘9·8’黄金饰品被抢案的侦破是上海公安技侦技术发展的又一个里程碑，是公安技侦运用大数据技术的工作雏形，对信息技侦、智慧技侦的突破和发展具有战略意义。”一位同行专家这样评价。

2000 年 1 月 19 日，一对上海夫妻在荷兰鹿特丹遭人绑架案破获后，所有参战民警欢呼雀跃之时，张宝发却陷入了沉思：为什么荷兰警方定位技术这么先进？我们为什么不能有呢？事后，在张宝发的倡议下，公安部组织包括他在内的专家，对此案中荷兰警方所使用的德国定位技术进行考察调研并引进改良，极大地提升了我国公安技侦定位技术水平。

2001年，APEC峰会在上海召开前夕，上海警方获悉：某外国代表团人员中可能藏有两名涉恐分子。张宝发连夜赶往机场、宾馆、会场等地布置工作，上海公安技侦首次使用“数字单兵”技术，及时获取了目标人员的特征照片，并牢牢掌控嫌疑人员的一举一动，确保了该代表团和APEC峰会的安全。“数字单兵”的理念和实际应用，此后也成为多年来全国技侦同行研究和学习的对象。

张宝发患有严重的肝病，十几年来，每天要吃大量药物，但他一直坚守一线岗位。让记者感慨的是，在张宝发身上所凝聚的“对党忠诚，无私奉献，追求卓越”的信念，不正是他人生最真实的写照吗？

声音：

“干我们这一行的，必须耐得住寂寞，既不能图名，更不能逐利，否则你就别干这个行当。”

——张宝发

回声：

“他对单位的大事小事都要管，对家里天大的事却无动于衷，回到家里经常就是蒙头大睡。”

——张宝发的妻子李乃君

数字：

设计出50余种数据模型，对40余亿条海量信息进行综合比对，从而在极短的时间里于茫茫人海中锁定了犯罪嫌疑人的行踪。

陈　怡：诚挚情赢得真信任

致敬词：爱民之事皆溪流，小溪可成江河；平凡日夜皆细碎，琐碎铸就豪迈。你们给法治的刚性里增添了柔情，你们在警察的定义中书写着安宁。小事成大爱，平凡亦英雄。

陈怡，女，41岁，浙江省宁波市公安局鄞州分局钟公庙派出所社区民警。

在陈怡眼中，百姓的事情永远排在第一。她长期扎根基层，不断深化“枫桥经验”，做优服务群众，先后探索并提炼了“社区管理专群结合的群防群治工作法”等多个创新管理、服务群众的举措，群众安全感显著提升。孤寡老人，残疾人是她上门服务的对象，失足青少年是她帮教的对象，特困户是她结对的对象，她用自己的全心全意，换得了居民的称心如意。

陈怡和辖区学校的孩子

作为一名社区民警，扎实做好安全防范工作，创建平安辖区是服务群众的最大追求和最好注释。她负责的后庙社区地处中心城区，常住人口多、流动人口多，人员混杂、案事件多。她紧盯侵财型案件，逐步织密群防群治的防控网，下起了社区警务的先手棋，辖区有效接警量稳中有降，入室盗窃等可防性案件连年下降，从 2008 年的发案 120 余起下降到 2013 年的十余起。辖区的万达广场每天客流五六万，节假日更是高达 12 万之多，她创新方法、积极破解商圈的治安问题，发动所有商户通过建立 QQ 群实现治安防控信息实时互动。在加强行业场所自我管理、自我约束和防范保安化的基础上，建立多家负责治安管理的单位领导情况通报制和警力联动互动机制，实行了对商家进行治安约谈整改制，加强重大节假日的巡逻，建立便衣反扒中队，万达广场有效警情明显下降，周边的“三车”盗窃案几乎绝迹。

“想要有威信，让别人对你信服，态度好、做事认真是必须的”。她没日没夜地奔走在小区里、街道上，走访群众、了解情况、帮助排忧解难。为加强与群众的交流，她率先在全区建立了“网上警务室”、“钟公庙派出所警务 QQ 群”，向社区居民群众广泛宣传安全防范知识、通报警情、公开办事制度，架起了警民沟通联系的桥梁，辖区企业、群众对她有了极高的信任度，一旦发生问题首先想到的不是拨 110 报警，而是直接拨通陈怡的手机寻求帮助，真正实现了矛盾不上交、控制化解在辖区的目标。

自从接手社区警务工作，陈怡下了决心，说服家人，搬离自家 140 多平方米的大房子，在社区边上租了 60 平方米的小房子，一住就是五六年；父亲做心脏搭桥手术，她无暇到医院料理照顾；平时没有时间做饭，丈夫和儿子成了“外卖”专业户；在儿子的眼里，她是一个整天忙碌、见不着面的妈妈。

陈怡曾荣获“全省优秀人民警察”、“全省优秀派出所民警”、“全省公安机关群众满意派出所民警”、“市模范人民警察”等荣誉称号，荣立个人二等功一次。

附记：陈怡：百姓的事情永远排在第一

（《人民公安报》2014 年 11 月 1 日）

都说千头万绪的社区警务工作不适合承担着家庭重任的女性，浙江省宁波市公安局鄞州分局钟公庙派出所民警陈怡却不信这个邪。在全宁波警情最为繁重的社区，她创下了多个第一，成了不折不扣的社区警务明星。

“巧干”加“实干”，解决群众最关心问题

陈怡负责的钟公庙街道后庙社区是全市治安情况最复杂、警情最繁重的社区之一。社区占地 1.8 平方公里，既有高档住宅小区，也有农民安置房，不仅有 450 余家企事业单位，还有日均客流超过 7 万人次的万达商业广场。2008 年，浙江省社区警务工作启动，当时刚满 35 岁的陈怡主动请缨，要求到后庙社区当社区民警。

刚上任，她就遇到两个难题：万达广场每天至少两辆电动车被窃、商圈内盗窃案件频发。“不解决群众最关心的问题，就不是合格的社区民警。”陈怡下定决心要解决这两件事。

万达广场保安有限，监控也有限，于是她一次次实地勘察，研究电动车被盗规律，研究群众的停放习惯。她觉得，如果在广场边建一个封闭的电动车停放点，派专人看管，一定能缓解电动车频繁被盗的情况。然而，万达广场寸土寸金，管理处一直拖着不肯办。陈怡为管理处算了一笔细账：顾客因无处停放电动车，就在地下车库乱放，这造成的直接和间接的损失并非小数。她建议，电动车停车场可以象征性收点费，既让顾客花钱买个放心，也可弥补一些安保费用。这笔账算过之后，管理处终于同意为电动车开设停车点。从那以后，再也没有电动车在万达广场遭窃。

为了改变盗窃频发的情况，陈怡又动起了脑筋：如果所有商家的信息资源实现共享，就可以形成“过街老鼠，人人喊打”的局面。于是，她建立全市第一个社区警务 QQ 群，让辖区商户和居民相互交流。如果出现扒手，陈怡马上把监控截图群发给各商铺，让他们注意防范。好几个惯偷因此在店家的协助下被警方抓获。

此外，陈怡广借社会之力，建起了由保安、商家员工等组成的三支广场巡逻队。如此多管齐下，万达广场的日报警量直线下降，由最初的每天两起以上，下降到一个月只有个位数。

两大痼疾一除，陈怡人气“爆棚”，一下子在社区里有了非同寻常的威信，成了当地群众心目中的“明星”。

“快、公、笑、恒”四字法，有效化解矛盾纠纷

对社区民警来说，如何处理纷繁复杂的矛盾纠纷，也是一大考验。

陈怡辖区的后庙街是当地出名的美食街，前几年夏季电荒，经

陈怡在颁奖现场接受采访

常在晚上生意最好的时候断电。一断电，客人跑单，伙计白忙，冰柜里的海鲜也很快发臭，矛盾纠纷极易升级。

每次遇到突然停电，陈怡总会第一时间赶到现场，一面联系物业调出发电机及时发电，一面挨家挨户安抚店家，还拿出本子登记店家当天的冰冻食材，“这可是日后处理店家和物业矛盾的关键凭证。”

纠纷处理多了，陈怡总结出了“快、公、笑、恒四字调解法”。她说，快就是要反应快，把矛盾化解在萌芽中；公就是要公正、公平；笑就是要以情动人，以理服人；恒就是要沉得住气，耐心细致。

有一次，辖区一位花匠晚上在家时不幸猝死，留下了没有工作的妻子和三个幼小的子女。家属向花木公司要求补偿，而公司表示出事人死在家中，与公司并不相干。陈怡深入调查后指出，有证据显示，当时花匠喷洒的农药严重超标，不能说与公司毫无干系。公司老板难以反驳，最后补偿给遗属 15 万元。

都市森林小区有家棋牌室，夜里噪声大影响邻居休息，双方多次发生争执，居委会调解三年没有结果。陈怡接手后，发现双方对立情绪严重，一时急不得，她就使出了“恒心耐心”的绝活，每天夜里 12 时准时出现在棋牌室，提醒打牌的群众不要影响别人休息。这样劝说了一个多月，棋牌室老板实在过意不去，主动找到陈怡，表示要把棋牌室关闭。这起“老大难”调解案画上了圆满句号。

据了解，陈怡每年调解矛盾纠纷超过 600 件，成功率达 100%，没有一起反复。她也被宁波市公安局特聘为基层工作教官，推广“四字调解法”。陈怡表示，这四字调解法并不深奥，关键是要对人民群众有一颗真诚的心。

独创“雁阵式”工作法，守护辖区平安

陈怡知道，做好社区治安工作，根本在于发动和依靠群众。在实践中，陈怡总结出“雁阵式”基础工作法，民警为“雁头”，辅警为“雁体”，社区保安、协管员和小区物业员工、治安积极分子为两翼。在群众的帮助下，陈怡摸清了辖区情况，大家齐心协力，共同维护社区治安。

2009 年 9 月 5 日，都市森林小区发生一起命案。陈怡第一时间赶到现场，一看被害人的样貌，马上对专案组说，与死者同居的还有一名男子。根据这一线索，案件很快告破，凶手正是这名同居男子。

近年来，陈怡为分局刑侦大队提供线索 50 余条，直接破案 39 起，协助抓获在逃人员 7 名。

基础工作要做好，关键是赢得群众的信任，而这份信任来自对群众的关爱。

社区临街店面一家茶馆的老板李某年轻时曾因贩毒被判刑 7 年。李某出狱后开了这家小店，但由于这段经历，生意难以维持。陈怡了解情况后，介绍了许多同事、朋友来店里买茶叶，现在茶馆生意很红火。

辖区有一户再婚家庭，妻子患有精神疾病，发作起来难以控制。

在辖区了解情况

男方家人几次提出离婚，女方再婚前生育的儿子也难以在家里立足。这时陈怡主动伸出援手，帮助这家人申请了困难补助，还经常借社区“慰问金”的名义悄悄送去红包。现在女方病情稳定，儿子也结婚生子，一家人其乐融融。他们常说，是陈怡挽回了一个破碎的家庭。

辖区人人都存有陈怡的电话号码。社区孤寡老人、残疾人、特困户等都是她帮扶的对象。为了让自己更好地服务群众，陈怡说服家人，搬离140多平方米的大房子，在社区边上租了一间60平方米的小房，一住就是五六年。

“陈怡把时间都花在了社区，留给自己儿子的少之又少。”后庙社区居委会主任沈毅说，已经不知道有多少次看到陈怡的儿子被“请”到警务室里做作业。平时没有时间做饭，陈怡的丈夫和儿子成了“外卖专业户”。也难怪她的儿子在作文里写道：“我的妈妈是一名社区民警，一名忙碌的、见不着面的妈妈。”

声音：

“不少群众问我：‘你一个女人每天不着家，老人不顾，孩子不管，一天到晚都在社区里忙这忙那，图啥？’我说：‘老百姓盼安居乐业，但要真正做到却并不容易。我希望通过自己的努力，让社区每位群众都平平安安、和和气气，这就是我个人价值的体现。’”

——陈怡

回声：

“我的妈妈是一名社区民警，一名忙碌的、见不着面的妈妈。”

——陈怡的儿子

数字：

每年调解矛盾纠纷超过600件，成功率达100%。

郑伯武：质朴大爱的“草根警察”

致敬词：爱民之事皆溪流，小溪可成江河；平凡日夜皆细碎，琐碎铸就豪迈。你们给法治的刚性里增添了柔情，你们在警察的定义中书写着安宁。小事成大爱，平凡亦英雄。

郑伯武，男，35岁，福建省永泰县公安局赤锡派出所所长。

从警十四年，他用实际行动践行着对人民群众的大爱。在与犯罪分子搏斗中，郑伯武先后两次负伤，身上至今还有十二道清晰的刀疤。他又把“仇人”当“亲人”，用温情挽救失足青年。在他的世界里，改造和帮助一个人同样重要。

倾听民声

2000年5月，在福州市公安局台江分局实习的郑伯武，面对持刀抢劫的歹徒，英勇搏斗，身中五刀，血流不止，仍顽强追击300多米将歹徒制服。2001年7月，3名男子在樟城镇南门一家商店行窃，郑伯武赶到现场处置，其中一名歹徒掏出藏在腰间的匕首，狠狠地往郑伯武身上猛刺了七刀，郑伯武紧追不舍，直至昏迷倒地。刚刚参加公安工作，郑伯武就接连两次负伤。当大家都劝郑伯武换个职业时，他却坚定地说："鲜血告诉我前进的方向，我愿用鲜血换得一方的平安，直至生命殆尽。"

2001年7月，刺伤郑伯武的小黄被判入狱十七年。小黄从小没有父母，是奶奶一手拉扯长大，小黄入狱之后，他的奶奶整日以泪洗面。郑伯武看小黄年少无知，就把他当做自己的好兄弟，经常驱车50公里代小黄去照顾老人家，还经常写信勉励小黄好好改造。2007年12月，郑伯武入围"福建省首届我最喜爱的十大人民警察"候选人时，收到了小黄从狱中寄来的一张"特殊选票"。小黄提前出狱后，郑伯武又是帮他张罗工作，又是为他介绍对象，还自掏腰包为他垫上了5000元的聘礼缺口。他说："如果当年自己没有放下被小黄砍伤后的'痛'拉他一把，或许今天小黄的人生会是另外一番境遇，他的幸福，也是我的幸福，更是这个社会的幸福。"

郑伯武竭尽所能帮扶多个残疾人，为他们燃起生活的希望。他一直支持着下半身瘫痪的陈某和独臂的张某的生活，为了改善他们的居住条件，前年还帮他们申请到了廉租房。他帮扶着腿脚不便的残疾人林某，帮他支起了自己的摩托车修理点。他为脑瘫青年小程落户，并为他办理了低保，还协调有关部门为其办理残疾证、发放了困难补助。

为了凝聚团队战斗力，郑伯武总结出了率先垂范带头法、将心比心换位法、刚柔并济调节法等队伍管理的"五法"，深得民警喜爱。他工作过的葛岭、城关、赤锡三个派出所都是人民满意派出所，先后有20多名民警荣获市级以上荣誉，形成了一个典型带动一批典型的良好效应。近两年来，郑伯武走遍了城关镇、赤锡乡的各个村落，为辖区群众解决实际困难200余件，收到群众锦旗、感谢信50余件。

郑伯武曾荣获“全国创先争优优秀共产党员”、“全国人民满意的公务员”等荣誉称号，荣立个人一等功两次、二等功一次。

附记：郑伯武：扎根农村，常有好点子的“草根警察”

（《人民公安报》2014年9月21日）

他是农民的儿子，长期扎根山区、坚守基层一线，接地气、熟民情；他从小怀揣当警察的梦想，21岁那年，勇斗歹徒、身负重伤，被福建省公安厅破格录用为人民警察；“拼命三郎”、“草根警察”、“乡村总理”……这些群众为他取的亲切外号，记录了他一段段平凡而富有传奇色彩的从警经历。他，就是福建省永泰县公安局赤锡派出所所长郑伯武。

把“仇人”当兄弟

郑伯武最早为人熟知是他两次勇斗歹徒、身负12处刀伤的故事。

2000年夏天，还是一名警校学生的郑伯武在福州市公安局仓霞派出所实习。5月17日深夜，郑伯武和同事分头沿福州市区江滨大道巡逻。突然，从不远处停着的一辆出租车处传来激烈的争吵声。郑伯武立即跑过去，尚未靠近，车旁的一名男子就向反方向跑了。得知是出租车司机遇抢，郑伯武以百米冲刺的速度追去，将逃走的男子逼进一条死胡同。走投无路的男子掏出暗藏的匕首，疯狂地朝郑伯武胸部、腹部连捅五刀，然后挣脱而逃。郑伯武用手捂着伤口追了300多米，和前来堵截的民警前后夹击，将男子制伏。抢劫男子落网了，郑伯武却倒在血泊中。

同年12月，郑伯武被福建省公安厅破格录用为人民警察，分配到永泰县公安局城关派出所工作，实现了他的警察梦。然而，入警仅七个月后，郑伯武为抓捕三名正在实施盗窃的犯罪嫌疑人，再次被歹徒连砍七刀。

两次勇斗歹徒，从警不到一年身负十二处刀伤，郑伯武的英勇事迹引起社会各界强烈反响。2007年，郑伯武入围福建省首届“我最喜爱的十大人民警察”候选人。令他没有想到的是，评选期间竟有一张从监狱里寄来的“特殊选票”。原来，“选票”是2001年砍伤他的黄某寄来的。黄某从电视上获知郑伯武入围一事，特地写信向郑伯武道贺，并为自己当年的行为致歉。随后，郑伯武得知，黄某从小失去父母，是奶奶把他养大。黄某的奶奶已经年过八旬，身边没人照顾……郑伯武决定帮助黄某。此后，郑伯武经常到离永泰县城近50公里的霞拔乡，为黄某的奶奶送粮送油、请医取药。

黄某得知郑伯武对奶奶的照顾，非常感动，积极改造，先后四次被减刑，于2012年1月提前获释。黄某回归社会后，郑伯武为他找工作、张罗结婚对象……待他如亲弟弟一般。后来，黄某在福州某服装厂找到一份稳定的工作，由于勤快好学，还当上了车间负责人。2013年8月，黄某打算订婚，却因家境困难拿不出聘礼。郑伯武得知后，立即掏出5000元钱“支援”，让他有了一个温暖的家。

许多人都不理解郑伯武，说他傻，怎么能把“仇人”当兄弟。对此，郑伯武笑着说，如果没有放下被黄某砍伤后的“痛”，拉黄某一把，或许黄某的人生会是另一番境遇。

社区民警郑伯武经常加班加点不回家，和儿子相处的时间很少，这次终于有机会天天黏在一起

总有使不完的好点子

城关派出所所长郑祖华说：“我跟伯武在城关、葛岭两个派出所共过事，他带队伍很用心，经常有好点子，能把人心拢

齐，让队伍迸发出凝聚力、战斗力。”

在城关、葛岭两个派出所担任教导员期间，郑伯武总结出带头法、换位法、调节法、激励法等抓队伍促工作的方法，产生了良好的效果。城关、葛岭两个派出所都被评为福州市人民满意派出所，并涌现出一批先进模范。今年3月，因工作成绩突出，郑伯武被提任赤锡派出所所长。

刚到赤锡乡没几天，郑伯武就跑遍了全乡15个行政村。他了解到，全乡超过三分之二的青壮年都外出务工，剩下的大部分是空巢老人和留守儿童，安防意识薄弱。如何在短时间内开展好安防宣传？郑伯武首先想到了文化广场。2014年7月，赤锡公安主题文化广场正式亮相。赤锡派出所在广场上开辟安防宣传专栏的同时，每周举办各类主题的公安文化宣传活动，如播放电影、开设安防讲堂、举办警民恳谈会等。郑伯武还经常上台为群众表演山歌、快板、三句半、防骗小游戏。现在，夜晚到广场休闲娱乐、参与活动的群众越来越多，群众亲切地把广场称为“小武哥”文化广场。

只要群众需要，郑伯武就有使不完的“好点子”。他拿出自己的立功奖金，制作了包括微型防盗报警器、摩托车防盗锁、计算机防盗抢追踪系统盘等在内的5000多套“防盗小礼包”，免费派发给群众。他在网上晒出“打架成本账”、“交通违法成本账”等，用数学公式换算违法犯罪成本，让群众在简单的公式中学法、懂法、守法。

到学校进行法制宣传

在赤锡乡，郑伯武除了派出所所长这一身份，还是“小武哥”文化广场管理员、政策法规宣传员、留守儿童校外辅导员……只要有时间，郑伯武就深入群众当中。不管什么难事、急事，只要该管、能管，郑伯武都管。因此，辖区群众送给他一个美誉——“乡村总理”。

儿子心中“不靠谱”的老爸

郑伯武与妻子曾榕珠相识于2000年5月，也就是郑伯武第一次负伤的时候。那时，小曾是福州市第一人民医院的一名实习护士。在ICU病房，郑伯武醒来后见到的第一个人就是小曾。小曾麻利的换药、上药、打针动作，让病床上的郑伯武怦然心动。而小曾也对这名勇斗持刀歹徒的英雄刮目相看。两人在照顾与被照顾中成了恋人。

如今，小曾放弃了城里的工作，跟郑伯武一起扎根山区。让小曾做出这样决定的原因，是2001年7月郑伯武的第二次负伤。负伤的前一天是郑伯武的农历生日，小曾特意买了蛋糕从福州赶到永泰。因为要值班，郑伯武随便扒了几口蛋糕就匆匆赶回单位，将小曾一人留在宿舍。

小曾痴痴地等待郑伯武第二天休息，没想到等来的却是郑伯武交代给同事转达的谎言：“伯武要出差执行秘密任务，让我先送你回福州。”后来，小曾从电视新闻里看到郑伯武再次负伤的消息。那一刻，小曾决定，辞去城里医院的工作，到永泰照顾郑伯武。在永泰县医院的重症病房内，两人相对无言，热泪长流……

每当说起这段往事，小曾的眼角总是泛着泪光。她说，现在只要听到郑伯武出差，总是心有余悸，盼望着他早点平安归来。

郑伯武家庭经济条件并不宽裕，然而在工作中却“出手大方”。他用自己的立功奖金资助贫困学生，长期与5名残疾人结成帮扶对子，九年如一日地照顾一名流浪汉，为其安家、送终……

郑伯武常说亏欠家人太多，尤其是对8岁的儿子。前段时间，郑伯武的儿子在作文《我的老爸“不靠谱”》中写道：“说好了下雨天会接我放学，结果我在雨中等了很久很久，等到的却是妈妈；说好了过节回家陪我们吃饭，结果几天都没看见人；说好了带我去旅游，结果从幼儿园等到二年级，还是没去成，不知道还要等多久……”对于儿子的抱怨，郑伯武说：“既然选择了自己喜爱的职业，就要义无反顾地坚守，相信孩子长大后会理解他父亲所做的一切。”

声音：

“我曾去‘鬼门关’报到过两趟，身上流的是战友和许多不知名义务献血者的鲜血，能继续活着是幸运的。我珍惜老天对我的眷顾，我要做一名人民喜爱的警察。”

——郑伯武

回声：

“虽然我老爸对我非常不靠谱，但我还是很爱他，因为他是个警察，做的是光荣的事。”

——郑伯武的儿子郑秦瑜

“我打心眼里服他，他就像我的亲哥哥，正是他的不计前嫌，才让我找回新生的勇气。”

——曾经砍伤郑伯武的黄某

数字：

从警十四年，长期扎根山区，两次勇斗歹徒，身负十二处刀伤。

高　明：缉毒先锋

致敬词：跟亡命徒搏斗，就要拼得出性命；跟狡猾者较量，就要斗得赢智商。你把不动声色的卧底岁月演绎得有声有色，你把经年累月的无声较量演奏成热血华章。

高明，男，47 岁，云南省临沧市公安局禁毒支队支队长。

为了千万家庭的和谐与平安，他和战友出生入死，每天行走在刀锋上，他和他的团队的每一次亮剑，都代表了正义和法治的力量。他先后参与侦破各类违法犯罪案件 12000 余起，抓获违法犯罪分子 24000 余人，缴获毒品十余吨、毒资和赃款赃物 1.2 亿元。他率领队伍破获涉外毒品案件数、抓获涉外毒品犯罪嫌疑人占全国三分之一；破获海洛因千克以上案件数、缴毒数占全国四分之一；破获走私运输毒品案件、打掉贩

高明（左三）在布置抓捕工作

毒团伙全国第一。

十五年的禁毒生涯，高明直接指挥和参与侦办了无数有影响的毒品大要案件。2002 年，他带队前往缅甸抓捕境外大毒枭刘某，将其成功击毙；2005 年，他主侦主审了当地首起零口供判死刑的毒品案件，在强大的事实证据面前，法院判处犯罪嫌疑人死刑；2013 年，他率队历经六个多月的缜密侦查，成功破获云南省近十年来最大的制毒物品犯罪案件，先后抓获犯罪嫌疑人 31 名，缴获麻黄碱 2 吨，其它各类制毒物品 25 吨。2013 年 3 月，在“中老缅泰湄公河流域联合扫毒”专项行动中，高明奉命出征，通过近两个月艰苦的摸排调查，全面掌握了境外贩毒分子的制毒、贩毒情况，并先后九次与外方会晤，通报情况，表明我方立场和决心。在境外警方密切配合下，成功破获了首起在境外的毒品加工厂案。

如果说侦破贩毒案件是一场场智慧与勇气的较量，那么缉捕毒枭和重大毒贩就是一次次生死时速的较量。哪里有大要案件、疑难案件，哪里就有高明的身影。2006 年，他担任组长侦办的一起部督毒品目标案件，涉案团伙成员全部在境外，抓捕工作可谓“命悬一线”。他和战友们将生死置之度外，在境外警方的配合下，成功抓捕并一次性押解涉案嫌疑人 19 名，缴获毒品 16 公斤，现场缴获已经上膛的冲锋枪 3 支，子弹 21 发，手榴弹 3 颗。10 多年来，他参与抓捕公安部通缉的 A 级毒枭 13 名，令犯罪分子闻风丧胆，被称为“禁毒战线上的尖兵，侦查破案的奇才”。

临沧特殊的地理位置，长期处于全国禁毒斗争的前沿阵地和主战场。他创造性地提出了禁毒“千人布网”预警体系和“三级查缉”联控体系建设，并带领全体禁毒民警通过实践初步找到了一条既适合临沧缉毒特点，又能取得显著成效的新路子，在临沧边境构筑了一道道使毒贩难以逾越的铜墙铁壁。他大胆探索、积极协调，提出“请进来、走出去”的工作思路，进一步健全完善了中缅警方双边合作机制，为推进国际禁毒执法合作做出了重要贡献。他经常走访吸毒家庭和犯罪嫌疑人家属，了解他们的生活困难，想尽办法为他们提供帮助，帮助他们解决后顾之忧。他把全部精力和时间奉献给了禁毒事业，仅2013年出差就达300多天，加班时长累计2000多小时。

高明曾先后荣立二等功一次、三等功八次。

附记：高明：15年奋战在禁毒一线的“尖兵”

（《人民公安报》2014年9月30日）

15年来，他带领战友与毒贩斗智、与亡命徒斗勇，他们驰骋国门内外，斩毒源、拔毒根，守护七彩云南，捍卫美丽中国，对抗邪恶与贪婪……他就是云南省临沧市公安局禁毒支队支队长高明。战友们都称他为“禁毒战线上的尖兵，侦查破案的奇才”。

常年奋战在禁毒斗争的前沿阵地

临沧市位于云南省西南部，毗邻毒源地“金三角”。特殊的地理位置，使临沧长期成为全国禁毒斗争的前沿阵地和主战场。

自1999年从部队转业正式从警那天起，高明就与禁毒事业结下了不解之缘。他始终把“边疆多缉一克毒，内地少受十分害”作为工作信念，在十五年的禁毒生涯中，他从一名普通民警成长为公安战线的优秀指挥员，捣毁一个个贩毒团伙，将一大批毒贩绳之以法，在边境构筑了一道毒贩难以逾越的铜墙铁壁。

2012年，高明被任命为临沧市公安局禁毒支队支队长。面对严峻的毒情形势，如何改进和优化多部门联动、多警种参战机制，加强边境口岸、边境要道、车站、物流快递行业的堵源截流工作，打压境内外毒品进出的空间，多破大案要案成为高明着重思考的问题。同时，针对禁毒形势和民警队伍现状，他在制定绩效考核办法的基础上，不断加强禁毒队伍建设。

在高明的带领下，2013年，全市侦办毒品案件1628起，抓获毒品犯罪嫌疑人2270名，缴获毒品4000千克，缴毒量占全国缴毒总数的十分之一。各项禁毒工作指标创下了1982年支队建队以来的历史新高，整体工作排名全省第一。

指挥参与侦破无数毒品大要案件

在15年的公安禁毒生涯中，高明凭借果敢机智、多谋善断，直接指挥和参与侦破无数有影响的毒品大要案件。

2002年，高明担任抓捕组组长，带队赴缅甸开展工作，在缅方的配合下，成功将藏匿在缅甸的大毒枭刘明击毙。2005年，高明主侦主审了当地首起零口供判死刑的毒品案件，在强有力的事实证据面前，法院最终判决该案嫌疑人王某死刑。

2013年，高明率队历经六个多月的缜密侦查，成功破获公安部督办的特大走私制毒物品案，抓获犯罪嫌疑人31名，缴获麻黄碱2吨、其他各类制毒物品25吨，捣毁了一个境内外相互勾结，非法制造、买卖、走私制毒物品的跨省区、跨国境特大制贩毒网络。

在一起起毒品案件侦破的背后，凝聚着高明与战友的智慧和心血。2013年4月，在侦办“4·03”贩毒专案时，高明放弃所有休息时间，与办案民警一起吃住在办案区，饿了吃泡面，困了睡沙发。当讯问遇到困难时，他一头扎进一

高明在颁奖典礼上接受欧阳夏丹采访，他说缉毒警察的目标就是“天下无毒”！

米多高的卷宗中，连续两天不吃不喝，潜心寻找线索，最终获取案件的关键细节，突破了嫌疑人的心理防线。

针对边境毒品全线渗透、多头入境的实际，高明创造性地提出了禁毒“千人布网”预警体系和“三级查缉”联控体系建设，初步找到了一条既适合临沧缉毒特点又能取得实效的新路子，为禁毒基层基础工作注入了新的活力。同时，他提出“请进来，走出去”的战略思路，促成中缅警方建立合作机制。

2006年的缅甸，枪毒合流十分严重，贩毒人员均持有冲锋枪和手榴弹，抓捕工作面临巨大危险。为一举铲除境外毒瘤、彻底拔掉毒根，高明带领支队民警先后十余次深入境外，将生死置之度外，最终在缅甸警方配合下，成功抓捕并一次性押解涉案嫌疑人19名、缴毒16千克，现场缴获已上膛的冲锋枪3支、子弹21发、手榴弹3枚。

彭勇是公安部A级通缉令通缉的毒贩，此人长期居住在境外，行踪诡秘，云南很多州市的毒品案件都与其有关联。公安部、云南省公安厅指示要求抓捕此人，但彭勇身边有不少眼线，陌生人不易靠近，抓捕工作存在很大困难。高明暗下决心，无论遇到多大困难，也要将此人抓捕归案。他先后四次派出工作组到境外摸排情况，自己前往缅甸与当地警方开展会晤会谈，最终在缅甸警方的配合下，将彭勇成功抓获，缴毒19千克。

去年累积出差300余天

高明常说，对待人民群众要像春天般温暖，就算是犯罪嫌疑人的家属，他也要送上一句“你好”，递上一杯热茶。

闲暇时，高明经常走访吸毒人员家庭和犯罪嫌疑人家属，了解他们的生活状况和存在的困难，想尽办法为他们提供帮助，以解决他们生活上的后顾之忧。

2006年，吸毒人员张某在戒断毒瘾之后，一直未能找到合适的工作。高明在走访时了解到，张某有一手根雕的好手艺，便主动带头，组织发动支队全体民警捐款6000余元，为张某购置了根雕加工的工具，帮助他开设了一个小型根雕加工作坊。

在从警路上，高明坚守清正廉洁，对待试图进行贿赂的人，他总是严词拒绝。

今年7月10日中午，一个自称张某的人来到高明家。当时，因高明出差在外，他的妻子接待了来客。张某称："我不久前向高支队长借了2万多元钱，今天是来还钱的。"随即，张某将钱、两条精品香烟和一箱蜂蜜放下后便走了。张某走后，高明的妻子及时与高明联系。高明对妻子说："根本没有这事，他这样做，是为了替犯罪嫌疑人吴某说情。"当天，高明就叫妻子退还了张某送来的钱和所有东西。据了解，仅2013年，高明就拒收贿赂5万余元。

对待工作，高明全心投入；对待家人，他却亏欠了很多。

2013年年底，高明获悉，有一伙毒贩打算将60余千克的毒品运至湖北等地进行贩卖。他立即率队连夜赶往西双版纳，死死守住毒贩可能入境的口岸。经过多日蹲守，高明和战友最终在2014年2月1日大年初二，成功堵截了这批毒品，共计57.7千克，抓获犯罪嫌疑人9名。这也是高明参加公安工作十五年来，第七个没和家人团聚的春节。

高明在工作中

据统计，仅2013年，高明出差就达300余天，加班时长累计2000多个小时。今年6月初，高明的女儿参加高考，高明却没能陪在女儿身边为她加油打气，依然征战在禁毒一线。在女儿的心中，爸爸是高大勇敢的禁毒英雄，她时常发短信提醒爸爸注意安全。

因长年出差在外，高明错过了一次又一次单位安排的体检。因为经常熬夜加班，他患上了慢性胃炎、偏头痛等疾病。高明说，自当上缉毒警察那天起，就注定要在刀尖上行走，就要与贩毒分子斗智斗勇，用刚毅果敢与亡命徒进行殊死较量，用忠诚与奉献完成禁毒使命。

声音：

"从踏上禁毒战场那天开始，我就知道自己的使命是为消除毒品而战。禁毒工作考验着民警的智慧与勇气，缉捕毒贩就是一次次生死较量。守护七彩云南，捍卫美丽中国，对抗邪恶与贪婪是我们的天职。"

——高明

回声：

"全家人常常为他提心吊胆，每一次出差，只有看见他平安回来，心里的石头才能落下来。"

——高明的妻子赵红梅

"敢于担当，积极作为，面对血雨腥风的缉毒斗争，高明始终冲在最前面，把危险留给自己。"

——高明的同事何庆文

数字：

先后参与侦破各类违法犯罪案件 12000 余起，抓获违法犯罪分子 24000 余人，缴获毒品 10 余吨、毒资和赃款赃物 1.2 亿元。

木拉提·西日甫江：反恐前沿的“大漠猎鹰”

致敬词：凶徒泯灭人性，反恐任重道远，唯有民族团结、警民同心，才能捍卫家园。儿女情长，更衬托出你的力量。人民伸手，托举起你——一个反恐警察的荣光。

木拉提·西日甫江，男，38岁，维吾尔族，新疆和田地区公安局民警。

从警十四年来，木拉提·西日甫江始终战斗在打击暴恐犯罪活动第一线。他凭借过硬的素质和能力，以对事业的高度负责和对人民的无比热爱，用热血和行动保护了人民群众的生命财产安全与社会和谐稳定，被当地群众誉为大漠“猎鹰”（维吾尔语的尊称，传说中老百姓的守护者）。

木拉提（右三）在布置抓捕行动

和田是暴力恐怖斗争的前沿阵地，面对艰巨繁重和复杂危险的维稳任务，木拉提·西日甫江与犯罪分子机智周

木拉提·西日甫江上台领奖

旋、斗智斗勇，先后数十次将暴恐犯罪活动打击在预谋之中。在危急时刻，他直面暴力恐怖分子，毫不退缩。在血与火、生与死的考验面前，他将安全让给战友，却把危险留给自己，书写了对党和人民无限忠诚的时代凯歌。

有一种责任叫冲锋在前，有一种使命叫义无反顾。木拉提对暴恐犯罪嫉恶如仇、毫不手软，但对群众却如春风化雨、润物无声。他关心群众、热爱群众，心里始终牵挂着群众的冷暖。他说，是家乡父老养育了我，我要用青春和热血，守护家乡的和谐稳定，守护父老乡亲的幸福生活。

木拉提·西日甫江曾荣立个人二等功两次，个人三等功四次。

回声：

“这是现实版的反恐精英啊，哥们儿，我看好你！”

——网友评论

韦汉忠：海警“兵王”

致敬词：大海的浩瀚美丽，由每一顷波涛来勾勒；海疆的和平安宁，由每一位海警来镌刻。沧海一粟，亦可功勋彪炳；波涛汹涌，终将化险为夷。

韦汉忠，男，42岁，壮族，海南海警第一支队海警46001艇代理枪帆长。

韦汉忠是训练场上的“枪神”，更是战斗岗位上的“尖刀”。二十二年来，他把自己的青春年华，奉献给了祖国的蓝色海疆，用实际行动践行着入伍时“苦练本领卫我海疆、全心全意服务人民”的庄严承诺。无论何时，他都立志为标杆，无论何地，他都立身为榜样，他以过硬的素质、对战士的一片真情，赢得了“兵王”的美称。

韦汉忠（右一）现场布置任务

作为海警枪帆兵，枪就是韦汉忠的主业和生命。他苦练本领，在全国公安边防部队“大练兵”中一举夺得精度射击第一名。他能用达标成绩三分之一的时间，完成艇用机枪的拆装，为了这个速度，他不知流了多少汗，手上磨破了多少层皮。韦汉忠每次出海时，他的口袋里总会带上几张纸条，走到哪带到哪、记到哪、算到哪。他说："航海过程的风险与意外无处不在，这些数据和结果就是解决航海过程中棘手问题的有效武器。"正因为这些积累，韦汉忠不仅精通使用多种武器、摩托艇驾驶，还精通海图作业、机电维修等航海、机电知识，被战友们戏称为"万金油"的"超级战士"。

无论是执行巡逻监管、维权任务，还是营救遇险群众、打击海上违法犯罪等等，每一次任务都充满着危险，每次执行任务中他都主动请战，冲锋在前，发挥了"尖刀"作用，为维护国家海洋权益和人民生命财产安全作出了积极贡献。2005 年 7 月，"天鹰"号热带风暴肆虐海南西南沿海，海警 46001 艇官兵发现一艘渔船燃着白烟，十几名船员在甲板上拼命呼救。危难时刻，韦汉忠自告奋勇，带领几名战士紧急登上摩托艇，冒着生命危险强行登靠。狂风巨浪中，他和战友们好几次险些坠入汹涌的波涛中，手、臂、腿、背、脸被划出了一道道血口子，最终成功营救全部船员。今年上半年，韦汉忠随艇执行任务，他始终坚守重要战位，及时发现一外方干扰船只快速向我警戒区移动，韦汉忠迅速报告，果断拉响警报。他受命采取果断措施，高速前行的船艇在大浪中不断颠簸，他凭借过硬的基本功，最后迫使外方干扰船落荒而逃。

韦汉忠的战友带来了南海执行任务时舰艇上挂的五星红旗

他像"螺丝钉"一

样在艇上一干就是二十年，哪里最脏他就出现在哪里，哪里最累哪里就有他的身影。韦汉忠常跟战士们说："老兵就应该模范带头，工作上给你们当先锋，生活上给你们当大哥。"他始终坚持"以兵为本、带兵育人"的理念，用自己对战士的真心、真爱诠释了知兵爱兵育兵之道，总结的"爱兵三字歌"、"育兵七字经"和"带兵启示录"在部队广为传颂，被一线带兵人誉为"案头宝典"。

韦汉忠曾荣获"全国优秀人民警察"、"全国边海防工作先进个人"、"公安边防部队带兵模范"等荣誉称号，荣立二等功三次、三等功七次。

附记：韦汉忠：22年坚守在舰艇上的"枪神"

（《人民公安报》2014年9月24日）

在强手如林的全国公安边防部队"大练兵"汇演中，他取得了精度射击第一名、个人全能总分第二名的优异成绩，被誉为"枪神"；

在波峰浪尖的海上执勤任务中，他冲锋在前，不畏艰险，与战友多次在滔天大浪里营救渔民，多次圆满完成各项重大执勤任务，被誉为"尖刀"；

在平凡琐碎的爱民固边工作中，他以朴实无华的爱民情感和勤劳踏实的工作作风，架起了警民之间的"连心桥"，被渔船民称为"亲人"。

他就是22年如一日坚守在舰艇岗位上的中国海警海南海警第一支队46001艇代理枪帆长韦汉忠。

刻苦训练练就百步穿杨绝技

作为海警枪帆兵，枪就是韦汉忠的生命。

2004年8月，韦汉忠被海南公安边防总队紧急招入"大练兵"比武集训队。此时，别人已训练了两个多月，而离比武只剩下一个月的训练时间。为此，不管是骄阳似火，还是刮风下雨，韦汉忠都坚持在训练场上一次又一次地瞄靶、射击，一遍又一遍地纠正自己的动作。肩膀被枪托磨起了血泡，皮掉了一层又一层，膝盖磨破了一次又一次，甚至连扣扳机的手指都结了厚厚的老茧，可他从没叫过一次苦、喊过一声累。

同年9月，韦汉忠被选中参加全国公安边防部队“大练兵”汇演。面对来自全国的众多优秀选手，他沉着冷静、顽强拼搏，获得了精度射击第一名、特等射手第七名，并最终获得个人全能总分第二名的优异成绩，并因此荣立个人二等功一次。

2007年，韦汉忠被海南公安边防总队抽调担任“全国边防特勤比武集训队”教练。在他的精心指导下，他任教的队伍在海上移动靶射击、实战对抗等项目中，获得了两个第一名、一个第四名的优异成绩，总队特勤比武队机动分队和两栖分队分别获得了团体第一名、团体第三名的好成绩。

“当兵不练武，不算尽义务；武艺不练精，不算合格兵。”从当兵那天起，韦汉忠就暗下决心，要“练就过硬本领，争当优秀士兵”。如今，每一批枪帆专业的新兵下艇后，第一课双联装14.5毫米艇用机枪的拆装都是韦汉忠给他们教授的。该科目达标成绩为一分钟，而韦汉忠从第一个动作开始到最后一个动作结束，仅用时二十秒。

打击海上违法犯罪总是冲锋在前

2003年，在一个急风骤雨、波涛汹涌的夜晚，海南公安边防总队海警一支队获悉，一艘走私船正从某邻国大量走私洋酒。一个小时后，海警46001艇奉命到达指定海域。凌晨3时许，一艘可疑渔船出现了，海警46001艇迅速出击。由于风浪太大，执法艇刚一靠上渔船便被大浪推开。韦汉忠带领两名战士不顾危险，强行跳船，迅速控制住了嫌疑船只，一举查获走私洋酒406箱，案值80余万元。

在严厉打击海上违法犯罪活动的同时，韦汉忠还参加了博鳌亚洲论坛年会安保、青岛奥帆赛安保、北部湾巡逻监管、西沙巡逻监管、南海护航保障等重大任务，是海上维权执法的一把“尖刀”。

2014 年 5 月，韦汉忠执行护航保障任务时，发现附近一海里外有一艘外方干扰船只。突然，他发现该船将航向朝向东北，快速向我警戒区移动。韦汉忠迅速将情况报告艇长，并果断拉响了执勤警报。外方干扰船只看到拦截的海警船后，加足马力向警戒区冲来。实施拦截的海警 46001 艇多次警告无效后，决定用水炮驱离。韦汉忠第一个站出来请战。高速前行的船艇在大浪中不断颠簸，韦汉忠凭借过硬的基本功迅速登上战位，双手死死抓住水炮把手，用强大的水柱不断喷射外方干扰船只的重要部位，迫使该船落荒而逃。

作为海警 46001 艇最老的兵，韦汉忠总是冲锋在前。在海上执勤过程中，他的衣服上留下了一层层厚厚的盐渍，皮肤被盐渍磨破了，裸露在烈日下的脸、脖子、手等部位更是被严重晒伤，伤口在汗水浸泡下疼痛难忍，但他始终坚守在自己的岗位上。

对群众、对战友一腔真情

“只有把群众的事当成自己的事，真心为民，真诚服务，才无愧于人民子弟兵的称号。”从入伍那一刻起，韦汉忠心里便始终怀着“为人民服务”的执著信念。

2005 年 7 月 30 日，“天鹰”号热带风暴肆虐海南西南沿海。当时，海警 46001 艇正在洋浦港水域待命。12 时 50 分，远处传来一声巨响，海警官兵发现一艘船上正升起乳白色的浓烟，十几名船员在后甲板上向附近船只拼命呼救。

危难时刻，韦汉忠自告奋勇：“艇长，让我上。”得到艇长的同意后，韦汉忠带领 6 名海警战士紧急登上快艇，迎着暴风骤雨，冒着生命危险强行登靠营救。由于台风中心正经过港区，海面上风高浪急，摩托艇在浪高近三米的情况下，根本无法正常靠近遇险船只。期间，韦汉忠和战士们被剧烈地摇晃着、磕碰着，甚至险些坠入汹涌的波涛之中，手、臂、腿、背、脸都被划出了一道道血口，但他们全然顾不上这些。最终，12名遇险船员安全获救。

今年8月23日，韦汉忠带着海警46001艇官兵，把2000余元钱送到长期帮扶对象周亚发家中。看着3个孩子雀跃的神情，周亚发深深感慨："是韦汉忠带我闯过了风风雨雨啊！"

家住海口市新埠岛的周亚发双腿残疾，全家仅靠其一人出海捕鱼的微薄收入和政府低保支撑度日。在一次抢险救助中，韦汉忠结识了他们，从此便成了一家人。台风来了，韦汉忠打电话催周亚发赶紧回港避风；台风过后，韦汉忠第一时间赶到周亚发家中，与他们一起灾后重建；孩子们放假了，他定期带着战士上门辅导；开学了，他又及时将学费送到……

"是韦汉忠无私的关爱，帮助我们全家渡过了一个又一个难关，他就是我的亲人……"这是周亚发发自内心的感慨。

韦汉忠的战友为他颁奖

韦汉忠常跟年轻的战士们说："我是一名老兵，老兵就应该模范带头，工作上给你们当先锋，生活上给你们当大哥。"每次检修，他都是蹲在船舱里，从最难干的"死角"干起，不时给身边年轻的战士讲解舰艇装备维护保养的常识。战士们有什么困难，也愿意和他交流。韦汉忠说："作为兵头将尾，能带好这些战士们，主动为艇领导承担一些管理教育的责任，我很有成就感。"

战士徐嘉斌的家庭条件较好，高中毕业后在家游手好闲。刚分配到艇上时，小徐依然我行我素，作风散漫。艇领导指定由韦汉忠亲自带他。一开始，韦汉忠对小徐苦口婆心地劝说，与他讲理想、谈人生，而小徐根本就不当回事。有一天，韦汉忠了解到小徐喜欢打篮球，便推荐小徐成为艇上篮球队的队员。久而久之，小徐发现这个班长确实不一样，心里的抵触感越来越少，慢慢主动接近韦汉忠。

入伍第二年，符合报考军校条件的小徐一心想退伍回家。韦汉忠主动做他的思想工作，并专门为他购买了复习资料，督促小徐学习。后来，小徐顺利考上了军校。临别时，小徐含泪抱着韦汉忠说："老班长，您不仅帮我圆了大学梦，还教会了我很多做人做事的道理。军校毕业后，我还回来，继续当你的兵……"

声音：

"面对荣誉，我很自豪，也很惭愧，是组织的关怀、战友的帮助、家人的理解，让我能一直怀着崇高的理想坚持自己的追求，在坚守中绽放梦想的芬芳，在付出中体会人生的价值，在奋斗中践行警察的誓言。"

——韦汉忠

回声：

"也许在我最需要他的时候他不会出现，但他心里始终装着祖国和人民，值得托付终身。"

——韦汉忠的妻子周春江

"20 秒拆装机枪，哥们儿你牛！"

——网友评论

数字：

在全国公安边防部队"大练兵"汇演中夺得精度射击第一名、个人全能总分第二名的优异成绩。

特别致敬奖

“烈火双雄”：把危险留给自己

刘洪坤　　刘洪魁

刘洪坤，男，35 岁，生前系北京市石景山区消防支队参谋长。

刘洪魁，男，28 岁，生前系北京市石景山区消防支队八大处消防中队副中队长。

2013 年 10 月 11 日凌晨 2 点 59 分，北京市石景山区苹果园南路东口喜隆多商场着火。北京消防总队迅速调集 15 个消防中队，63 辆消防车，300 余名官兵赶赴现场处置。经消防官兵奋力扑救，8 点 50 分左右，火灾已控制，火势未蔓延到该商场周围毗邻建筑。随后，15 个消防攻坚组进入商场内部进行内攻灭火。

四层楼高的喜隆多商场主营服装、箱包及小商品，可燃物较多。商场一层麦当劳餐厅着火后，火势迅速沿着商场外墙向上、向内蔓延。而商场 4 层是餐饮店所在地，大量的煤气罐随时有爆炸的危险。浓烟和残火都集中在三四楼，经验丰富的刘洪坤知道这将是一场恶战。但他仍然背上呼吸器，与灭火经验丰富的刘洪魁果断冲向火海，在火中连续战斗几个小时。直到“滴”的一声刺耳长鸣，刘洪坤的呼吸器发出警报，步话机也失去信号。前方指挥长立即发出全力搜救命令，最终大火被扑灭，但是两人也将生命留在了烈火中。

11日15时21分，在喜隆多商场四层西北角一处坍塌的废墟下，刘洪坤和刘洪魁的遗体被找到。两人都仰面躺着，刘洪坤抱着刘洪魁，刘洪魁被一块掉落的楼板压住大半个身子。两人手套中的铜丝已被烧得焦化，特制的防火胶鞋被烧断，刘洪坤的氧气瓶由乳白色变成焦黑。两人并非亲人，却胜似兄弟，在生命的最后时刻，身体相依，眼前的画面让人悲痛。一名消防战士抱着头流着泪说：“参谋长参加了上千次灭火战斗，要不是出现墙壁坍塌这样的意外，这样的大火，难不住他！”“这都是怕煤气罐爆炸伤着我们！”

刘洪坤曾经是八大处中队的指导员，刘洪魁是现任副中队长。刘洪坤从一名士兵成长为团职干部，这些年的表现可以用完美二字形容。入警十六年，参加了2000多次灭火抢险救援，先后抢救遇险群众二十多名，挽回群众经济损失近千万元，先后六次荣立个人三等功。2008年八大处中队建队时，中队三楼会客厅中挂着一幅刘洪坤自己掏钱买来的迎客松国画，家属宿舍中的装饰绿植也是他自费买的，满院子的树都是他带领大家种的。担任2012年度入警大学生培训大队大队长期间，

“烈火双雄”刘洪坤、刘洪魁的父母和战友向他们的遗像致敬

刘洪坤吃住都在基地，严管厚爱，最终把76名学员打造成首都应急救援战线上的一支生力军。而同样优秀的刘洪魁在新兵连时，就缠着班长给自己“开小灶”，平均每天要比别的战士多训练两个小时。凭着不服输的韧劲，他迅速成长为中队优秀的业务骨干。提干后，他依然保持士兵本色，虚心求教，和战友们一起摸爬滚打，始终战斗在火场，坚守在一线，直至牺牲。

公安部授予刘洪坤、刘洪魁烈士称号，颁发献身国防金质纪念章；共青团山东省委、山东省青年联合会追授刘洪坤、刘洪魁“山东青年五四奖章”。

回声：

“通过你们，我理解了英雄的真正含义。在紧急危难时勇于担当，在群众需要时挺身而出，在生死抉择时义无反顾。你们是真正的英雄。”

——刘洪坤、刘洪魁的战友

“老天爷啊，让我把他们换回来吧，孩子们还年轻啊。”

——北京市石景山区金梦圆敬老院义工曹增恩

“英雄走好！”

——网友评论

吴春忠：“现代焦裕禄”

吴春忠

吴春忠，男，55岁，黎族，生前系海南省东方市公安局天安派出所所长。

从警三十一年来，吴春忠始终坚持扎根边远山区，先后在东方市东河、公爱、天安乡等地履职，他对工作一丝不苟，无私奉献，对群众悉心关怀，直到积劳成疾，生命因肝癌停止在了2013年元宵节午夜，被誉为“现代焦裕禄”。他的事迹感动了当地群众，被誉为“保护神”、好“括侬”（“括侬”，黎族话，亲民爱民之意）。

海南省东方市属于海南西部的偏远地区，多民族杂居，社会情况复杂。尤其是在天安乡，当地群众过去经常因为各种小事爆发冲突，恶性案件多有发生。吴春忠2010年上任后，走街串巷熟悉当地村落状况、案件情况以及各类遗留问题，以忘我的精神开展治安和群众工作。他把办公室当成家，一天工作最多达20个小时，没有假期、周末，每个月只回家一次，几乎每个新年都在派出所度过。在他的努力下，治安迅速好转，刑事案件发案同比下降35%、治安案件下降60%，天安乡变成了“平安乡”。

废寝忘食的工作给他的身体敲响了警钟，被检查出患有肝硬化后，他瞒着组织和家人，忍痛坚持战斗在一线。2011年“清网行动”决战期间，吴春忠获悉一名在逃嫌犯的线索，在从其家属处得知逃犯在海口后，他立即带着民警驱车前往抓人，但却扑了个空。他没有责怪家属，在街边找了个小诊所打了一剂止痛针，便不顾病痛驱车数百公里，前往嫌疑人可能藏匿的广东中山，成功将潜逃了10年的逃犯追回。“清网行动”期间，天安派出所共抓获网上在逃人员10名，其中，吴春忠亲自包案抓捕3人、劝归4人。

同事眼中的工作狂，犯罪分子眼中的克星，更是普通群众眼里的贴心人和“好括侬”。2011年7月，吴春忠在走访时，适逢大雨。看到一老人在雨中放牛归来，吴春忠赶忙将自己的雨衣脱下给老人披上说：“老人家，天下这么大雨，您要注意身体。”此后，每次走访，他总要带些钱物来探望老人。时至今日，雨衣已经在放牛时穿破了几个洞，但老人舍不得扔，只在想起吴春忠时拿出来摸一摸，老泪纵横：“上哪儿找这么好的人啊！”因为黎族人习惯晚上在家，他将走访改在晚上进行。山区村落大多距派出所很远，走访完往往来不及回所。当时，群众的房子大多是一两间茅草房，连打地铺的地方也找不到，于是，屋顶成了他常睡的床。

对群众无比亲切，对家人却比谁都严厉。吴春忠和妻子都是本地人，自从担任派出所所长后，身边多了一些不认识的人攀亲称友，非亲非故的也攀起了“转折亲”，想让他在某些地方行个“方便”，甚至许以金钱。为了杜绝说情，他公开称：公事一律在办公室处理，父母妻子以及家人不得干扰自己的工作，否则，他绝不留情。孩子残疾、生活清贫……种种困难面前，吴春忠没有消磨斗志，更没有利用手中的权力谋一点私利。多

处理纠纷

年来，他清廉自守，没收过他人一分钱一份礼，没办过一起人情案。

持续高强度工作，让吴春忠的肝硬化迅速恶化成肝癌。2012年底，在家人和同事的劝告下他住进了医院，化疗和住院费用达数十万元。为了不给单位添麻烦，所有费用吴春忠只找亲戚朋友借。去世前，他还嘱托家人不要去单位诉苦，就算把安置房卖掉也要自己还债。三十年里，他有很多机会调回市里工作，但他都放弃了。在生命最后的时光里，吴春忠数次握着妻子的手，向家人道歉，去世后留给家人的只是几十本工作日记和十几万元欠款。

吴春忠曾荣获“全国公安系统一级英雄模范”、“全国人民满意的公务员”、海南省“优秀共产党员”等荣誉称号。

声音：

“我走后，再也帮不了那些乡亲们了，再也见不到那些和我朝夕相处的兄弟们了……”

——吴春忠

回声：

“吴所长对我比父母还亲，在我最失落的时候给了我生活的勇气。吴大哥，就像我亲大哥一样。”

——受过吴春忠帮助的残疾人刘太平

“在老百姓心中，他就是我们的亲兄弟，他尽心竭力地为我们守护着平安，为我们做了数不清的好事。”

——东方市天安中心小学教师苏晶

数字：

他去世后留给家人的只是几十本工作日记和十几万元欠款。

特别奖

云南鲁甸地震救援公安英雄群体：敢于担当　勇于牺牲

每一场突如其来的灾难，都是一次严峻的考验；每一场与时间赛跑的生死救援，都是难于磨灭的永恒记忆！

2014 年 8 月 3 日 16 时 30 分，云南省昭通市鲁甸县发生 6.5 级强烈地震。地震发生后，在党中央、国务院的正确领导下，在云南省委省政府和公安部的直接部署指挥下，云南省公安机关全力以赴投入抗震救灾工作，广大公安民警、消防、边防官兵舍生忘死、挺进震中，深入一线、抢救生命。他们冒着上千次的余震和不断滚落的山石、洪水、泥石流等威胁，在与时间和死神赛跑中，成功地从废墟中抢救出一批幸存者，把一批批遇险受困群众成功安全转移，把一批批救灾物资及时送到灾区群众手中，为灾区救援工作赢得了宝贵的时间。全体参战人员风餐露宿、无怨无悔，竭尽全力、不辱使命，始终奋战在灾区救援工作第一线，他们用汗水、鲜血乃至生命，书写了公安队伍关键时刻拉得出、冲得上、打得赢和人民公安为人民的时代赞歌！

谢　樵

谢樵，男，24 岁，生前系云南省公安边防总队医院中医科卫生员。被公安部政治部批准为烈士，并颁发献身国防金质纪念章，追记个人一等功。

为了心中的志向，他将青春献给火热的警营；为了患者的健康，他将为民之心凝结在细微之处；为了群众的安危，他将生命定格在强渡堰塞湖的途中。2014 年 8 月 4 日，谢樵在参加云南鲁甸“8・03”地震抗震救灾任务中，为救助被困群众，主动请战泅渡堰塞湖，不幸被滚落的山石击中头部，卷入激流中，壮烈牺牲。

2014 年 8 月 3 日 16 时 30 分，云南省鲁甸县发生里氏 6.5 级地震，谢樵主动请缨参加救援工作。次日上午 10 时，救援队抵达灾区外围鲁甸小寨，因道路受阻，决定徒步开进重灾区龙头镇光明村。作为先遣队员，谢樵同战友先后往返出入山体滑坡危险路段 40 余次，帮助转移遇难群众 4 人，沿途疏散救助受困群众 30 余人。中午 13 时许，正在帮助转送受伤群众的谢樵接到群众求助称，其所在的大林村因地震导致山体滑坡，60 余人下落不明。谢樵将情况向领导报告后，与战友一起赶往事发地。经过一个多小时的急行军，终于看到了大林村，此刻暴雨如注、山体滑坡，巨石、泥沙、大树卷着一辆大巴车在河水中不断聚集形成了一个巨大的堰塞湖，挡住了救援官兵进入大林村的唯一去路。危急中，谢樵主动请战：“我就是来救人的，我先上，这点水不算什么，我年轻，身体好，懂水性，我先来！”他利落地脱掉外衣，迅速朝对岸游去，眼看就要接近对岸时，余震突然袭来，数块巨石夹带泥沙从山上滑落。谢樵不幸被巨石击

谢樵向灾区群众发放药品

中头部，瞬间被涌动的暗流吞噬。

入伍五年多来，无论是在边境检查站，还是在总队医院，谢樵干一行、爱一行、精一行，先后参与抗旱抗震、抢险救援等多次重大任务，多次受到表彰奖励。为了尽快掌握所有中药材名称和药性，他白天跟着战友学，晚上别人休息，他却抱着书本研读，周末主动申请到基地种药，跟着老中医上山采药……迅速成为了“行家里手”，并摸索总结了“相似植物药性速记法”、“抓药180秒标准”等许多经验做法。他以“五心”（爱心、耐心、细心、诚心、热心）服务群众，像亲人般热情服务每一名前来看病抓药的群众，只要病人有需要，有困难，他总是第一个走上前，被群众亲切地称为“边防好卫生员”。在中医科工作的两年时间里，他采集各类中草药300多种100余吨，为病人抓配药达16000余份，保持着“零差错、零投诉”的纪录，先后为群众送医送药达120余人次，做好事60余件，收到锦旗和感谢信78件次。

夏大猛

夏大猛，男，36岁，生前系云南省昭通市鲁甸县公安局龙头山派出所所长。

2014年8月3日16时30分，云南省昭通市鲁甸县发生里氏6.5级地震。在地动山摇的十一秒钟之内，正在派出所工作的所长夏大猛大喊：“地震了，快趴下！”并用力地将在派出所办事的群众蔡某推向安全的地方，自己却被面前的一堵山墙压在废墟中再也没有醒来，蔡某幸免于难。地震造成震中心鲁甸县龙头山派出所一幢三层楼倒塌，在灾难面前，夏大猛把生的希望留给群众，将自己36岁的年轻生命永远定格在了他曾经战斗过的地方。

地震发生后，鲁甸县龙头山派出所所在地成了一片废墟。8月7

日，民警在夏大猛办公室的所在位置，成功将群众蔡某和协警救出。在这个10平方米见方的区域，整体垮塌的墙面与地面形成了一个不到一米的空隙，两人正是在这里被搜救出来的。地震发生时，夏大猛的办公桌下空间很大，如果他直接蹲下，是可以幸免于难的，但是，为了挽救群众的生命，他将群众推向安全的地方，自己被倒塌的墙体砸中了头部。

从警十四年来，夏大猛心系群众，亲力亲为，做事严谨，一丝不苟。龙头山镇辖区范围很大，偏远的村子出警一趟需要一天。有时民警在办理案件的过程中，缺少当事人一个指纹或者一个签名，晚几天采集也不影响案件进度。镇里隔一天赶一次集，有民警提议可以借村民赶集时，让他们来派出所补齐材料，可夏大猛总是坚持亲自跑一趟。2014年7月30日，派出所接到龙井村村委会干部报警称，其带领村民修村公路时，被邻村喝醉酒的村民无故殴打，一起修路的村民也被谩骂。夏大猛得知情况后，立即带领民警前往龙井村调解。夏大猛觉得，此事若不及时调解，会有损村干部在村民面前的威信，以后的工作会很难展开。对矛盾调解有独到经验的他，很快将纠纷妥善处理，这也成了他生前为群众做的最后一次调解。

夏大猛深夜调解纠纷

夏大猛的热心肠在辖区是出了名的，“爱管闲事”成为他在辖区群众心中的

“代名词”。有村民开玩笑说，要找夏大猛是最简单的，只要找个人站在街上吵两句，他马上就会跑过来。玩笑略有夸张，但是确有其事。在和同事走路、吃饭的时候，夏大猛经常是喝口茶的工夫就不见了，这时候他准是在劝解吵架。他说，夫妻之间要和和气气的，邻里邻居要和睦相处。到最后，吵架的群众看见所长一来，自己就乐了：“夏所长，我们不吵了，一定好好过日子，不用麻烦您了。”自任龙头山派出所所长以来，夏大猛组织参与破获各类刑事案件40余起，查处治安案件200余起，调处矛盾纠纷400余起，帮助辖区群众100余户120余人，解决实际困难和问题600余件，用实际行动赢得了广大人民群众的赞誉。

陈 蓉

陈蓉，女，34岁，彝族，云南省昭通市鲁甸县公安消防大队政治教导员。曾荣获云南省“三八红旗手”、“民族团结模范个人、“敬业奉献道德模范”、“社会管理创新十佳个人”等荣誉称号。

作为昭通市消防支队唯一的女警官，陈蓉两次主动申请到灭火救援任务最重的基层中队任职。2013年彝良县“9·7”地震抗震救灾中，她四过家门而不入；2014年鲁甸县“7·6”、“7·7”泥石流灾害发生后，她带队连续奋战了七天七夜。鲁甸县“8·3”地震发生后，她率领的救援队伍，是到达震中龙头山镇的第一支专业救援力量，共从废墟下救出幸存者6人、挖出遇难者21人，转移伤员56人，疏散群众300多人，是所有参战部队中搜救成功率最高、营救幸存者最多的队伍。

8月3日16时30分，大地突然猛烈摇晃起来。强烈的职业敏感使正在大队值班的陈蓉立刻意识到，大地震发生了！陈蓉冲到院子里，一边查看官兵和营房、装备有无损伤，一边下达了“启动应急预案，准备马上出动”的命令。16时35分，陈蓉率领由两车14名官兵组成的先遣救援分队出发。一路上余震不断，多处山体滑坡，坐在首车的陈蓉指挥车辆避开险情，艰难前行。队伍到达距震中7.5公里的沙坝村村口时，公路被完全阻断。陈蓉果断下令官兵携带轻型救援装备，徒步沿着陡峭的山坡，抄最近路线向震中进发。多次翻山越岭到龙头山镇检查消防工作的陈蓉，一直走在队伍最前面，指挥队伍避让余震中不断崩溅下来的山石、沙土。17时23分，队伍到达龙头山镇龙泉村小博庆社。

17时25分，救援队伍找到了第一个救援点，陈蓉指挥官兵们冒着三次明显余震，在两层完全塌陷的水泥平房废墟下，将埋压三个多小时的祖雨泽成功救出。当晚23时许，在龙头山镇邮政所附近，官兵们又成功营救出第二名幸存者……

72小时黄金救援期后，陈蓉负责进村入户排查受灾情况。每天一大早，她便带领排查分队逐村逐户排查，有时一天要徒步跋涉30多公里山路，脚底磨出了泡，脚踝浮肿，但她从不叫苦叫累。在震中的八天七夜里，陈蓉每天最多只睡两个小时，体重减了十多斤。陈蓉的丈夫马鹍英，是昭通市盐津县消防大队的政治教导员，地震第二天，他便奉命带队赶到了震中，前往甘家寨搜救，参与处置堰塞湖排险。繁重的救

陈蓉第一时间带队冒着滚石横飞的危险徒步赶往震中

援任务，使同在震中救援的夫妻俩一直没能见上面。

多年来，她坚持以情带兵、严管厚爱，是战士们喜爱的“知心大姐”；带领官兵长年照顾孤寡老人，资助多名贫困学生考上大学，是享誉驻地的“民族团结模范”；与战士们一起摸爬滚打、出生入死，指挥灭火战斗160多次，参与处置各类抢险救援、社会救助140多次，营救被困人员120余人，被誉为“巾帼英雄”。她致力于提升少数民族贫困地区防控火灾和应急救援能力，全县连续三年无较大以上火灾，是驻地群众心目中的“平安使者”。

声音：

“我就是来救人的，我先上，这点水不算什么，我年轻，身体好，懂水性，我先来！”

——谢樵

“老婆，等我忙过这段时间，一定陪你去给孩子补照一张‘百日照’，我们也顺便照张全家福。”

——夏大猛

“娃儿，别怕！我们一定把你救出来。”

——陈蓉

回声：

“年仅24岁就猝然离去，让人惋惜。作为一名公安边防战士，谢樵用生命写下了忠诚与使命，让我们再一次感受到他们是最可爱的人。让我们永远记住这个可爱而伟大的英雄。”

——网友评论

“夏所长完全可以自己藏在桌子底下，或许他就不会死，而死的就是我，但他在地震发生时，心里想的还是我们老百姓，我会永远记住他。”

——获救群众蔡雪

“陈蓉是支队唯一一名女干部，但她从来没有向组织提过任何要求。她把军人的果敢和女人的细腻完美结合，她对工作的执著态度是全支队官兵学习的榜样。”

——陈蓉的战友

数字：

谢樵：往返出入山体滑坡危险路段 40 余次，帮助转移遇难群众 4 人，沿途疏散救助受困群众 30 余人。

夏大猛：参与破获各类刑事案件 40 余起，查处治安案件 200 余起，调处矛盾纠纷 400 余起，帮助辖区群众 100 余户 120 余人，解决实际困难和问题 600 余件

陈蓉：她率领的救援队伍，是到达震中龙头山镇的第一支专业救援力量，从废墟下救出幸存者 6 人、挖出遇难者 21 人，转移伤员 56 人，疏散群众 300 多人。

胡志国：铮铮铁骨的忠诚卫士

胡志国，男，52岁，湖南长沙市公安局经济犯罪侦查支队支队长。

胡志国从警三十六年来，他用自己的满腔热血，诠释着人民警察的忠诚与担当。近年来，他带领经侦支队革新理念，整合资源，创新方法，先后破获了涉及金融、通信、医疗卫生、房地产等多领域数十起商业贿赂大要案件，创立了打击商业贿赂的“长沙品牌”。特别是以胡志国为主牵头具体负责、以长沙经侦支队为主体侦办的葛兰素史克案，是我国公安机关首次依法立案查处大型跨国企业在华经济犯罪案件，被誉为打击商业贿赂犯罪的成功范例。

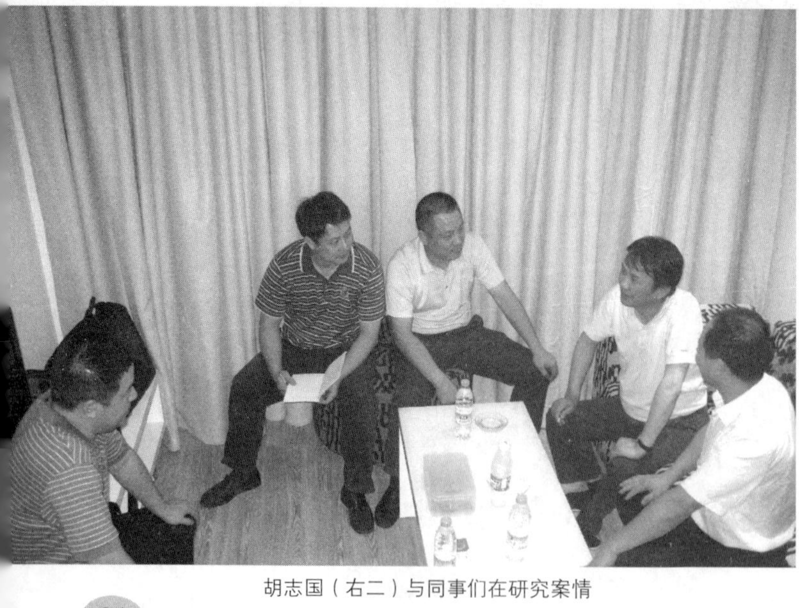

胡志国（右二）与同事们在研究案情

2013年6月20日，在公安部的直接指挥下，长沙市公安局成立“5·09”专案组，对葛兰素史克（中国）投资有限公司（以下简称GSKCI）涉嫌经济犯罪一案立案侦查。这是一场没有硝烟的战斗，剑拔弩张；这是一场史无前例的战斗，无例可循；这是一场艰难复杂的战斗，困难重重……在案件侦办的300多个日日夜夜里，胡志国作为一线指挥官，他勇于担当、敢于亮剑，攻克困难、不辱使命，带领专案组民警重点围绕GSKCI单位犯罪开展全面侦查，辗转北京、上海、山东、浙江、江苏、辽宁、四川、河南、新疆等十余省、区、市，行程数十万公里，先后抓获GSKCI、旅行社、国家工作人员和其他涉案犯罪嫌疑人共55人，约谈嫌疑人和案件相关人员400余人，暂扣违法资金8800万元，查明涉案资金达数十亿元，涉案旅行社和咨询公司69家及医院、疾控中心、疫苗接种点、行业协会若干，共收集各类证据材料10万余份，整理案卷600余本。2014年4月28日，GSKCI涉嫌经济犯罪一案侦查终结，移送长沙市人民检察院审查起诉。

面对群众，胡志国倾尽全力情深意笃；面对危险，胡志国义无反顾冲锋在前。几年前，在长沙县某建筑工地，一男子胸挂炸弹在地下停车场配电房内扬言引爆炸弹，时任长沙县公安局局长的胡志国火速带领民警赶赴现场紧急处置。在第一时间疏散群众后，他乔装成劳动监察部门人员与嫌疑人进行交涉，经过两个半小时的巧妙周旋，夺下了绑在嫌疑人身上的乳化炸药和4枚手榴弹。

胡志国在工作中

声音：

“只要能履行好职责，为党和人民作贡献，付出再多艰辛也是值得的。案件经过我的分析和推断成功破获的时候，也是我感到最开心、最幸福的时刻。”

——胡志国

回声：

“他工作勤勤恳恳、任劳任怨，是一头奋战在公安经侦第一线的老黄牛。”

——胡志国的战友

“他一心扑在工作上，为公安事业奉献了几乎所有精力。希望他在工作之余，多抽出一些时间陪陪家人。”

——胡志国的爱人肖力

数字：

在案件侦办的300多天里，胡志国辗转北京、上海、山东、浙江等十余个省、市、自治区，行程数十万公里，先后抓获涉案犯罪嫌疑人共55人，约谈嫌疑人和案件相关人员400余人，暂扣违法资金8800万元，查明涉案资金达数十亿元，收集各类证据材料10万余份，整理案卷600余本。

陈文荣：“神探”局长的平安梦

陈文荣，男，43岁，福建省泉州市公安局副局长兼晋江市公安局局长。

多破案、少发案是陈文荣的平安梦。从警二十二年，陈文荣一直在跟案件较劲，为保一方平安拼搏。在当刑警时，他就是石狮警界有名的“拼命三郎”；在经侦工作时，他被誉为“经侦神探”；成为刑侦支队长，他把“神探”本色发挥到极致；走上公安局长岗位后，他提出“少发案就是最大的为民”的工作思路。在他心里，只有一个念头：“为了百姓的平安，拼了”。

22年来，陈文荣直接参与或指挥侦破各类刑事案件2400多起，其中重特大案件1300多起。只要有大案发生，只要有突发事件出现，无论百天黑夜，无论刮风下雨，他总是以最快的速度赶到现场，战斗在最前线，既

陈文荣（右一）慰问路面执勤民警和协警

当指挥员，又当战斗员。2012 年 3 月，为打掉一作案累累的盗车团伙，他率队在高速路上夹击歹徒车辆，展开生死追逐。歹徒见摆脱不了，竟冲破中间隔离栏，窜到另一边逆向狂奔！陈文荣冒着车毁人亡的危险逆向追击，最终在漳浦将歹徒制服。事后，犯罪嫌疑人说，碰到不要命的警察，我服了。

2012 年 5 月，陈文荣担任晋江公安局长。晋江经济发达，流动人口多，刑事案件总量大，一个县级市的案件超过了省内多个设区市案件总量。面对“两抢”猖獗、盗窃频发和群众不满现状，他下定决心，打响了一场彻底改变晋江治安面貌的攻坚战。他持续开展抓基础、压发案、创满意行动，一个阶段一个目标，一项措施解决一个问题，建立市、镇、村三级治安巡防队伍，建设高清视频监控系统，实现全市重点部位、重要道路视频监控全覆盖，全面推进社区民警专职化，并出台“一村两警”举措。他亲力亲为做表率，坚持每月至少到联系点开展一次基础工作。2012 年以来，全市刑事发案以年均 15% 的幅度下降，八类案件以年均 40% 的幅度下降，2011 年发案 3000 余起，2014 年来仅有 300 余起；命案从最多一年 70 余起下降到 2013 年的 24 起；“两抢”案件从日均发案 20 多起下降到目前的日均一起，群众实实在在感受到了治安局势的

到基层派出所“当一天社区民警”

明显好转，安全感大幅上升。

陈文荣严以律己，慎微慎独。他任晋江市公安局长时就和全体民警“约法三章”：一不收礼；二不吃请；三不到家里谈事。他大力倡导以实绩论英雄、凭德才用干部，杜绝跑送之风，近两年来晋江市公安局先后调整干部几百人次，组织、政工部门未收到一封举报信。

陈文荣曾荣获“全国公安机关爱民模范”、“全国优秀人民警察”、“中国杰出（优秀）青年卫士”、“福建省劳动模范”等荣誉称号。

声音：

“能破案不算大本事，少发案才见真功夫。作为从警二十二年的人民警察，我的梦想就是少发案，甚至不发案，天下无贼。”

——陈文荣

回声：

“他让我们收获了当一名警察的骄傲，虽然我们身累，但心不累，因为我们的努力让人民更幸福。”

——陈文荣的战友

“早回家、晚回家都没关系，只要他能平安回来就好！”

——陈文荣的妻子黄珍红

数字：

二十二年来，陈文荣直接参与或指挥侦破各类刑事案件2400多起，其中重特大案件1300多起。

刘　安：爱心使者

刘安，男，49岁，北京市公安局丰台分局蒲黄榆派出所民警。

从警二十七年来，刘安悉心照料过69位孤寡、空巢老人，无偿资助18名孤困儿童。他就像一个中枢纽带，深深地影响和带动着身边的人，他架起了志愿者和受助者之间的爱心之桥，让所有孤寂的心灵不再寒冷。他主动创新，积极开展平安社区建设，所管辖的社区多年来保持“零发案”。

刘安负责的蒲黄榆第二社区，老年人口占社区总人口的70%。因老人特别多且大都年事已高，身边没有子女，担心老人出现意外，刘安每天到老人家里走走看看，问寒问暖。他悉心照顾十二年的冷大妈，几次提出把房产赠予他，刘安不要；老人又拿出自己当年陪嫁的五枚金戒指，也被刘安婉言谢绝。冷大妈流着泪说：“孩子，你啥都不要，我可怎

刘安在辖区内意馨幼儿园为孩子们上安全教育课

么报答你！”刘安说：“我就是您的亲儿子，有什么可报答的？”5岁的小振耀，父亲意外身亡，母亲离家出走，他跟着奶奶从河南来到北京，靠摆地摊维持生活。在刘安的帮助下，奶奶有了工作，小振耀也有了书读，一老一小在北京这个陌生的城市终于安顿下来。生日当天，小振耀扑到刘安的怀中，紧紧地搂住他的脖子，喊他“刘爸爸”……刘安还组织小区物业、房管、水电维修、煤气站、理发店等各行各业的志愿者，成立了“警民志愿者爱民服务团队”，约定团队所有成员电话24小时开机，为孤寡、残疾老人和其他需要帮助的居民提供上门服务，目前，已发展团队成员100余人。

爱民服务车队接送孤寡老人看病

为了让辖区居民住得安心，刘安想尽一切办法。前些年，刘安背着一个录音喇叭，走街串巷，利用巡逻时间为社区居民宣传安全防范常识。2011年，刘安多方奔走筹集资金，并自己垫钱，在社区警务站创办了“平安之声广播室”，开通了QQ群、微博，充分利用广播、报纸、网络进行安全防范宣传，普及法律常识，为居民提供服务，受到了居民们的喜爱。他策划成立了“社区警校”，社区居民纷纷走进学校，开始了有生以来最不一样的学习。他除了自己授课外，还聘请消防教官、律师等专业人员教授安全防范常识。学员培训后，有的参加市民劝导队，有的当起了法治宣传员，还有的参加了志愿者巡逻队，大伙群策群力，共同为社区的安全出谋划策。刘安编写的盲文版防范知识读本，让很多盲人受益。他还策划在辖区校园实施“校盾计划”，给孩子们创造一个安全的读书环境。

刘安曾荣获“全国优秀人民警察”、“北京市劳动模范”等荣誉称号，被中央文明办评为“身边好人”，荣登“中国好人榜”，荣立个人一等功一次，二等功三次。

声音：

“我之所以能取得今天的成绩，都要归功于居民的理解、领导和同事的支持。今后，我将更加努力工作，换来群众的信任和社区的平安。”

——刘安

回声：

“刘安让我更加深刻理解了警察这个职业对群众的意义。他为我们辖区平安作出了巨大贡献，我为有这样的战友而感到自豪。”

——刘安的同事

“刘安有一个温暖的怀抱，关心着无家可归的孤儿；他有一颗慈父般的心，关怀着没钱上学的孩子；他有一个博大的胸怀，心里装的全是社区的弱势群体。”

——社区居民王石业

数字：

二十七年的警察生涯中，刘安先后照顾过69位老人，还是十多名孤儿的“公共爸爸”。

祁福孟：用真情温暖每一位空巢老人

祁福孟，男，55岁，辽宁省大连市开发区公安分局110指挥中心民警。

远亲不如近邻，近邻不如110。祁福孟用真诚和大爱诠释了这句话的真正含义。八年来，他用执着坚持打造了一个亮丽的民生品牌，在110这个平凡的岗位上，以一名人民警察的大爱，为110这个耳熟能详的号码增添了真情的温度，为空巢老人撑起一片爱的晴空。

2005年1月，祁福孟由社区民警岗位调整到分局110指挥中心负责接处警工作，上班不久，他就发现老人的求助电话特别多，而且这些老人大都是空巢老人。他们求助的内容很多很杂，涉及到日常生活的各个方面，于是祁福孟萌发了组建空巢老人服务之家的想法，这样不仅能迅速集合各方力量，更好地帮助空巢老人，还可以优化资源，节省警力，把

祁福孟给留守老人过生日

分散的社会力量整合起来。他的想法得到了领导的支持。2006 年 1 月，以大连开发区城市应急联动中心为平台，联动社会力量成立的 110 空巢老人“服务之家”正式启动，从此，他与空巢老人结下了不解之缘。空巢老人把他当作自己生活中的“拐棍”、“主心骨”和“亲儿子”，有什么难事首先想到他，让他出主意、想办法，而祁福孟总能给这些老人们一个满意的答案。

为了详细掌握每一位空巢老人的生活、赡养和安全情况，他和其他部门同志用三个月时间进行摸底调查，并逐一建立个人档案。他把空巢老人的自然情况、健康状况、联络方式、所在社区民警等内容全部输入 110 微机数据库，空巢老人只要一拨打 110，系统就会自动识别转接到祁福孟的电话上。对于家里没有电话的空巢老人，祁福孟联系协调为他们安装了一键通智能电话，有事只需通过智能电话就能够找到他。2012 年夏天，薛光辉老人因病急需送院治疗，正在病中的祁福孟冒着酷暑，第一时间将老人送往医院救治。薛光辉老人去世后，他的老伴刘秀芬一度情绪低落，祁福孟就和爱人隔三差五，带着水果和鲜花去看望她、安慰她。日本籍空巢老人大岛正男在开发区工作时，经常得到祁福孟的帮助，他退休回到日本呆

帮助留守老人

了几个月又回到开发区。有人问他，为什么又回来？他说这儿的警察好，在这儿生活有依靠。

8年来，祁福孟带领开发区82家联动单位和团体，常年照顾120位空巢老人，把平凡的岗位，做成群众称赞的公安“名片”。他和“服务之家”的同志们先后为老人提供各类服务23000余人次，为17位过世老人操办了葬礼，有7位老人将后事托付给他，9位老人立遗嘱赠给他财产，全都被他婉言谢绝，他被群众称为“空巢老人的好儿子”。他八年如一日关爱空巢老人的善举，深深地感染和激励着越来越多的人参与到这项公益事业中来。

祁福孟曾荣获“全国优秀人民警察”、“中国好人”荣誉称号。

声音：

“老人有所呼，我有所应；老人有所忧，我有所虑；老人有所求，我有所助；老人有所难，我有所救。”

——祁福孟

回声：

“我这一生十分遗憾的是没有亲生的儿女，但我幸运的是有胜似儿子的好警察祁福孟的照顾！我这辈子知足了！”

——空巢老人杨维花

“我对爸爸特别佩服，他为我做出了榜样。他浓浓的父爱、用行动做出的教导，会帮助我直到永远！”

——祁福孟的儿子祁广翔

数字：

八年间提供共建服务18000余人次，照顾70名空巢老人，为7位空巢老人送终。

牟清元：高寒禁区交通“一号岗”

牟清元雪中执勤

牟清元，男，48岁，黑龙江省大兴安岭地区加格达奇区公安局交警大队民警。

在祖国最北的高寒禁区，牟清元二十六年坚守在一线交通岗，默默奉献，被誉为高寒禁区红绿灯下的不倒青松。他总结出的“四角站位”、“五勤一到位”执勤法，被全国交警系统学习推广。他一心为民，时刻把人民群众的冷暖安危放在心上；他刚正不阿，筑起了严格规范文明执法的丰碑，他被当地群众唤成“活雷锋”、“牟清廉”。

大兴安岭冬季长达七个月，白天温度也在零下三四十度。牟清元负责加格达奇区最繁忙的一号“中心岗”，执勤时要穿大四码的鞋，还垫上四双鞋垫，棉裤也是妻子用两斤棉花一针一线缝制的。即使这样他还是常常冻得手脚、面部失去知觉，每年冬天他的耳朵和鼻子都要被冻脱掉几层皮。交警的形象不允许他在岗位上轻易跺脚、抄袖、捂手，实在挺不住的时候，他把纸壳剪成手的形状，塞到手套十指中，再攥拳戴上手套指挥交通。四五十分钟的一班岗下来，常常是帽檐帽耳、睫毛、鼻孔上挂满厚厚的白霜，浑身处于半僵硬状态。他每天早晨提前半小时上岗，中午和晚上各延长半小时下班，二十六年里，他要比其他人多工作一万个小时。

牟清元的心里总是装着责任、装着群众。2013 年的一个深夜，牟清元接到报警：一名醉酒者被一辆货车撞飞，伤势严重。他和同事迅速赶到现场。因伤者昏迷无法通知家属，他不假思索为伤者垫付了医药费，毫不顾忌伤者身上的污血和呕吐物，背着伤者楼上楼下跑来跑去，挂号、检查、拍片儿……经及时抢救，伤者脱离了危险。医生说：“如果再晚来一会儿，性命就保不住了！”2009 年 11 月，全省开展预防冬季道路交通事故“百日会战”，却赶上母亲病重之际。母亲去世前，妻子打来电话，让他快到医院。执勤岗台离医院直线距离只有二百米左右，他却没能及时赶去，一直值勤到下班晚高峰过后。待他赶到医院，母亲已处于昏迷状态。进屋仅仅二十分钟，母亲

牟清元深水中为车主捞取冲掉的车牌

就永远地离开了！

牟清元一身正气、两袖清风，二十六年来，他没收过别人一分钱，没吃过当事人一顿饭。他处理过近3000余次违章，被他处罚过的有他的领导、朋友、亲戚和战友，而且从未因执法受到过投诉。2012年5月，他值勤时查扣了一台违法车辆，驾驶员当场拿出一把钱塞给牟清元，请他网开一面，被他严词拒绝。驾驶员不死心，又托朋友说情。那位朋友一听是牟清元便告诉那名司机：你老老实实认罚吧，牟清元不开面儿，谁去说情，也不好使。他说，一次牟清元四姨夫在给牟清元母亲送咸鸭蛋时违章，被牟清元处罚，他连自己的亲戚都不认，找谁也没用。

牟清元曾荣获“全省五一劳动奖章”、“全省道德模范”、“全国交警系统执法标兵”、“全省政法系统先进个人”等荣誉称号，荣立个人一等功一次。

声音：

“挑战严寒很痛苦，甚至脚趾甲都冻脱落过，但我喜欢这三尺岗台。最欣慰的就是听到群众说声‘谢谢’，那个时候我感觉自己就算给这身警服加分了。”

——牟清元

回声：

“他是全国交警的光荣，我为我们队里有这样的警察而骄傲。”

——牟清元的战友

数字：

二十六年来，比其他同事多工作一万个小时，处理过近3000余次违法，从未因执法受到过投诉。

陈德骅：社区居民可靠的“肩膀”

陈德骅，男，58 岁，上海市公安局普陀分局桃浦派出所民警。

陈德骅在社区民警岗位上，一干就是十八年。他立足本职、心系百姓，脚踏实地、甘于奉献，始终将排解群众忧难作为工作重心，为群众办实事、办好事、解难事。他用心打造“爱”的社区，助残帮困凝聚人心；他抓牢三支队伍，群防群治保障平安；他落实四个措施，确保社区平安建设。他说，社区民警就是“什么事情都搭界”，大事小情都要立刻解决。群众说，看到他就有安全感，他是群众可靠的“肩膀”。

陈德骅管辖的莲花公寓小区位于城郊结合部，居民大多是动迁户，老年人和困难群体多，各种琐碎问题集中，他走访最勤、关心最多的是小区里的孤老和独居老人。管区有 19 名孤老，他们都把陈德骅当作自己的儿子。82

群众有困难的时候，就会看见陈德骅的身影

岁的独居老人杨老太，总是捡路边的东西吃，而他的六名子女都不愿赡养，陈德骅主动承担责任，逐个找杨老太的子女谈话，却没什么效果。后来，他又帮老人和子女打官司，最终让这六个子女共同出资把老人送进敬老院。此后，陈德骅每月都带妻女去看望杨老太，前几年老人离世时，也是陈德骅送她最后一程。腿脚不便的潘老伯，每月收入微薄，陈德骅常常掏钱为他买生活用品、付医药费。李老太患有精神病，生活不能自理，经常走丢。陈德骅好几次在深夜接到李老太失踪的电话后，立即出警，连夜把老人找回来。

十多年前，派出所曾想把他调离这个“折腾岗位”，老人们闻讯集体到派出所“上访”，软磨硬缠要他留下，并称即使再来几个警察也不能换走他，这一留就是十四年。有同事帮陈德骅算过一笔账，十四年来，他自费为老人和社区困难群众花的钱有 20 万元。许多老人无以回报，都立下遗嘱要把房子和财产留给这个“民警儿子”，

陈德骅在社区与孤老交谈

但他总是耐心说服，劝老人把遗产捐给国家。拥有幸福家庭、享受天伦之乐，是人生最大的幸福，可是许多的孤老却无法享受这份幸福。陈德骅说："我们既然在他们身边，就要尽可能像对待自己双亲一样，让他们也感受到一份亲情。"

十多年来，陈德骅默默为社区群众服务，用自己的真诚与无私深深感动了辖区的全体居民，被群众亲切地称为"雷锋警察"。他所管辖的社区，团结友爱、互帮互助早已蔚然成风，社区治安更好了，环境更美了。在他的积极带动下，居民之间自发结成了几百对的帮困对子，莲花公寓还创建了"夕阳红助残扶弱工程"，为小区里情况特殊的孤老、重度残疾人等提供帮助和服务。

陈德骅曾荣获"全国优秀人民警察"、"全国公安机关爱民模范"、"中华孝亲敬老楷模"等荣誉称号，多次立功受奖。

声音：

"很多人问我是怎么坚持下来的，我说没有坚持，我都是自然而然就做到了。"

——陈德骅

回声：

"2000 年我到莲花公寓居民区工作，陈德骅就是负责这个小区的社区民警。这么多年，他做人做事没有变过，他在小区的'角色'却在不断变化，但他始终是社区里可靠的'肩膀'。"

——莲花公寓居委会党总支书记梁慧丽

数字：

担任十八年社区民警，陈德骅先后赡养了 21 位孤寡老人，他为了帮扶老人和社区困难群众自掏腰包超过 20 万元。

李树干：情暖“孤岛”

李树干，男，55岁，江苏省宝应县公安局氾水派出所民警。

1999年撤乡并镇后，他成为氾光湖岛留守的唯一公职人员，承担起了过去一个派出所的工作量以及城管、民政、司法等职能。二十四年来，李树干就像深深扎根在岛上的一棵大树，为百姓遮风挡雨。他以“脱下警服不忘自己是警察，穿上警服不忘自己是农民”的朴素情怀，成为孤岛平安的守望者，农民兄弟的“家里人”。

63平方公里的“孤岛”三面环水、湖滩密布，分布着7个行政村、1.4万多名常住人口。他总结摸索出的“腿长一些、嘴勤一些、耳朵灵一些、眼睛尖一点、脑子反应快一些”的“五个一”工作法，为平安注入了新的活力。他基本上每年都要到每家每户跑上一遍，哪家哪户的大事小事他一清二楚。他通过不断走访农户、商铺和各个场所，用相机拍摄位置、

李树干和辖区里的孩子们

周边路况等，绘制辖区的警务地图，全力打造平安高地。二十四年来，每天他起早摸黑，穿梭在“孤岛”上，没有休过一个完整的节假日，累计加班近 2500 个工作日，汜光湖没有发生一起凶杀案，刑事发案率全市最低。

李树干善于用农民的视角、语言和习惯，为群众解心结、化疙瘩、消怨气，经常是“挽起裤腿插秧、撸起袖子撑船”，用他的真诚和厚道，化解了一个又一个矛盾，实现了“孤岛”一片祥和的景象。二十四年来，他经手解决的矛盾纠纷 5000 余起，没有一起上交上级处理，更没有发生一起民转刑案件或命案。有一年夏天，宝应连降特大暴雨，汜光湖灾情严重，上百名村民因为排水问题发生矛盾，随时都有可能发生械斗。冒着倾盆大雨，李树干火速赶到现场，他耐心劝说并组织抢险，不但避免了械斗，也把群众的损失降到了最低。2014 年春节前夕，李树干走访得知，当地粮食收购点承包人携多名农户的 117.4 万元卖粮款跑路了，这些急等着钱过年的农户情绪几乎失控。李树干连夜到每家每户做工作，并拿着逐笔登记的卖粮款账目联系县粮食局。在他的四处奔波下，农户卖粮款一分不少“回来”了。

帮助村民下地干农活

“孤岛”上流传这样一句顺口溜：“汜光湖，大老李，帮理不帮亲，一碗水端平。”凡事到了“大老李”手中，安心等结果就行了。有一年，正为母亲守灵的他接到村民发生对峙的警情后，二话没说就赶往现场处置，当群众得知他戴孝来处理矛盾时都为之感动，村民说：大老李来了，我们听你的。三年前，他的女儿因车祸重伤住院，刚赶到上海的他接到某工地发生工人讨薪事件的电话，他二话没说就赶了回来。李树干调处矛盾纠纷总是和风细雨，声情并茂。有时候一起纠纷调解结束了，还有不少围观的群众，他就借助这个机会开展法制宣传。他从来没有讲过什么大道理，而是与群众算细账。像什么“打一拳拘留几天”，“为了几句口角花了几百元”等等，让群众自己思量要搞好邻里和睦。

李树干曾荣获“全国优秀人民警察”、“江苏最美警察”等荣誉称号，被中央文明办选入“敬业奉献——中国好人榜”，荣立个人一等功一次。

声音：

“你不把群众当外人，群众才会把你当家人。这么多年来，我经常是挽起裤腿插秧、撸起袖子撑船，和群众一起干农活、拉家常，用最朴实的方法做好群众工作。”

——李树干

回声：

“我们从来不把大老李当官看，他就是我们的乡亲。我们可以不给县里、镇里领导面子，但是不能不给大老李面子。”

——氾水镇牌坊村村民

数字：

一个人二十四年驻守着63平方公里、1.4万人口、三面环水的氾光湖岛，累计化解矛盾纠纷5300余起。

陈素青：正义之剑

陈素青，男，57 岁，浙江省金华市公安局刑侦支队副调研员。

作为一名公安部预审办案专家，陈素青凭借深厚的讯问技能、踏实的工作作风和丰富的法律知识，在预审战线进行了一场场正义与邪恶的较量，与犯罪分子斗智斗勇、心理交锋，先后侦办大要案件 500 余起，捕诉刑事犯罪嫌疑人 1300 余人，讯问突破全国各地复杂疑难案件 300 余起，有效地震慑了犯罪，维护了社会公平正义。

陈素青堪称预审界的一把尖刀，三十四年来，他参与讯问的案件没有一起失败的，也没有一起冤假错案。他的名字让犯罪分子闻风丧胆，全省乃至全国出了疑难案件，都会请他去坐镇。在陈素青的办公室里，长年放着一只旅行用的皮箱，随时服从上级公安机关的调遣。凡是移交到陈素青手中的案件，都是“疑难杂症”，一般民警都认为已“无力回天”，但陈素青总是能根据不同案件、不同对象，采用针对性的讯问方法和手段，攻克了一起又一起犯罪嫌疑人自认为“天知地知”的疑难案件。“到他手上的案子，一般都被

陈素青在工作中

认为无力回天了，可老陈就是有本事转败为胜，不得不让人佩服。”和陈素青共事过的人都这么说。当地公安机关在侦办一起黑社会组织犯罪案件中，犯罪嫌疑人抗审拒供，羁押四个月之久仍未能突破。陈素青接手后，他的家人曾受到威胁恐吓与财物利诱，面对恐吓他没有退却，面对诱惑他一身正气，经过一个多月的斗智斗勇，终于击溃了犯罪嫌疑人的心理防线。

三十多年的预审生涯，他刻苦钻研、勤学苦练，练就了一身高超的讯问本领，掌握了一套旁人无法企及的“读心术”。在 2013 年衢州系列性杀害独居老人案中，嫌疑人装疯卖傻、避重就轻、答非所问，妄图逃避打击。他认真分析嫌疑人的每一句回答，仔细琢磨嫌疑人每一次心理变化，准确锁定了嫌疑人的“软肋”，经过几个回合的心理交锋，嫌疑人不能自圆其说，败下阵来。在金华湖海塘杀人沉尸案中，被害人尸体高度腐烂，许多证据已经灭失，犯罪嫌疑人自以为天衣无缝，拒不交代犯罪事实。陈素青根据嫌疑人特别喜欢观看法制节目的特点，精心组织策划每一场讯问，采用点而不破、引而不发、含而不露的方法与其周旋，彻底摧毁其心理防线，迫使其交代杀人、劫财全过程，并现场指认了被害人首饰埋藏点。前几年，某省邀请他帮助讯问一起疑难命案，当时嫌疑人已经承认作案，但陈素青经过深入分析决定排除嫌疑人。重新侦查后不久，真凶落网。陈素青说：“绝不能让犯罪嫌疑人在我手中逃脱惩罚，更不能让任何一个无辜群众蒙冤。”

在案件现场

2012 年，金华市公安局专门成立“陈素青工作室”，组织全市预审民警开展跟班培训，培养预审人才。两年来，陈素青为当地及周边公安机关培训15批46人，部分“弟子”已学有所成，破获了一大批案件，有的还走上了领导岗位。

陈素青曾荣获“全国打黑除恶先进个人”、“浙江省模范人民警察”、“浙江省十大警界先锋”等荣誉称号，荣立个人一等功两次、二等功一次。

声音：

“作为一名刑警，虽然我的‘战场’上没有枪林弹雨，但在讯问室里总是充斥着善恶交锋。我会在这个看不见硝烟的‘战场’上，扎扎实实做好本职工作，绝不让一名犯罪分子逃脱法律制裁。”

——陈素青

回声：

“我最佩服的是老陈的沉稳，不管案件多么复杂，犯罪分子多么狡猾，他始终能沉得住气。自古断狱，攻心为上。在这方面，老陈有一套。”

——陈素青的战友

“平时虽然交流有限，但他的言行就像一缕阳光，洒进了我的心田。作为妻子，我会一直陪伴在他身边，支持他。”

——陈素青的妻子李美倩

数字：

从警三十四年，先后参与侦办包括新疆“7·5”打砸抢烧严重暴力犯罪案在内的大要案件500余起，捕诉各类刑事犯罪嫌疑人1300余名，其中被判处死刑98名、无期徒刑72名、10年以上有期徒刑260余名，无一冤假错案，无一上访案件。

陈　林：让证据“说话”

陈林，男，49岁，安徽省公安厅物证鉴定管理处副处长。

多年来，他总是转战于一个又一个犯罪现场，让隐形信息浮出水面，还原了一个又一个真相；他能“利用小肠内容物迁移距离推断死亡时间”；他能通过犯罪行为重建犯罪现场，找到隐形的犯罪证据；他能读懂尸体上的信息语言，让证据“说话”，再现犯罪分子的罪行。

从警二十七年来，陈林参与侦破各类案件3000余起，检验尸体2000余具。在犯罪分子眼里，他是闻之胆寒的“克星”；在人民群众眼里，他是当之无愧的“守护神”；在同行眼里，他是最接地气的侦技专家……2013年8月，安徽省高级人民法院以“事实不清、证据不足”无罪释放了蚌埠市“96·12·2”韩露被杀案中曾经认定的凶手于某，于某

陈林（左一）水中现场勘查

在 1996 年被指控杀死妻子而被判处死刑缓期两年执行，后改判无期徒刑。于某究竟是不是凶手？刚从外地办案回来的陈林接手后，义无反顾地再次踏上征程。案发时间已长达十七年之久，案件现场、尸体均已不复存在，陈林用最短的时间阅完四十多本卷宗，依据现场遗留的生物检材，利用重建犯罪现场、探寻隐形的信息和刻画犯罪嫌疑人等技术，通过犯罪行为判定杀害韩露的一定不是于某，应该是一起以性侵为目的、临时起意的杀人案件，且凶手是死者韩露认识却不太熟悉的人。专案组在陈林的指导下，终于在两个月后抓获真凶，纠正了这起错案，维护了法律的尊严。

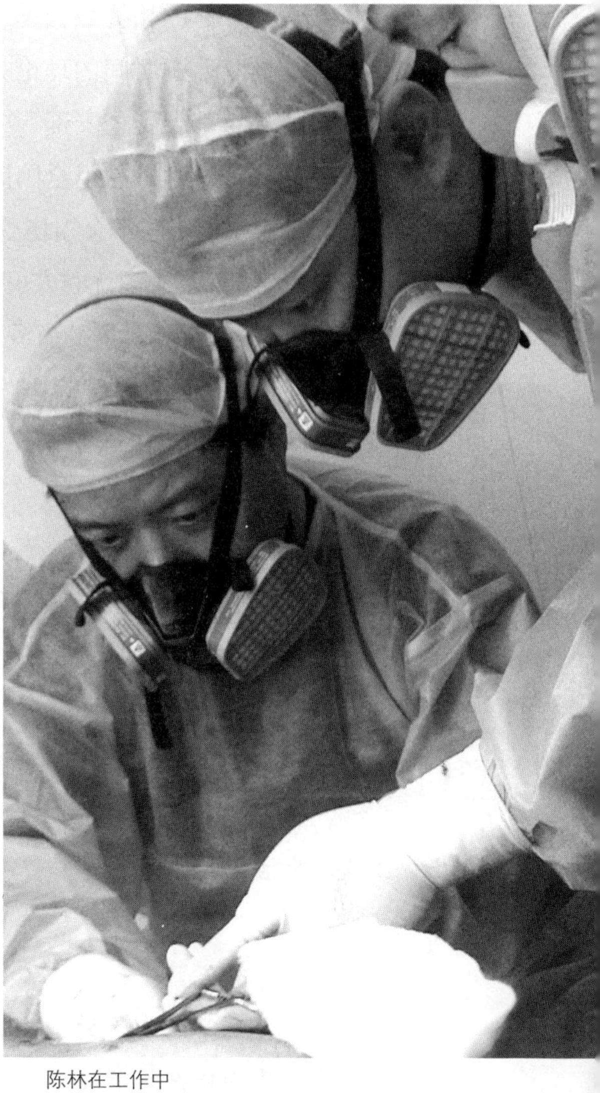

陈林在工作中

“人命大于天，老百姓无小事。”在处置大量非正常死亡事件中，陈林亲自同死者亲属沟通，进行现场勘查、尸体检验，用通俗的语言对专业知识进行讲解，并耐心疏导，让死者亲属得以释怀。他经常连续数周马不停蹄，辗转于多个现场之间。在繁重的工作之余，陈林不忘总结在命案侦破工作中的经验，将实践理论化、规律化，并多次举办业务培训班，培养法医骨干力量，为全省刑事技术事业的发展立下了汗马功劳。死亡时间推断是法医工作中的世界性难题，陈林研究的“利用小肠内容物迁移距离推断死亡时间”课题，涉足了前所未有的研究领域，他克服小肠内容物肮脏、恶臭的刺激，研究了数百具尸体的相关数据，最终总结出了一套详细、便捷、实用性极高的推断死亡时间的理论方法，填补了国内外此领域内的一项空白。他每年都会受公安部、中国法医学会之邀，在全国各类命案侦破培训班上讲学，深得全国同行的赞誉，被推选为中国法医学会常务理事、中国法医学会损伤委员会副主任委员。

陈林曾荣获“全国优秀人民警察”、“安徽省五四青年奖章”、“安徽省优秀政法干警”、“安徽省我最喜爱的十大人民警察”等荣誉称号，多次荣立个人一、二、三等功。

声音：

“法医工作不但艰苦，而且责任重大。全力解读尸体语言，让逝者瞑目、生者释然，这是我坚定多年的信念。”

——陈林

回声：

“他不仅业务能力强，是优秀的命案侦破指挥员，而且还是我工作、生活中的导师。”

——陈林的战友

“老陈这个人有干劲、能吃苦，是个十足的工作狂。虽然他常常因为工作没能好好照顾我和女儿，但我们都没有怪他，而是默默地支持他。”

——陈林的妻子

数字：

从警二十七年，出差近5000天，参与侦破各类案件近3000起，检验尸体2000余具。

李权卿：大智大勇的排爆“尖兵”

李权卿，男，46 岁，河南省濮阳市公安局治安管理支队民警。

作为排爆专家，他总是把安全留给他人，把危险留给自己，同事们给他总结了三个“最多”：受领的安检任务最多、排除的爆炸物最多、经历生与死的考验最多。十一年来，他参与执行各类安检防爆任务 10700 余次，处置各类涉爆现场 119 次，排除、销毁自制炸弹 6 个，航弹、炮弹、手榴弹等 1569 发……他以精湛的技术、严谨的作风、无畏的忠诚展现了一名人民警察的大智大勇，为保护人民群众的生命财产安全做出了重大贡献，被称作“与死神打交道的人”。

排爆服下的汗水

2011 年 5 月，群众举报有人在出租房内私自制造烟花爆竹。经勘查，大量半成品烟花爆竹、制造火药的化工原料和已配制好的火药摞在墙角，整个地面已被染成灰色，轻微震动摩擦就会爆炸，如果不尽快转移出居民区，后果不堪设想。他和同事们迅速制定出方案，并独自承担难度最大、危险性最高的药壳分离工作。同志们想上前搭把手，但都被他断然拒绝，他说：“这儿危险，你们离得再远些！”经过六个多小时连续工作，他将 1200 余盘、50 余万头烟花爆竹的半成品进行了药壳分离，并将 53000 余根引火线、100 多公斤爆炸原料以及分离出来的火药安全运送到销毁现场。正当他按照程序处置时，距他左前方三米处的火药突然起火爆炸。经过十多个小时的抢救，从昏迷中苏醒的他说的第一句话就是：“没事儿……死不了，还能干……”2009 年 10 月的一个深夜，犯罪嫌疑人在一辆汽车上放置了遥控炸弹来勒索车主钱财。他在轿车油箱底部发现了自制炸弹，但稳定性较差，随时可能爆炸。李权卿克服情况不明、排爆条件不具备等困难，趴在地上用双手捧住炸弹一点一点进行转移。转移到安全地点后，一层层将纸箱剥开，一根线一根线进行分离，最终将这个威力巨大的炸弹成功拆除。

2010 年，李权卿作为专业人才列入公安部排爆专家库。作为一

排爆生死一线间

名排爆警察，他是优秀的，但作为儿子、丈夫、父亲，他内心充满愧疚。2010年10月，76岁的老父亲因病住院，几次下达病危通知书。由于参与处置一起非法制造雷管爆炸案，他没顾上看望父亲，就到了爆炸现场。回到老家时，父亲拉着他的手一句话也没说，睁着眼睛离开了人世。由于排爆工作的特殊性，他的妻子、家人经常过着担惊受怕的日子。2011年那次因公受伤，女儿给病床上的他写信说："爸爸，我真的不希望你成为英雄，我只想要一个平安健康的爸爸……"妻子说："我对他没有过高要求，只求他平平安安活到退休，给我和孩子一个完整的家。"

李权卿曾荣获"全国公安系统二级英雄模范"、"全国公安机关爱民模范"、"全国优秀人民警察"、"感动中原"十大年度人物等荣誉称号。

声音：

"作为一名排爆民警，一旦发生爆炸险情，如果我不到现场，就像小学生逃了课，内心忐忑不安！"

——李权卿

回声：

"我知道父亲职业的特殊性和危险性，我从来不敢想象，危险的那一天真的会到来。我不希望我的父亲是个多么大的人物、多么大的英雄，我只希望老爸永远守护在我们身边，只要他健健康康平平安安地归来。"

——李权卿的女儿李萌

数字：

先后处置各类涉爆现场119次，排除、销毁自制炸弹、航弹、炮弹、手榴弹等1575个（发），炸药27690千克。

王　群：幸福家园的“大管家”

王群，女，46岁，湖北省武汉市公安局汉阳区分局洲头街派出所民警。

担任社区民警十年来，王群一心扑在工作上，深深扎根在社区。她把原来在城中心的家安到了城郊结合的管段里，与辖区群众打成一片，社区连续7年无命案、无入室盗窃、无火灾事故，先后帮助52名下岗困难群众实现了再就业。她以抓“小案”、办“小事”的实际行动，努力创造出平安和谐的社区环境，被辖区群众誉为幸福家园的“大管家”。

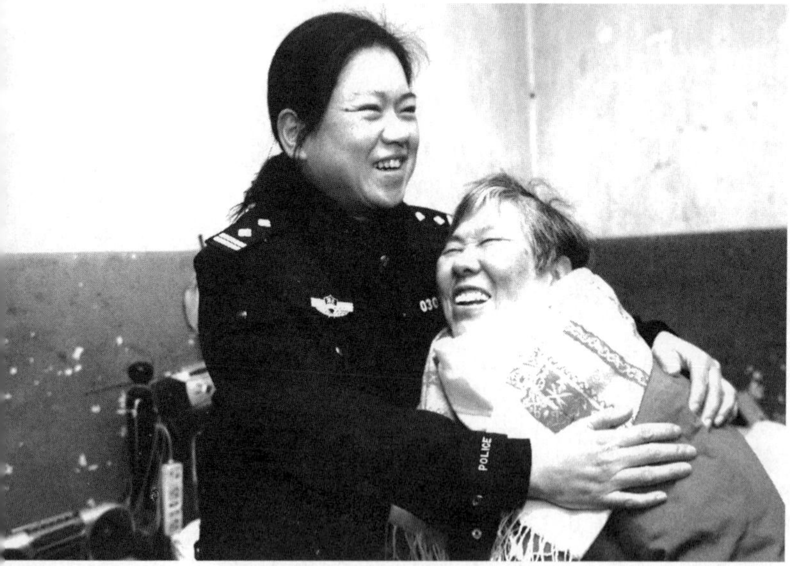

孤寡老人把她当成亲人

王群原居住在汉阳最繁华热闹的地段，交通方便，女儿上学也方便，但为了与群众零距离、更好地服务群众，2008年，她毅然把家搬到了城郊结合的社区里。她坚持走街串巷、上门入户，她对辖区情况做到了“五熟”，即人员熟、门店熟、单位熟、治安熟、地形地物熟，被群众誉为“活电脑”。她以社区警务室为窗口，以互联网为依托，不断拓展警务室服务功能，将手机号等向辖区群众公开，方便群众随时联系。警务室24小时开门接待，做到“一网式、一体化”服务，让社区群众在家门口能办事、办成事，把社区警务室打造成“群众家门口的派出所”。她积极探索治安管理工作新模式，大力开展群防群治，在全市率先推出老城区居民自治物业管理，将社区现有2700户实行网格化管理，构建了一张平安防控网。为了降低和减少可防性案件的发生，她在缺乏资金的情况下，想办法解决物防硬件问题。她与居民协商沟通，将社区闲置多年的废旧水箱全部拆除变卖，统一定制经济实用的单元门。曾经一段时间盗割居民区电线电缆案件多发，王群发现没剪的电线大多中间都有固定，她用了近十天工夫，全面完成了居民外挂电线的捆扎、固定工作，有了这把“安全锁”后，辖区再未发生电线被盗现象。

她用真心、真情服务群众，创新推出“三帮四助”工作法，满腔热情为群众办实事、做好事、解难事。她管辖的社区下岗职工多、贫困家庭多，她深知民生的根本是生计，只有让下岗失业人员实现再就业，才能在总量上减少贫困户。于是她把各类招工信息装在心中，从网上找、去劳动力市场找、

扶老人过马路

到熟人单位里找，不厌其烦地为群众“跑腿”。王群对曾经的违法犯罪人员，更是关怀备至，主动为他们迁转户口、申领低保，用真情温暖着这些昔日的浪子，使他们更好地告别昨天、回归社会、展望明天。

王群曾荣获“全国五一劳动奖章”、“全国公安系统二级英雄模范”、“全国特级优秀人民警察”、“全国政法系统优秀党员干警”、“湖北省劳动模范”等荣誉称号，荣立个人一等功一次、二等功三次。

声音:

“社区就是我的‘家’，把‘家’理好，为‘家人’排忧解难是我的本分。有些复杂的纠纷，不能一句‘你们去找法院打官司’就打发了，必须真真切切考虑到弱势人群法律知识、能力的欠缺，积极帮助他们协调相关部门，努力促成问题在基层进入妥善解决的轨道。”

——王群

回声:

“我是一名身患癌症多年的患者，在我几乎绝望的时候，素不相识的社区民警王群向我伸出了温暖的手。她就是我家的大恩人！”

——长新社区居民蔡玲媚

数字:

十年来，先后处理500余起重大疑难矛盾纠纷，无一上交。

张　娟：破解死亡密码的山区女法医

张娟，女，40岁，土家族，湖南省沅陵县公安局刑侦大队刑事技术中队中队长。

提起法医，人们马上会联想起大白口罩下冰冷的眼神和解剖刀嘶嘶作响，令人毛骨悚然、敬而远之的场面。然而，在湘西老百姓的心中，却有这样一位女法医，她有过人的才智、独特的眼光、娴熟的业务和纯洁的爱心。十八年来，她直面各类案件现场1600余次，出具法医鉴定书3000余份，服务各类案件侦破300余起，默默践行着“为老百姓主持正义，除暴安良”的誓言。她破解一个个死亡密码，还原了一个个事实真相。“为死者言，为生者权”，这是张娟对工作的承诺。

勘查现场

让死尸“开口”，需要精湛的技艺和执着的求索精神。十八年来，她把花样年华全部奉献给了艰苦乏味的刑事技术工作。面对令人胆战心惊的凶杀现场、血肉模糊的肢体以及让人毛骨悚然的腐败的尸体、阴森森的白骨，她从容面对、从不退缩，认真开展尸体检验，不放过任何一个细节，用自己的行动和提取的一份份有价值的材料撬开冤魂的嘴巴，让死人“说话”，为当地多起影响恶劣的重大案件成功侦破做出了突出贡献。她潜心钻研，先后发表《头部钝器伤后自缢死亡鉴定初探》等一系列法医论文，为同行提供了有益借鉴。2011 年 5 月，县城沅水大桥下发现一具尸体。高度腐败的尸体让人见着就想吐，而张娟却淡然地说：“因为我是法医，我只想找到真相。”她结合季节、气温、水温以及死亡原因等多方面因素综合推断，准确认定死者的死亡时间及年龄，为成功破获此案起了重要作用。

法医工作绝非仅仅是为了侦破案件，更多是为广大人民群众服务，为社会主持公道，为伸张正义提供可靠依据。她每年接纳的交通事故，工伤事故、自杀、自残等伤残鉴定数十起，更多的是非正

现场尸检

常死亡鉴定，哪怕是一名乞丐死亡，她也会一丝不苟，认真勘验，为的是给死者一个公道和尊严。张娟是一名严肃的法医，在冰冷、机械的法医工作中，她却经常流露出女性的温情。至今，经她帮助的人她自己也说不清有多少个。只有那些被她救助的受害者，在心中默默记着她那份难以用语言来形容的感恩。

张娟曾荣获“全国政法系统优秀党员干警”、“全国特级优秀人民警察”、“全国五一巾帼标兵”等荣誉称号。

声音：

“当我穿起警服、套上白大褂出勘现场的时候，使命感和责任感就油然而生。法医就是为死者言、为生者权。做法医最难的、最困惑的是找不到线索，那时我感觉自己很无能，对不起死者和家属。案件因为我的努力而成功破获的时候，是我最开心、最幸福的时刻。”

——张娟

回声：

“你选择了一份崇高而神圣的职业，你信守了一颗正义必将战胜邪恶的决心，你用真相慰藉了逝者的心灵，你用青春和汗水诠释了法医的平凡与美丽。”

——张娟的战友

数字：

十八年来，张娟出勘现场1600余次，出具法医鉴定书3000余份，直接或间接协助侦破刑事案件360余起。

孙建国：冲锋在前的特警队长

孙建国，男，37岁，广东省佛山市公安局三水分局巡警大队特警中队中队长。

孙建国曾赴海地参加联合国维和行动，经历过生死历练。成为一名特警队员后，他屡立战功，先后带队成功处置突发案事件260余次，参与抓获各类犯罪嫌疑人423名，协破各类案件650余起。每一次成功处置，他留给群众的总是一个匆匆的背影，群众的掌声，是对他最大的认可和鼓舞。

2005年5月6日，一名法国女孩儿在海地贝莱尔地区被匪徒绑架。联合国海地稳定特派团决定实施突击行动，解救人质并摧毁非法武装分子的据点。中国的装甲车具有清障功能，所以被委派作为开路先锋，孙建国作为中国防暴队机枪手参加了战斗。行动中，他很快就发现了目标，机枪手

维和执勤

所处的是最危险的位置，他顾不上个人安危，迅速还击，最终与战友一起冲入据点，成功解救出被绑架的人质，并抓获涉案人员 8 人。

对于特警而言，在抓获疑犯、成功解救人质的背后，是各种各样的风险和威胁。2013 年 2 月的一天凌晨，三水区某出租屋内，一名男子挟持人质在屋内点火，并叫嚣要点燃煤气瓶与人质同归于尽。在劝导无效后，孙建国决定带领特警队员采取强攻。趁男子走神瞬间，他冲入屋内，成功将其控制，并在火中抱出两个煤气瓶，成功解救出 4 名人质。2013 年 9 月，三水区乐平镇一名男子在吸毒后产生幻觉，持刀杀人后躲进一间民宅。孙建国接到指令后，迅速带领队员赶到现场进行处置。他果断破门而入，嫌疑人挥舞着两把尖刀刺向孙建国，他的左手被刺中，露出了骨头，满手都是鲜血，但他忍着伤痛，一直没有松手，牢牢控制住歹徒。

突击队实行 24 小时值班备勤制，一有任务即刻出发，孙建国是首任突击队长，他是“头”，更是榜样。为练就“一招制敌”和“一枪毙敌”的硬功夫，孙建国带领队员摸爬滚打在训练场上。为提高特警的枪法精准度，他不断创新训练方法，把原来的靶纸按比例缩小，一张手枪靶纸就手掌那么大，中心 10 环的位置刚好是一颗子弹的大小。同时，他还制作了气球靶、旋转靶、不规则移动靶，以提高实战效果。2010 年起短短两年内，孙建国的父亲、母亲和姐姐因患癌症相继离世，在他们患病期间，孙建国都没能抽空多点陪陪他们、照顾他们，姐姐离世的时候，他

讲授动作要领

也没能赶回去见她最后一面。

孙建国曾获联合国颁发的维和勋章，荣获“全国模范军转干部”、“广东省人民满意的公务员”、“广东省先进工作者”等荣誉称号，先后荣立个人一等功一次、二等功一次。

声音：

“作为一名人民警察，就要勇敢、忠诚，尽管当特警很危险，但我从不后悔自己的选择。如果没有组织的关怀和家庭的支持，我不可能取得今天的成绩。”

——孙建国

回声：

“孙建国素质过硬、有勇有谋，沉稳果断、以身作则，为人朴实、待人真诚，他时刻牢记肩上重任，对待工作认真用心，对待同事关心爱护。”

——孙建国的战友

数字：

参加公安工作以来，共参与抓获各类要犯423名，带队成功处置突发性、群体性事件260余次，协破各类案件650余宗。

潘少锋：外事“110”

潘少锋，男，40岁，壮族，广西南宁市公安局出入境管理支队三大队副大队长。

海地维和，潘少锋是为国争光的中国旗帜。2004年，他作为中国首批维和警察赴海地参加维和行动。期间，潘少锋患上“重症肌无力”疾病，医院曾三次下病危通知，但他仍坚持边治疗边工作，多次晕倒在工作岗位上。病榻上的他，以惊人的毅力，将法语版《联合国维和警察手册》译成中文。2009年重返岗位后，他创新出入境管理服务模式，再塑严格执法、热情服务的“国门”形象，老外和市民都亲切地称他是“POLICE PAN”和“外事110”。他胸中总是燃烧着一团火，照亮和温暖着需要关心和帮助的人。

帮助外国游客

随着中国—东盟自由贸易区的发展，地处祖国南疆的南宁，出入境人数大幅递增，潘少锋把“警力有限，民力无穷”的群众工作理念引入外管工作中，与各高校合作，搭建起东盟小语种警务翻译人才平台，动员数十名高校外语教师加入人才库，24小时提供处理涉外案（事）件的翻译支持，使南宁外事服务语言覆盖到9个小语种。他发动社区、居委会，组建了200多人的外管联络员队伍，组织自己帮助过的外籍人士，建立起了一支外籍人员志愿者队伍，处理一些棘手的涉外事件。他还创新推出了“三主动、三坚持、五前移”出入境管理服务工作新模式，赢得了涉外单位和外籍旅客的好评。在南宁的外国留学生中，潘警官是口口相传的名字。他在多所高校首创了“外国人高校服务站”，让外事服务进校园。留学生们都说：“有困难找潘警官！”

广西毗邻东南亚，由于历史原因，不少东盟国家妇女来到南宁的偏远山村，与当地居民生儿育女，长期生活。他反复研究相关法规，多次深入到这些外籍妇女家庭，反复与相关国家总领馆对接协调，最终达成共识，先后为88名长期滞留的外籍妇女解决了合法居留难题。2012年9月，第九届中国—东盟博览会在南宁隆重举行。马来西亚商人李先生忙于参展，没有意识到签证期限只剩一天了，情急之下，他找到潘少锋。潘少锋考虑到如李先生到出入境办证大厅申请签证延期，必定耽误布展和次日的开幕式，于是他当机立断，现场收集李先生的申请材料，再连夜返回办公室为其办好延签手续，并于9月21日送

解答问题

证上门，李先生连声感谢，在场的客商都为此鼓起掌来。2013年5月，菲律宾游客Centina博士慕名找到了潘少锋，希望能找到1985年来南宁金光农场传授菠萝培育技术时结识的朋友。他根据提供的姓名，一边请同事在公安机关人口信息中检索，一边驱车赶往金光农场实地寻访，终于找到了当事人。Centina博士称赞他是名不虚传的“外事110”！

潘少锋曾被授予联合国和平勋章、中国维和警察荣誉勋章和“广西青年五四奖章”等。

声音：

“我是一名外事警察，我的梦想就是在世界面前展示中国的形象，为此我愿奉献自己全部的青春和热血，不怕苦，不怕难，不怕面对生与死的考验！”

——潘少锋

回声：

“我在南宁居住了近十年，由于有潘警官热心指点，在南宁公安出入境管理部门办理签证，比在美国还方便。很多在南宁居住的美国朋友都认识潘警官，他很热情，我们都喜欢他。”

——美国人顾安迪

数字：

与55家大型宾馆酒店开展结对子送服务活动，动员了25名高校外语教师加入人才库，使南宁出入境管理服务的工作语言范围覆盖到英、法、越、泰、缅、老、日、韩等9种语言。

陈　冰：警界“保尔”

陈冰，男，33 岁，重庆市公安局北部新区分局刑事侦查支队技术室民警。

四年前，陈冰在现场勘查时不幸被万伏高压电击中，全右臂截肢、右腿永久性功能障碍。就在许多人都以为他这辈子成为废人时，他咬牙学会站立、左手书写，放弃补贴和特殊政策，毅然重返岗位。他不断战胜和超越自我，用单手追梦书写精彩人生，被誉为“当代保尔”。他身残志坚、自强不息的故事感动了无数人，也激励着更多的人追寻人生梦想。

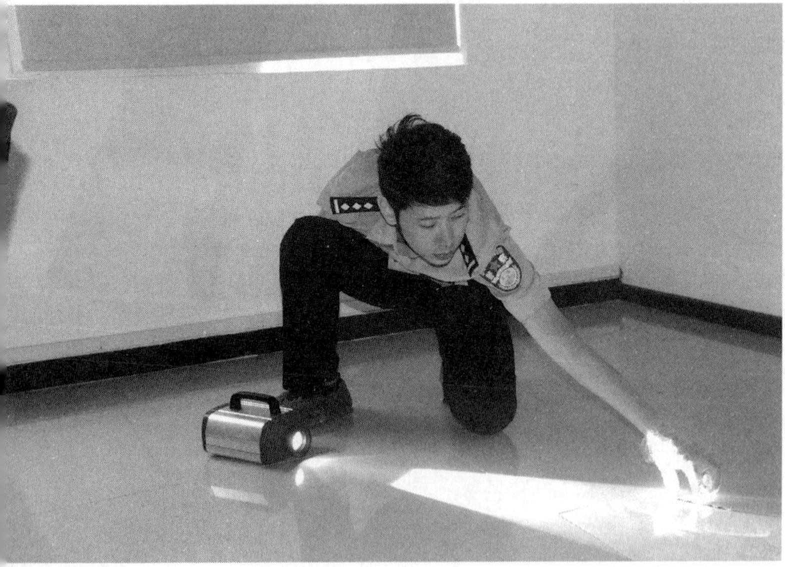

陈冰在勘验现场

在不幸与困难面前，陈冰选择了坚强。伤愈后的陈冰立即投入到恢复下肢功能和平稳站立的艰难练习中。刚开始，陈冰站着都会摔倒，身上常常青一块紫一块。一年后，陈冰已经能够独立行走，他还学会了用左手洗

整理资料

漱、吃饭、写字、上网。2011年12月，应陈冰的请求，组织同意他重返工作岗位。战友们看到，系鞋带这个再简单不过的事，陈冰做起来却如此艰难：他得埋头用左手与牙齿配合才能完成。上班，他到底能挺多久？陈冰用实际行动回答了很多人的疑问。他说，我是来工作的，不是来添麻烦的，我要在这里工作十年、二十年，得靠我自己。为避开早晚高峰，他每天不到6点就起床坐第一班轻轨上班，晚上接近8点才踏上回家路。无论刮风下雨，陈冰从没迟到早退过。

回到岗位后，陈冰被安排到刑技室做专职内勤。他用左手将2500份旧案卷宗整理归档，并充分利用卷宗档案服务于侦查破案，协破各类案件30余起，为群众挽回经济损失近百万元。他坚持不当“坐堂先生”，遇有大要案都主动请缨去一线。2013年初，分局在侦办系列货车被盗案件时，陈冰成功恢复失窃货车被涂改的车架VIN码，为破案提供了物证支撑，一举摧毁8人盗车团伙，追回被盗车辆5台。2014年初，辖区发生一起入室杀人案，陈冰和战友一起勘查现场，在三十多层的高楼楼道间搜寻，最终在底楼车库发现血滴，并给出了犯罪分子逃跑路线和右手受伤的推断，民警顺藤摸瓜，52小时后案件成功侦破。

有多年刑事技术实践经验的陈冰，工作之余仍不忘潜心钻研。他用左手逐字逐句敲出近5万字的多篇理论调研文章，有关利用三维绘图软件重建犯罪现场、3D打印技术应用等研究文章具有较强的指导性。他还手把手地带出了5名刑事技术骨干，发挥了较好的传帮带作用。分局每月给他发放困难补助金1000元，他却将这笔钱全部用来资助困难儿童。陈冰还多次参加公益活动，用阳光的心态、亲身的经历，积极传递正能量，鼓舞他人直面挫折，实现梦想。

陈冰曾荣获“全国公安系统一级英雄模范”、“重庆市人民好公仆”、“感动重庆十大人物”等荣誉称号。

声音：

“当警察是我从小的梦想，从穿上警服那一刻起，我就知道这是我一生的事业。虽然我身体残疾了，但我心灵不能残疾。当我回到警队，我又找到了警察职业的认同感、归属感、荣誉感。”

——陈冰

回声：

“我们没有后悔让陈冰选择当警察，陈冰受伤后，我们真的担心他过不了这个坎，但他的表现让我们骄傲！”

——陈冰的父母

数字：

用左手将三年来的2500份旧案卷宗整理归档，从中发现新线索，由此破获了30余起案件；用左手逐字逐句敲出近5万字的理论调研文章，其中8篇在专业权威刊物发表。

朱晓军：高原上盛开的“格桑花”

朱晓军，男，33岁，四川省甘孜藏族自治州德格县公安局白垭派出所副所长。

2009年夏天，朱晓军通过招警考试，远离家乡和妻儿，来到千里之遥的甘孜州德格县。五年来，他用坚毅跨越语言障碍，用脚步丈量鱼水深情，与群众打成一片。他的足迹遍布白垭的每个村落，走访过每户家庭，用实际行动赢得了白垭乡村干部及群众的一致好评：“这个小伙子来我们白垭，是我们白垭人的福气。”“在白垭，朱晓军就是我们全乡人的亲戚。”

在一次走访时，朱晓军了解到八旬孤寡老人扎西大娘膝下无儿女，仅靠每月困难补贴艰难度日，他随即掏出身上仅有的几百元钱塞给老人。为了从根本上解决老人生活保障问题，他决定为老人申请城镇低保。跑到有关部门咨询后，发现老人是农村户口，不属于城镇低保对象。朱晓军实在有些不甘心，决心为老人

为群众办理证件

张罗农转非问题。经过四处奔波、呼吁，经批准，老人的农转非问题终于得到解决。事后，老人把他的照片摆在佛龛上供奉，说："晓军，大娘没能力报答你，把你的相片摆在那儿，我每天为你祈祷平安啊！"经朱晓军劝说，老人将照片拿下来，却坚持要把朱晓军的照片装在镜框里，说："每天看到你的照片，就像看到你人一样，我心里踏实。"

白垭乡地处偏僻，山高路险，交通极其不便，牧民居住分散。连续多年春节，朱晓军坚守在白娅。2011 年初，朱晓军回自贡老家过春节，刚到家就接到村民电话，说村里出事了。他二话没说连夜赶回，硬是在大年三十前赶到了村民家里，帮助其解决纠纷，让其过了一个开心温暖的新年。从那以后，他再没有回过自贡过春节，六年来也仅仅回过一次家，也是因为参加妹妹的婚礼。他担心自己一走，哪个地方又出点问题需要人。

奉献的青春是美丽的。朱晓军说："虽然当警察牺牲了很多，但是也有常人所没有的收获。看到久侦告破的积案、看到受害人或

向群众进行法制教育

其家属及广大人民群众的笑脸，是我人生中最激动、最快乐、最有成就感的时刻。”他把群众当亲人，为群众真心实意办实事、解难事、做好事，只要他一进村入寨，远远地就有村民热情招呼他进屋坐坐，拉起手他们就谈笑开来。他的同事这样评价他：“他能在高原坚守这么长时间，一般人是很难做到的。群众把他当亲人，他就是盛开在高原上的格桑花。”

朱晓军曾荣获“全省政法先进个人”、“藏区优秀派出所所长”等荣誉称号。

声音：

“虽然当警察牺牲了很多，但是也有常人所没有的收获。看到久侦告破的积案、看到受害人或其家属及广大人民群众的笑脸，是我人生中最激动、最快乐、最有成就感的时刻。”

——朱晓军

回声：

“这个小伙子来到白垭乡，是我们白垭乡群众的福气啊！”

——白垭乡群众

数字：

徒步326.35公里，走访全乡515户村民，绘制出了详尽的白垭乡人口分布图和地形图；六年来只回过一次家。

汪　勇：社区“名片”

汪勇，男，43 岁，陕西省西安市公安局韩森寨派出所民警。

2007 年，汪勇任咸东社区民警，一直以来，他把百姓当亲人，真情服务群众、践行民生警务；他把职业当事业干，倾心打造平安社区、守卫群众安全；他将工作干到极致，从不停下前进的脚步，永远争做“排头兵”；他保持清廉本色，不因被误解而苦恼，甘愿永远“秀”下去。他用行动诠释了警察的内涵，用信念树起了职业的标杆，成了社区群众心目中一张最亮丽的“名片”。这张名片是满意，这张名片叫奉献。

夜间到社区巡查

咸东社区实有人口 16000 多人，汪勇给自己制定了一个“万千百”计划，走万里路、进千家门、解百家难，把为民服务的真情实意交给群众。他坚持居民入住迁移必到、有疑难户政业务必到、产生矛盾纠纷必到、生活困难必到、发案必到等社区警务工作多个必到。社区有数十名年老独居、长期有病的孤寡、空巢老人，他坚持每月看望一次，节日里为老人送去慰问关怀。他坚持七年照顾半身不遂的辖区居民黄某，老黄家里煤气灶坏了，汪勇二话没说就买了新的煤气灶，为给老黄“解闷”，汪勇花600多元买了一台新的电视送去。提起汪勇，老黄总是话没说眼圈先红了。对曾经受过处理的人员，他格外用心，思想上拉一把、生活上帮一把、工作上扶一把。他建立了由24名党员组成的帮教队伍，专门为曾经的吸毒人员解决问题。

他利用社区党建平台，成立了由26名驻地单位领导、保卫干部和家委会主任等组成的治安防范联席会，在29个小区建立了治安值班室，组建了有173名社区党员和离退休人员组成的治安巡逻队、65名小区保安组成的专职安防队以及150名群众参与的治安信息反馈队伍。他还自掏腰包购买了360多个门窗报警器，免费发放给社区楼层较低、位置偏僻的住户。他坚持每周通报警情、每月进行安全宣传、每季度开展法制教育、每半年进行形势分析，把安全防范从现实环境延伸到群众的心里和脑海里。无论值班与否，他都坚持在夜间甚至后半夜到社区转几圈。

护送小学生过马路

汪勇深知所有的获得只能从劳动中来。工作中，他坚持朝前看，争当一流，生活中却常常朝后看，安过清贫而又恬淡的生活，从不借助手中的公权力谋私。他的收入不高，祖孙三代现在还租住着一套35平方米的简易房。为了减轻经济压力，他70多岁的母亲当清洁工扫马路多年，他的妻子至今仍在一家酒店当保洁员。汪勇心里有一道底线，那就是不能拿人民给的权力去谋私。这条底线他从没有逾越。

汪勇曾荣获“全国人民满意公务员”、“全国模范军队转业干部”、“全省模范社区民警”等荣誉称号，荣立个人一等功一次。

声音：

“我将把这次入选候选人作为动力、作为起点，以实际行动回报组织的教育培养，回报战友们的帮助鼓励，回报社区群众对我的深情厚谊和鼎力支持，当好人民群众的儿子。”

——汪勇

回声：

“汪哥让我改变了对警察，甚至对这座城市的看法。现在，我已经打算在西安扎下根来。”

——外来务工人员王伟

数字：

通过汪勇和社区干部群众的共同努力，咸东社区连续五年未发生一起重特大治安案件，可防性案件发案数从2009年的76起，下降到2012年的9起，发案下降率达88%，至今已有5个小区实现了“零发案”。

家新春：勇当缉毒战线的排头兵

家新春，男，51岁，甘肃省兰州市公安局缉毒支队一大队大队长。

自参加公安工作以来，家新春一直战斗在禁毒工作一线。他每天和吸贩毒人员打交道，对搜集到的毒品纯度、毒品价格、毒品类型及贩毒人员情况一一记载并进行比对，全面掌握一手资料，保持工作的主动性。针对禁毒工作不断变化的规律特点，他不断摸索破案方法、改进工作措施，先后侦破了一批制、贩、运毒品案件，打掉了多个毒枭及贩毒团伙。2000年以来，共侦破千克以上毒品大案14起，万克以上毒品大案10起。他指挥侦破的毒品大案、缴获的毒品数量位于全省前列。

家新春（右一）在抓捕毒贩

2012年8月，家新春从一细小线索入手，梳理发现一起预谋从云南向甘肃贩运大宗毒品的案件。随即家新春带队辗转于云南多地开展细致的排查工作，不仅摸清了贩毒团伙成员的构成，活动地点、方式，还掌握了该团伙的主要组织者假借别人身份以投资办企业为名大肆洗钱的事实。经艰苦努力，成功缴获海洛因 32.5 千克，抓获全部犯罪嫌疑人。此案是甘肃近十年来破获的缴毒数量最大的毒品案件。

家新春敢于担当，积极作为，虽已年过五十，但他始终冲在前面，把危险留给自己。面对持刀拒捕的毒贩，他毫无惧色；面对驾车欲逃跑的嫌疑人，他从不退却。2012 年 12 月，在云南边境侦办一起运输毒品案时，由于侦查员少，而侦破案件的时机稍纵即逝，他想都不想，直接扑向两名毒贩，经过激烈搏斗，终于将两名犯罪嫌疑人制服，缴获海洛因 30 千克。几十年与吸贩毒人员打交道，他始终保

带队巡逻

持清醒的头脑，面对办案中遇到的人情、关系和利诱，他铁面无私，严格依法办案。

家新春曾荣获“全国政法系统优秀党员”、“全省优秀人民警察”荣誉称号，荣立一等功一次、二等功两次，三次被评为“甘肃省禁毒工作先进个人”。

声音：

“我深知这份职业的危险，更了解毒贩的凶残，可是，既然选择了与狼共舞，就早已把生死置之度外。而且，我坚信邪不压正。”

——家新春

回声：

“希望他每次外出工作都能平平安安回来。”

——家新春的妻子宋明英

“现实版无间道，警察不容易。”

——网友评论

数字：

二十四年来，他参与侦破毒品犯罪案件 510 起，70 多次以卧底身份打入贩毒团伙内部，成功缴获各类毒品约 300 千克，依法打击处理 700 余人，缴获毒资及赃物折款人民币 4000 多万元。

邹清林：铁警柔情

邹清林，男，57岁，郑州铁路公安局洛阳公安处南阳车站派出所警长。

从部队转业后的邹清林一直在火车站派出所工作。二十六年来，他帮助过136名离家出走、走失流浪的孩子平安回家，帮助老人、农民工兄弟、有困难的旅客，连他自己也记不清有多少人。他是旅客眼中的“爱心哥”，更是孩子们心中的“警察伯伯”。在他的带动下，爱心之火，正在不断地传递下去，服务于南来北往的旅客。

执勤、巡视、检查、维护进出站秩序、帮助困难乘客……这是邹清林每一天的工作。看到带孩子的乘客，他会走过去，提醒家长检票进站时照看自己的小孩儿，并把印有他自己联系方式的“便民卡”送到乘客手中；看到有老年人独自出行，他会走上前去扶一把，叮嘱老人一路小心；

帮助走失儿童

看到行李较多的乘客，他会帮着送到车上。多年来，他直接或参与破获刑事案件350余起，查处治安案件3600余起，查获各类危险违禁品1.5万余件，安全接送旅客列车23万余列。

多年来，邹清林将一腔热忱投入到帮助群众当中，摸索出服务旅客、救助孩子的“三件宝”：“小喇叭”，用于提醒旅客注意自我防范；“联络图”，记录着途经本站60多趟列车的乘警长及沿线各车站民警的1500多个电话，以便及时进行联系；“爱心联系卡”，教孩子如何报警，提醒旅客看管好自己的孩子。

邹清林每逢遇到单独出行的孩子，总会习惯性地多看一眼、多问一句。他相信，很多时候，在人群中多看一眼、多问一句、多伸出援助之手，很多事情就会改变，很多问题就会被发现，很多事故也就会避免。每当他把走失的孩子送回到父母身边，看到那喜极而泣的场面时，他心里的满足感便油然而生，觉得再苦再累都是值得的。2014年春运期间，邹清林在巡查时发现，一个外地小女孩儿从家里溜出来见网友，出了站却找不到网友，不知所措。他立即联系当地的110，孩子的父母从千里之外的上海赶来，还拿出钱财感谢邹清林，被他婉拒了。他从不拿群众一分钱，却常常为群众慷慨解囊。一次，两个农民工兄弟在外

向带儿童的旅客发放爱心提示卡

地打工，路上钱包被偷，没钱回家，邹清林自掏腰包给两人买了票送他们上车。

爱心之火照亮温暖着人们的同时，也在社会中间传递着正能量，他所在的派出所成立了“邹清林爱民帮困小组”，他的同事、朋友和曾经被他救助的孩子及其家长自觉加入到爱心接力中来，还有老师、学生、公务员等……一位被救助的孩子家长说：“邹清林每救助一个孩子，就挽救了一个家庭。我也是受益人，也要做个传承人，去帮助需要帮助的人。”

邹清林曾荣获“全国优秀人民警察”、“全国公安机关学雷锋先进个人”、“最美警察”等荣誉称号。

声音：

“铁路警察每天都会遇到旅客的急事、难事，向旅客群众伸出援助之手，是我们每个警察义不容辞的责任和义务。这种事，我会见一件做一件，我要做一辈子。”

——邹清林

回声：

“没有邹伯伯十八年来对我持之以恒的关注帮扶，就没有我的今天。”

——被邹清林救助的孤儿魏雪亚

数字：

从警二十六年，帮助 138 名流浪走失儿童平安回家。

提名奖

高 媛：传说中的女网警

高媛，女，31岁，蒙古族，北京市公安局网安总队六大队副大队长。

2011年初，高媛通过网络平台开设了“传说中的女网警”微博，向网民宣传网络安全防范知识，解答相关咨询求助，搭建起了一座密切警民关系的新桥梁，深受网民群众的喜爱，被媒体和网民誉为“首个亮相微博的女网警”。截至目前，微博吸引粉丝224万余人，累计发布微博13000余条，为网民解答问题2万余次，提供技术支持5000余次，宣传防范知识万余条。

为了准确了解网民需求，高媛对近几年来涉及群众切身利益的各类网络案件进行了汇总和梳理，并开展网络调查。她发现，大多数问题都是因为网民在上网过程中缺乏防范意识，才给了不法分子可乘之机。三年多来，“传说中的女网警”立足网民用网安全需求和紧急求援需求，围

高媛前往丰台师范大学附小举办健康上网、快乐童年主题宣传活动

绕网络信息安全主题，原创“病毒预警”、“安全提示”、“案例通报”、“青少年上网安全”等各类博文6900余条，累计为网民解答网络诈骗、“钓鱼”等问题2.3万余个，对每一项微博咨询、求助都认真回复，满意率达95.6%，已经成为新浪微博上的举报台和求助点。有网民提问：“刚才收到一条中奖信息，说是非常6+1，还有兑奖网址，不知是真是假。”高媛立即回复：“不要信，这是诈骗信息，网站上很有可能有木马，如果访问了，一定要及时查毒，且近期不要登录网上银行。”2012年9月，微博接外地同行网上通报称有女网民自杀，由于该女子位于境外，高媛立刻通过微博展开网上营救，搜集自杀女子的好友信息并广泛发动网民劝解，经近8个小时的努力，终于成功劝说女子放弃轻生的念头。

这是高媛在新浪开通的“传说中的女网警”实名认证微博的头像，她那亲切阳光的笑容深受网民喜爱

为进一步拉近警民距离，高媛积极策划微博活动，经常组织网民互动交流，与粉丝共同创作了《“女网警”话安全》、《网络诈骗面面观》等漫画，原创了《把耳朵叫醒》、《互联网的那些事儿》等视频，网络观看量超千万人次。2013年，以高媛微博工作经验为主提炼总结的警务工作法在全市社区民警中推广，她参与编写的《警务微博使用规范》等文件，为创新虚拟社会群众工作平台，开启北京市公安局“微博警务时代”发挥了积极作用。

高媛在倾情谱写爱的传说的同时，还勇于担当网络安全形象代言，她在市第十三届妇女代表大会上“关注女性用网安全问题”的提案，引起了社会各界的重视。她受邀担任百度“阳光行动”

安全上网普及计划形象大使，联合全市200余名网络安全志愿者启动了旨在提升全民网络安全教育的“网安启明星”工程，目前该工程已覆盖全市70余所学校。在她与其他同志的积极建议下，2014年4月27日，北京网络安全体验基地在360公司正式推出，为全市群众接受网络安全教育、亲身感受网络科学技术提供了平台。

高媛曾荣获“北京市三八红旗奖章”、“我最喜爱的首都人民警察”等荣誉称号，荣立个人一等功一次，现任北京市第十一次党代会党代表。

声音：

“国家设立网警，部署开展网络系统安全保卫，包括我开通‘传说中的女网警’微博，都印证了创新的意义。我要感谢网友，感谢‘媛粉’们1300多个日夜的陪伴。让我们共同努力，让网络更加美好、更加安全！”

——高媛

回声：

“80后”的高媛，这个“传说中的女网警”，既让我感到亲切，又让我有了安全感，我真心地支持你，你就是我最喜爱的人民警察。

——网友评论

数字：

发布微博13000余条，宣传防范知识6900余条，为网民解答问题近2万余个，提供技术支持近5000次，拥有200多万“粉丝”。

梁智勇：智勇双全好巡警

梁智勇，男，42岁，天津市公安局西青分局巡警支队三大队民警。

追缉悍匪，他是将生死置之度外的“拼命三郎”；摧毁团伙，他是潜入龙潭虎穴的“卧底英雄”；侦查破案，他是不达目的誓不罢休的“犯罪克星”。他用心研习巡控经典案例，用心实践巡控盘查业务，用心分析各类案件特点、规律。他根据街面犯罪突发高发地点、时段，绘制了一张巡控工作规律图谱，总结出了一套打击街头犯罪工作法，先后抓获犯罪嫌疑人200余名，有效地震慑和打击了街头违法犯罪，维护了一方稳定。在梁智勇看来，责任感和真功夫的有效叠加，才是合格的巡警。

梁智勇（左二）布置行动方案

2011年3月，十几名歹徒开着一辆大卡车冲进一工业园区工地，将保安打伤，抢劫多桶柴油后驾车逃跑。接报后，梁智勇与歹徒展开一场生死时速的飞车大战，在几次截停未果后，他毅然驾车将歹徒车胎撞爆，最终将歹徒擒获，成功打掉一个特大盗抢柴油团伙案，抓获涉案嫌疑人13名，破获盗抢工地和柴（汽）油案件200余起。同年11月，外环线连续发生大货车司机被抢劫案件，面对穷凶极恶挥舞着明晃晃砍刀的歹徒，梁智勇手提警棍迎了上去，一番搏斗之后将其制服。2012年11月，梁智勇在西青道口巡逻时发现一嫌疑车辆，他驾警车奋起直追。在歹徒驾车疯狂逃跑时，梁智勇冒着生命危险将嫌疑车辆超越并逼停，将歹徒抓获，破获抢劫、敲诈案件十余起。在面对手中有枪的凶徒时，他灵机一动按下楼道电闸，瞅准嫌疑人查看之机闪电出击将其击倒，当场搜出仿五四手枪和猎枪四支，子弹十余发。

执勤途中

梁智勇常说，作为警察，破案就是硬道理，无论多大付出都是值得的。为了彻底摧毁一个专门骑摩托车抢包的犯罪团伙，他化装成邮局工作人员，跟踪犯罪嫌疑人两个多月。有人说他运气好，违法犯罪嫌疑人总会让他碰上，但支队的人都知道，他靠的是一种执着认真的责任心。2013年9月，辖区接连发生两起抢劫强奸杀人和抢劫强奸案，在夜间盘查时他就遇到一名骑自行车的男子，并从对方眼神中发现一丝不同寻常的东西，经审查，该男子承认两起案件系其所为。有一次出去买晚饭时，他发现有6个人正围着一辆车在忙活，走近一看，其中一人正在换牌照。他迅速组织力量查缉，现场缴获两支枪以及管制刀具和部分冰毒，一个涉毒、涉枪的抢劫盗窃团伙被彻底摧毁。在打击杨柳青地区传销犯罪行动中，他卧底打入传销组织内部，与传销人员同吃同住近两个月，冒着危险与犯罪嫌疑人巧妙周旋，全面掌握了犯罪团伙内部结构、组织分工等第一手犯罪证据，协助专案组先后抓获隐藏在幕后的11名传销头目。

梁智勇曾荣获天津市“特警之星”等荣誉称号，荣立个人一等功、二等功各一次。

声音：

“队友们总爱问我：‘梁哥，你到底有什么抓贼秘诀？’我总是告诉他们，成功没有捷径，扎实的基本功和认真的工作态度才是克敌制胜的法宝。每次帮助群众后听到一声谢谢，都能让我体会到工作带来的成就感与快乐。”

——梁智勇

回声：

“为什么那些不法分子总会让他碰上，他的运气难道就这么好？这不是运气，而是责任心，作为一名人民警察的责任心。”

——梁智勇的战友

数字：

从警二十二年来，梁智勇参与破获各类案件1200余起，摧毁犯罪团伙63个，抓获违法犯罪嫌疑人200余名，为国家、集体和个人挽回经济损失500余万元。

张海峰：为百姓撑起“平安伞”

张海峰，男，39岁，蒙古族，河北省固安县公安局巡警特警大队长。

2009年，张海峰受命担任巡警特警大队长，长期以来，他始终冲锋在打击犯罪的第一线，承担最危险、最繁重的任务，成为巡特警行业尖兵，是百姓平安的“守护神”，是人民生命财产的“忠诚卫士”。他针对城区发案规律和特点，合理安排警力配置，实行网格化布警，通过车巡、步巡、便衣巡等多种方式，采取视频巡控、错时巡逻、强化盘查等措施，有效打击了街面违法犯罪，实现了刑事案件的逐年下降，先后破获案件1000余起，抓获违法犯罪嫌疑人400余名，其中逃犯75名。张海峰根据训练科目和队员特点制定详细的教学计划，编写了1万余字的教案，组织队员练体能、强素质，不断适应反恐防暴工作的需要，几年来，全队接处警1.5万余起，接处警工作和队伍管理

张海峰（左）指导队员进行擒敌拳训练

双双实现“零投诉”。

2010 年 12 月，某小区工地挖出一枚战时炸弹，该炸弹长 136 厘米，直径 50 厘米，内设引爆装置长期有效，爆炸有效半径 1500 米。他接报后迅速组织警力赶到现场，加强外围警戒。为转移炸弹，他不顾危险，与拆弹专家一起手推、肩顶，直接接触弹体，将炸弹从 2 米多深的桩槽内拖到地面，并安全运送至销毁点。2012 年 7 月 21 日，固安县突降有史以来的特大暴雨，降雨量超过 300 毫米。他带领应急救援警力冒雨疏通县城 70 余个排水管道，解救被困群众 12 名，同时安全转移大清河泄洪区村民 1000 余名。2012 年 9 月，固安城区先后发生多起飞车抢夺案，张海峰带领民警在县城巡逻时，发现一男一女驾驶一辆黑色无牌照摩托车，与犯罪嫌疑人特征相似，遂准备对该车进行盘查。该车加速向南逃窜，张海峰带领民警驾车追赶，在追出近 400 米时，他飞身将驾车人扑倒，和战友一起将二人抓获，一举破获飞车抢夺案 18 起。

张海峰带队抓获犯罪嫌疑人

多年来，张海峰积极带领队员开展志愿服务，及时处置群众报警求助和各类突发事件，共服务群众2300余人次。2011年12月，他了解到固安一高中学生郭某家庭生活困难，便伸出援助之手，组织开展爱心助学活动，三年共捐款1.5万余元，直到2014年郭某考上大学。东湾村77岁的孤寡老人黄某丧失劳动能力，没有经济收入，所居住的房屋成了危房，张海峰及时为老人修缮房屋，安装取暖炉和烟囱，还主动与乡村干部协调，解决老人日常生活困难，让老人感到亲人般的温暖。他还积极参与公益事业，成为中国造血干细胞捐献者资料库（中华骨髓库）100余万志愿者中的一员，先后义务献血2400毫升，组织队员义务献血20000毫升。

张海峰曾被评为省市公安机关先进个人，先后荣立个人三等功三次；巡警特警大队被授予“全国公安机关学雷锋活动成绩突出集体”荣誉称号。

声音：

“获评第五届‘我最喜爱的人民警察’候选人，我感到无上光荣。越是这样，我越要更加严格要求自己。”

——张海峰

回声：

“我们金店好几百万元的饰品遭抢劫，我的头都大了。没想到不到两个小时，警察就找到了被抢的物品，把案子破了。我真是太感谢这些警察了。”

——固安县某店主

数字：

先后破获案件1000余起，抓获违法犯罪嫌疑人400余名。

张凤莹：最牛刑警队长

张凤莹，男，45岁，河北省承德县公安局刑事侦查大队大队长。

在百度承德县贴吧，张凤莹的名字经常被置顶，老百姓最多的褒奖之词是："牛！""有种！""警察，好样的！"从警二十一年的张凤莹，一直在刑侦一线摸爬滚打，担任刑侦队长五年来，他带领民警破获各类刑事案件6000余起，抓获犯罪嫌疑人1000余人，打掉犯罪团伙100余个，赢得了百姓的高度评价。他有着不达目的绝不罢休的执着，战友们都说他一投入到重大案件中就像"魔怔"一样。无论多么重大、疑难的案件，他都能迅速确定侦破方向，运用最周密、最细致、

张凤莹（右一）和技术人员勘察现场

最恰当的侦查方法，在最短时间内实现突破。

在同事看来，许多看似不可能破的案件，到了张凤莹手里都能迎刃而解，再难的案子他也能不走弯路。2009年刚上任刑侦大队长，他就接连面临考验——5月16日，闫家沟村一家四口被杀死在家中，张凤莹带着专案组驻扎在山村，不到三天，案子告破。6月9日，县城一个烟酒店女老板被人捅了38刀，死在自家店中，价值数万元的香烟被抢走。张凤莹确定这起抢劫杀人案极有可能是跑“黑车”的出租车司机所为，嫌疑人很快浮出水面，果然如张凤莹所预判的那样。2013年5月，头沟镇霍家沟村发生一起两死两伤的重大杀人案。张凤莹在各种议论声中，冷静地抓住同村一个小伙子一大早骑摩托车出去的线索，迅速赶到小伙子家，并通过他家人微妙的表情发现倪端，最终在四川与陕西交界处将准备到云南偷渡出境的嫌疑人抓获。

张凤莹是当地响当当的打黑英雄。2006年，以段某为首的涉黑团伙犯罪线索交由承德县公安局立案侦查，张凤莹带领专案组历时四个月，抓获团伙成员40余人，破获抢劫、故意伤害、敲诈勒索、寻衅滋事等各类刑事案件40起。在抓获段某时，张凤莹和战友冲进段某藏匿的房间，当场缴获两支已上膛的仿左轮手枪。2010年11月初，承德县一名资产上亿的女企业家和其女儿相继神秘失踪。张凤莹带领专案组辗转于北京、天津等地，历时七昼夜，及时破获

张凤莹勘察案件现场

了这起连杀两人、劫走人民币700万元的特大绑架杀人案，并经过五个多月的专案侦查，成功侦破公安部督办的梁旭等人涉嫌黑社会性质组织案，共有21人被移送起诉。在打黑过程中，各方面的干扰接踵而至，有说情的、送礼的，也有打电话威胁的，甚至还有人诬告他受贿、私吞罚没款等，纪检委等有关部门几次来调查，最终证明了张凤莹的清白。

张凤莹曾两次被评为省级先进个人、承德市“十大名探”，先后荣立个人一等功一次，二等功五次。

声音：

“我是在基层带队的人，必须时刻以一名优秀共产党员的标准要求自己，敢于在全队叫响‘看我的、跟我来’的口号，与其他支部成员相互支持，密切配合，分工不分心，形成一个坚强有力的战斗堡垒。作为执法者必须做到不为名利所累，不为物欲所惑，不为人情所扰。”

——张凤莹

回声：

张大队很牛很有种，是个好样的警察，是令犯罪分子闻风丧胆的侦查高手。

——网友评论

数字：

担任大队长五年来，他带领民警破获各类刑事案件6744起，抓获各类犯罪嫌疑人1112名，打掉犯罪团伙107个，抓获网上在逃人员536名。

申飞飞：“猫路”走出的“最美乡镇干部”

申飞飞，男，28岁，山西省长治市壶关县公安局鹅屋派出所指导员。

鹅屋乡距壶关县城100多公里，面积130多平方公里，有18个行政村、172个自然村庄。由于地处深山、道路崎岖，人们将这里的山路戏称为“猫路”，是长治市交通最闭塞、条件最艰苦的地区。申飞飞誓言：条件不好且安心，山深更需腿脚勤，守土为民责所在，愿为鹅屋定山针。他用真心赢得群众感动，用真情温暖千家万户，用行动换来辖区安宁，他以大山为家、与青松作伴，成为了当地百姓最亲的人。

给辖区居民照证件照

鹅屋派出所仅所长和申飞飞两名正式民警，他承担了办案、治安、户籍、巡逻和内勤等多项工作。六年来，申飞飞的足迹踏遍了鹅屋的山山水水、沟沟坎坎。对群众之事，他做到“件件有着落、事事有回音”。他从没有因个人和家庭原因请过一次假，先后为群众办理户口和身份证业务万余次，受理求助600多次，成功调解民事纠纷上百次，处理各类案件40余起，所办事项、案件无一差错。自然村顺山而建、互不通车，相距远的有十几里路，他利用周末或午休间隙，租用村民摩托车入村办户口，两年来为百余名孤寡老人办理了二代证。他坚持为孤寡老人、贫困大学生做好事，为困难家庭解忧解难，累计资助万余元。王大爷与老伴年迈多病，儿子有先天性耳聋且患有智障，他经常到王大爷家看看缺什么，需要什么帮助。前年老人相继过世，他一直照顾着王大爷的儿子，虽然其有先天性残疾，但申飞飞始终未放弃让其感受人间的真情与温暖。小姑娘阿茹的父亲前几年去世，母亲改了嫁，跟着75岁的奶奶艰难生活。申飞飞从小失去了母亲，能深切地感受到阿茹对父爱母爱的渴望，他不但自己肩负起照顾他们的责任，还动员慈善企业长期对其资助。

作为一名人民警察，申飞飞深知责任和担当。2010年12月，一名犯罪嫌疑人在河南焦作以租车名义，将一辆出租车骗至鹅屋乡黄崖底村，将车主打伤推下深沟驾车逃跑。接警后，申飞飞立即赶往

每天都奔走在崎岖的山路上

现场将伤者送往医院治疗，途中他与企图逃跑的嫌疑人相遇，他不顾个人安危，扑上去将嫌疑人制服，当场查获带血的斧头、匕首等作案工具，从案发到侦破此案，仅用了不到两个小时。2013 年 3 月 7 日，南倒寺村发生森林火灾。接警后，申飞飞迅速赶赴现场救火，他在悬崖峭壁上攀爬，裤子被烧破，手上磨出了血泡，他全然不顾，直至将大火扑灭。在连续奋战三十个小时后，他又拖着疲惫的身躯迅速投入到案件侦破中，最终将犯罪嫌疑人景某抓获。七年来，申飞飞用青春和热血、用责任和担当，维护了大山的安宁与祥和，深受百姓的崇敬与爱戴。

申飞飞曾荣获“中国好人”、“山西最美乡镇干部”、“山西省政法系统先进干警”、“山西省阳光警察”、“长治市道德模范”、“长治市青年五四标兵”等荣誉称号，荣立个人一等功一次、二等功一次。

声音：

“我不会说多高尚的话，只是想着做好每天的工作。不经意间一回头，才发现这么多年已经过去了。”

——申飞飞

回声：

“能在最艰苦的基层扎根，再平凡也是不平凡。”

——申飞飞的战友

数字：

六年来，他走遍鹅屋的山山水水，先后为群众办理户口和身份证业务万余次，受理求助 600 多次，成功调解民事纠纷上百次，处理各类案件 40 余起。

霍耀明：社区群众的福分

霍耀明，男，43 岁，内蒙古自治区赤峰市林西县公安局新林镇派出所副所长。

“我们都习惯了，不管是个人的事，还是社区的事，大事小情都找小霍帮忙，他从没嫌烦过，摊上这样的好民警是我们的福分啊！”这是霍耀明所在社区百姓共同的心声。他自任北门外社区民警十二年来，以一名人民警察的责任和使命维护了一方的平安，用忠诚和大爱谱写了一曲情系老百姓的和谐乐章。

霍耀明创造的“三图、四联、五心”工作法在自治区推广学习。十二年来，他走遍了辖区的 3320 户居民家，累计写满了 72 本、150 余万字的入户走访手册，手册被同事们称为“民情字典”，他被誉为辖区的“活地图”。他充分利用信息化手段，创新社区警务工作，先后提供线索破获

工作在农家院

刑事案件121起，抓获逃犯47名。为了辖区的平安，他建成赤峰市首家“网上警务室”，为网民提供24小时全天候网上警务服务；他在各居民小区建立了LED电子显示屏，建起ADC手机短信平台，定期向近万名群众发布预警防范信息；动员下岗职工成立一支治安巡逻队，创新“一格三员”网格化模式进行巡防；他制定落实八项措施维护校园安全，连续三年保持无涉校案件发生的纪录；他联手科技公司建立联网报警监控中心，搭建起一个全方位、全天候的技防网络体系，在可防性案件侦破中屡建奇功，群众的安全感迅速提升。

从警十八年来，霍耀明养成这样一个习惯，群众最需要的事就是他最关心的。他先后帮助21名两劳释解人员及劣迹青少年就业并落实帮教；他协调相关部门为辖区改建了自来水管网，解决了居民冬季没水吃的困难；清运出300多户居民堆积了十三年的垃圾山，组织居民一道挖渠抗洪、修建路面，解决了居民的雨季洪涝灾害隐患。

帮扶困难群众

为了让更多社会弱势群体共享国家政策和社会的温暖，他帮助辖区55名确有实际生活困难的居民申办了低保；与9名残疾、孤寡老人结成帮扶对子。他联系“百度贴吧·林西吧”，发布多个因病致贫家庭、孤寡老人等困难群众的情况，在广大网民中掀起一场爱心捐赠公益活动。2014年1月，他带领18名爱心志愿者，历经三个多月的走访，选定特困留守儿童20名、特困中学生13名，向互联网和社会各界发起关爱特困留守儿童、特困学生爱心行动，帮助他们实现困难有助、完成学业的梦想。

霍耀明曾荣获“全国公安机关学雷锋活动先进个人”、“全区创先争优优秀共产党员”、“自治区优秀人民警察”、“全区政法系统优秀党员干警”、“自治区优秀青年卫士”、“赤峰市劳动模范”、“赤峰市杰出青年卫士”等荣誉称号，荣立个人二等功一次、三等功三次。

声音：

“从警以来，我一直努力当一名好警察。我一定不负众望，带着感恩之心投入工作，让警民携手，共建平安和谐家园。”

——霍耀明

回声：

“遇到大事小事我们都找小霍，他从来都热心帮忙不嫌烦，碰上这样的好民警是我们的福分啊！”

——社区居民姜振国

数字：

任北门外社区民警十二年来，走遍了辖区3320户居民家，累计写满72本、150余万字的入户走访手册。

关吉文：爱心永恒

关吉文，男，44岁，辽宁省本溪市公安局交警支队明山大队大队长。

他用爱心在群众需要的时候伸出援手，为贫困群众撑起“遮风挡雨的伞”，为特困学生“架起学子育人桥”……十几年来，关吉文的工作岗位不断变换，但他的爱心帮扶却始终没有改变，他用实际行动践行了“人民在我心中”的承诺。

从当上警察那一天起，关吉文爱心助人的事就没有停止过。他先后帮扶特困家庭、残疾人家庭学生数十人，仅2010年以来个人捐款捐物折合4万余元。2013年儿童节，关吉文到辖区小学走访，了解到部分贫困学生穿着“百家衣”上学，便发动大队民警购买了多套图书、文具等学习用品，送到了当地10所小学的贫困学生手中。2014年儿童节前夕，备

雪天执勤

受山城市民关注的身患白血病患儿小诗凡在北京做完骨髓移植手术后回到本溪，关吉文了解到小诗凡学习成绩优秀，但因疾病无法上学，并且一直都盼望有一台电脑，他发动民警把温暖送到了小诗凡的心坎上。自 2007 年至今，他带领大队民警已向中小学捐款捐物累计 10 万余元。

在执勤执法、交通事故处理等工作中，经常接触到需要帮助的群众，关吉文都会倾尽全力。搀扶老人、残疾人过马路，热心解答群众咨询，为丢失钱包的群众买车票，帮助交通事故中的遇险群众等，他都尽心尽力。早在公安机关开展“大走访”活动中，关吉文就与特困群众姜某结成帮扶对子，直到现在没有间断。姜某夫妇都是盲人，还有一个上高中的孩子，全家唯一收入就是民政部门一个月几百块钱的补助。为了贴补家用，姜某开了家盲人按摩院，可刚开不久就要动迁。关吉文主动找街道、社区等有关部门，帮助他们找到新址，还自掏 3000 多元钱，帮助姜某新开了一家盲人按摩院，解决其生活来源，让姜某夫妇感动不已。盲人夫妇虽然看不到色彩斑斓的世界，但感受到了社会的温暖和警察的亲情。苗苗一家是外地来溪的打工族，上小学六年级的苗苗挑起了照顾全家的重任，关吉文主动来到苗苗家，帮助解决实

帮助群众

际困难，成了苗苗全家的“主心骨”。

关吉文经常深入到辖区大型企业进行走访，了解企业所想所需所求，征求意见建议。2013 年 3 月，作为政府菜篮子工程的某公司搬迁改造，期间遇到大件搬迁的难题，他主动上门帮助专题研究，并开通“绿色通道”。溪湖区有个坡度较大的采煤沉陷区，有一天他看到拉着病人的救护车陷进泥坑，他马上联系拖车，为病人争取施救时间。事后关吉文找到有关单位协商，并四处联系石砖、沙子，自掏腰包给施工车辆，这条百余米长的坑洼路修复了，当地群众把这条路亲切地称为“警民连心路”。

关吉文曾荣获“全国优秀人民警察”、“全国助残先进个人”、“全省优秀青年卫士”、“全省十大杰出青年志愿者”、“辽宁省马天民式爱民模范”等荣誉称号。

声音：

“交警与群众打交道太多了，只要心里装着群众，为他们的利益着想，群众就会认可你、支持你。”

——关吉文

回声：

“吉文就是我们家的亲人，没有他长年的帮助，我都不知道怎么办才好。”

——盲人按摩院业主姜某

数字：

从警十七年以来，先后帮扶特困家庭 23 户，资助特困学生 30 多名，捐款捐物 4 万余元。

于　勇：特警队的“领头雁”

于勇，男，56 岁，吉林省长春市公安局特警支队支队长。

2005 年 6 月，于勇受命组建长春公安特警队。他十年磨剑，抓规范、促养成、强素质、练精兵，兢兢业业，为长春特警做大做强、全面发展倾注了全部心血。支队从无到有，从小到大，发展成为全国唯一被国务院命名的“特别能战斗特警队”。无论是汶川抗震还是新疆维稳，无论是抗洪抢险、扑救火灾，还是应急处突，他和特警队全体成员经历了一次次生与死、血与火的考验。他身先士卒、冲锋在前，完成了党和人民赋予的一次次特殊使命。

于勇（右二）和队员们深入灾区救援

他带队多次执行抗震救灾、抗洪抢险、维稳处突、紧急救援、重大安保、抓捕罪犯等特殊任务。在四川汶川特大地震救援中，他临危受命，担任公安特警队抗震救灾混编第一大队大队长，指挥带领长春、贵阳等 6 个城市公安特警队和消防、边防等1200余名特警、武警官兵，率先挺进交通、通讯完全断绝的震中汶川县水磨镇开展救援。同时，他选派20人组成先遣突击队，突入救援盲区三江乡，打通了灾区群众的生命通道。他还带领特警先后转战汶川、都江堰、绵阳、平武等地，救护伤员436人，救出遇险人员532人，转移和疏散群众38500人。2009年7月5日晚，新疆乌鲁木齐市发生打砸抢烧严重暴力犯罪事件。他奉命带领特警队员千里援疆，执行维稳任务。九个多月中，于勇始终战斗在第一线，是全国援疆特警中唯一没有轮换且在疆时间最长的一位。2010年夏，吉林省松花江等干支流发生特大洪水，他带领队伍赴灾情最重的吉林市口前镇进行抢险救援。在抗洪一线，他临危不惧，靠前指挥，昼夜奋战，紧急疏散被洪水围困群众近800人，救援被卷入洪水的群众43人。2013年6月，吉林省德惠市米沙子镇宝源丰禽业公司液氨泄露发生爆炸，致121人死亡、77人受伤。接到处置命令后，于勇第一时间带领特警突击队赶到现场，当时火势猛烈，氨气仍在泄漏，他冒着可能再次爆炸的危险，带领突击队员在火灾现场核心区执勤救援。

面对维稳处突的艰巨任务，于勇主持研究一系列总体预案，完善各项应急处突机制。为着力加强特警队正规化建设，他研究制定了100余个共10万余字的规章制度、办法细则，坚持用规范化、制度化、科学化的管理

集合待命

办法和手段管理队伍、约束队伍、教育队伍，实现队伍组建十年“零违纪”。无论是在训练还是实战中，他既当指挥员，又当战斗员，和队员一起摸爬滚打，用实际行动为队伍树立“标杆”。特警时常面临危险，工作繁重辛苦，而且要求年轻化，特警队班子成员换了一茬又一茬，队员换了一批又一批，只有他十年坚守，默默奉献。他清正廉洁的品格和无私奉献的精神，一直感染和激励着特警队员。2008 年，他被推举为北京奥运火炬手参加了火炬传递。

于勇曾荣获“全国五一劳动奖章”、“全国公安系统二级英雄模范”、“全国政法系统优秀党员干警”等荣誉称号，荣立个人一等功三次、二等功九次。

声音：

“特警就应该特别能吃苦、特别能战斗、特别能奉献，我做的一切都是一名特警应该做的。对待犯罪分子，我们要猛如飓风；对待百姓，我们要暖如春风。”

——于勇

回声：

“于大哥一身正气，有事大家都爱跟他谈谈，能帮忙的他二话不说就帮。他带出来的特警小伙子个顶个是好样的。“

——群众李彪

“以前，总是埋怨一天到晚见不到爸爸，现在，我懂他了。”

——于勇的儿子于成龙

数字：

在援疆的 281 天里，他是全国参与援疆维稳的 13203 名援疆民警中唯一没有轮换且在疆时间最长的一位。

吴明星：群众心中的“明星所长”

吴明星，男，40岁，吉林省通化市通化县公安局光华派出所所长。

他执着坚守，痴心为民，扎根于公安战线的最基层；他倾听民意，化解民怨，做人民群众的贴心人；他践行宗旨，为民服务，诠释了新时期的警民鱼水情。十六年来，吴明星一直把基层派出所当成自己人生最大的舞台，把为人民群众创造平安幸福生活当成自己的工作目标，深深地根植于人民群众之中。

2011年9月，王某因恋爱关系破裂持刀将段某刺伤后潜逃。吴明星发现段某身中数刀、生命垂危急需转院，立即将其送往通化市医院并垫付了住院费，直到段某脱离了生命危险，他才拖着疲惫的身体离开，随后他马上投入侦破工作，将王某抓获归案。2011年10月，一伙外地人在辖区收购大豆时利用遥控器控制电子秤行骗，从中获取不法利润。吴

上街宣传

明星带领民警克服案件取证复杂、涉及人员众多等诸多困难，历时三个月破获案件，并向 65 户受害农民返还 4 万余元，被骗群众损失全部被追回。在“清网行动”中，吴明星带队开展追逃行动，因过度劳累，病倒在工作岗位上。在家人和同事的苦苦相劝下，勉强住了三天院的他，就偷偷从医院跑了出来继续工作。

吴明星被村民群众称作“明星所长”，善于调处化解各种矛盾纠纷。他换位思考、真心实意、苦口婆心地去做工作，经不懈努力，辖区没有发生因矛盾纠纷引发的案件，营造起了和谐的警民关系和融洽的邻里关系。2011 年春，辖区丁老太太因邻居家的车压了她家两垄地，多次到村里告状，经村里调解，邻居愿意赔礼道歉，并出钱给予补偿。但丁老太太却不认这个理儿，硬是要让派出所给邻居治个罪。为了让丁老太太顺气，吴明星带领民警轮番到她家串门儿，有活帮着干，有事帮着办，最终感动了老人并答应调解。

吴明星坚持从身边的小事做起，心系百姓，送爱到家。他先后帮扶困难家庭 30 余户，帮助解决资金十余万元。他了解到长春沟小学教学环境落后，主动与有关部门沟通合作，对学校进行维修改造。村民祁某家因用火不慎引发火灾，他组织民警第一时间扑救，避免了更大损失，第二天一早，拖着感冒发烧的身体联系

帮扶乡村小学

林业部门帮助解决了房木问题。村民贺某的父亲体弱多病，母亲、兄长都患有精神病，仅靠贺某打零工维持生活，吴明星为其安排工作，使其全家生活有了保障。村民蔡某家庭困难，吴明星协调信用社为其贷款8万元，解决用地20余亩，为其致富奠定了基础。村民程某患有严重的脊柱炎，大女儿正在上高中，小女儿才三岁，家里的重担都压在妻子一个人身上，吴明星先后为其购买了两批仔猪，使其能够增加经济收入，并联系相关部门帮助建起了50多平方米的新房；2013年7月，其大女儿考上大学，吴明星又一次资助3000元。

吴明星先后被评为“全省公安机关抗洪抢险先进个人”、“全省十佳派出所所长”，光华派出所荣获“全国公安系统学习雷锋活动成绩突出集体”荣誉称号。

声音：

“只是为群众做了一点平常工作，都是应该的，没必要张扬出去。”

——吴明星

回声：

“咱普通百姓家里有点难事，都愿意和小吴说，请他帮忙。因为他很实在，一心一意为咱办实事，是我们的主心骨，是咱老百姓心里的‘明星’。”

——村民张立芝

数字：

几年来他共帮扶困难群众30余户，为群众解决实际困难30余件，帮助帮扶对象解决资金10万余元。

姜　峻：反扒女警的侠骨柔情

姜峻，女，39 岁，上海市公安局闵行分局刑侦支队民警。

对扒手们而言，姜峻是令他们闻风丧胆的擒贼高手；对百姓来说，姜峻却是饱含深情的平安天使。早上，别人还在睡觉，姜峻和队员们已经出发；晚上，别人下班回家吃晚饭了，姜峻他们还在跟着扒手转圈；双休日，别人全家团聚逛逛商场、休闲游乐，姜峻他们风里雨里、严寒酷暑，再苦再累也要做到时刻警惕，在扒手们下手的最后一刻人赃俱获。5 年来，她带领团队用无私无畏的默默奉献不断谱写出爱民情怀，凭着骄人业绩创造反扒“传奇”，先后抓获街面扒窃拎包嫌疑人超过 500 余人，破获案件 1600 余起，全区的扒窃拎包案件发案数每年都在下降。

姜峻（右二）在巡逻途中

2009 年，姜峻从闸北分局调至闵行分局，被指派为反扒小组负责人。如何从人群中发现嫌疑人？如何从潜在的被害人身边寻找嫌疑人？如何尽可能安全地抓捕嫌疑人？说说简单几句话，做起来可就千难万难了。姜峻深知，打击扒窃犯罪是一场危机四伏、惊险刺激的持久战。在一起摸爬滚打的日子长了，姜峻和反扒队的兄弟们在实战中形成了默契，徒步跟踪、化装侦查、车辆截停、现场抓捕的各个环节中，他们用眼神交流，用手势沟通；有受伤挂彩，有惊险刺激，有流血流汗……她坚持“警力跟着警情走”理念，立足辖区发案特点及高危人群实际，带领探组队员冲锋陷阵，持续战斗在火热的反扒第一线；遇到危险状况，她总是第一个扑上去，冲锋在前，从不退缩。2009 年 8 月，她在七宝老街抓捕对象时颈部受伤；2011 年 3 月，她在东兰路扑倒嫌疑人时掌骨骨裂；2012 年 4 月，她在古美西路抓获两名扒窃嫌疑人时全身多处擦伤；2013 年 11 月，她在蹲点守候时右脚踝严重扭伤。

为了心中的正义，姜峻和她的队友们，在茫茫人海里，日夜穿梭，

姜峻和她的战友们抓获一名扒窃嫌疑人

她用平淡中的感动和女性的温柔凝聚了这些兄弟。她被这些兄弟感动，也感动了这些兄弟。姜峻始终不忘总结和思考，她总结提炼的反扒工作法，填补了全局反扒系统教学的空白。她还联合商家开拓了“警商协作机制”，通过“警民联合反扒”微信群凝聚多方社会力量，将曾经被列为“反扒地图”上的重灾区七宝商圈的发案降低了30%。对于未成年嫌疑人，她始终在尽最大的努力将他们引上正途。她甚至愿意花上一天的时间和他们谈心，帮他们洗脸、做饭，又一次次自掏腰包将他们送回老家。

姜峻曾荣获“上海市平安卫士”、“上海市五一劳动奖章”等荣誉称号，荣立个人二等功一次、三等功一次。

声音：

“这次成为‘我最喜爱的人民警察’候选人，我很激动，我只是在喜欢的岗位上做了自己喜欢做的事。选择了这份职业，只有一个简单的信念，不求升官发财，但求对得起自己头上的警徽。我不是为了荣誉而工作，但荣誉将赋予我更大的动力去更好地完成自己的职责使命。”

——姜峻

回声：

“作为一名女刑警，姜峻对工作的热情和执著让很多男民警自叹不如。反扒工作非常辛苦，为了工作她付出和失去了很多，但她无怨无悔，用她的话来说就是：愿天下无贼。”

——姜峻的战友

数字：

五年来，她带领一支由6名“80后”民警组成的反扒队伍，先后抓获街面扒窃拎包嫌疑人超过500名，破获案件1600余起。

郭喜明：警营“发明家”

郭喜明，男，47 岁，江苏省苏州昆山市公安局正仪派出所民警。

“有事找老郭”是郭喜明对群众的承诺。三年来，郭喜明扎根社区，用心做事，用脑干活，用情为民，在平凡岗位上做出了不平凡的业绩。在群众眼里，他是爱岗敬业的“老黄牛”，是能说会道的“老娘舅”，是聪明能干的“郭大师”。他结合社区盗窃案件多的实际，充分发挥自己曾在空军从事飞机维修时掌握的专业技术，研制各种防范小发明，用于社区安全防范。几年来，他先后发明申报包括抗破解报警器、防盗电子安全绳等在内的 5 项国家专利，成为了名副其实的“警营发明家”，深受群众欢迎。

郭喜明发明防盗电子安全网

为遏制辖区车库电瓶车被盗案件的发生，他研制出具有抗破坏性强、误报率低、防盗效果好的“抗破解车库报警器”，免费为辖区居民安装。自此以后，居民车库始终保持“零被盗”、“零误报”。在此基础上，郭喜明还先后研制出“电线电缆防割报警器”、“水上电子防盗网”，有效防止了盗窃工地电缆和水面盗窃螃蟹案的发生。针对市场报警装置价格昂贵、一般群众难以承受的情况，郭喜明经过反复试验，研制出简版家庭报警器，由于其价廉物美、误报率低，受到了辖区群众的好评。

社区警务工作千头万绪，要苦干加巧干，才能使警务工作事半功倍。他利用电子卫星地图为辖区量身定做“精细化”的社区警务模式，划分单元格，实时采集、更新信息。为加强社区巡防，他组建了多支由离退休人员、治安志愿者、街道社区干部组成的义警队伍，建立联动“信息化”管理机制、协管员“互补化”考核机制等，形成社会共同参与的群防群治工作格局。2014 年以来，辖区共提供各类线索 180 余条，抓获违法犯罪嫌疑人 20 余名，群众安全感与满意度持续上升。

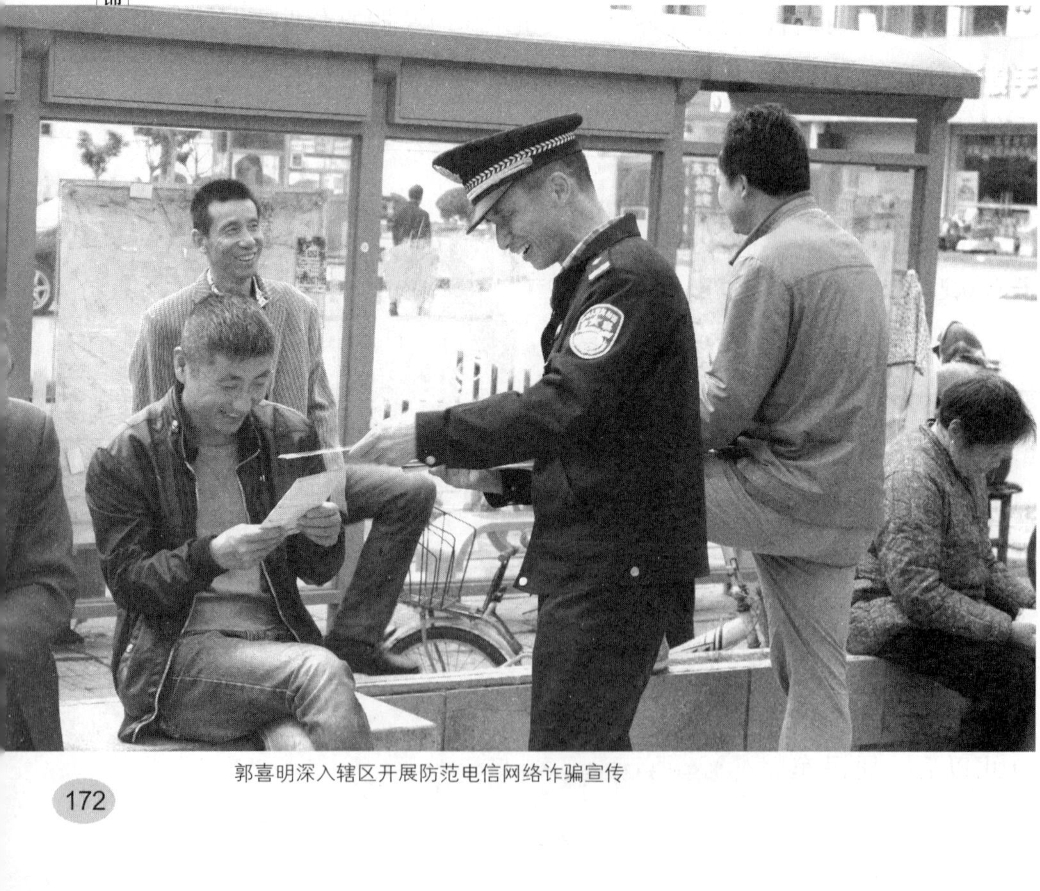

郭喜明深入辖区开展防范电信网络诈骗宣传

为让更多的群众受益，郭喜明成立了昆山首个以社区民警姓名命名的警务室——郭喜明警务室，并在互联网上开通了“老郭帮你忙”在线安防服务网站，结合小区治安特点和群众家中实际情况，通过实地“面对面”讲解、在线“点对点”指导的方式，免费为群众提供家庭技防安装咨询和技防产品推荐服务。他说，爱民为民不仅仅是为群众办几件好事，而是要把群众当成自己的亲人。在与郭喜明的接触中，社区群众也真切感受到了这份亲切。郭喜明是调解纠纷的高手，诀窍就是一个“亲”字，近年来，他先后调处解决各类矛盾纠纷 2600 余起，无一起因同一原因再起纠纷。

郭喜明曾荣获“全国公安机关爱民模范”、“全国优秀人民警察”、“全省公安机关爱民标兵”、“全省优秀社区民警能手”等荣誉称号，荣立个人一等功一次、个人二等功一次。

声音：

“下了班，脱了警服，我就是普通百姓，我也一样会遇到各种困难，我从百姓中来，就没有理由不为他们多做点事。”

——郭喜明

回声：

“郭师傅不单是把他的发明成果教授给了我，同时，他也把一个社区民警最朴实的爱民情怀和最无私的奉献精神教给了我。”

——郭喜明的战友

数字：

几年来，他先后发明申报包括抗破解报警器、防盗电子安全绳等在内的 5 项国家专利；先后调处解决各类矛盾纠纷 2600 余起，无一起因同一原因再起纠纷。

陈冶秋：让漂泊的灵魂尊严“回家”

陈冶秋，男，34岁，江苏省南京市公安局水上分局刑警大队法医。

从警九年来，陈冶秋始终战斗在法医工作第一线。他说：“要做就做一名出色的法医。”他以对生命的敬畏之心，对执法的公正追求，科学鉴证，还原真相，妥善处置水中尸体673具，为500余名逝者找到了家人，让漂泊的灵魂有尊严地“回家”，被誉为“让证据开口说话的法医”。

水上法医的工作现场集中在江滩、水面和芦苇丛，90%的尸体高度腐败。无论白天黑夜，一旦发现尸体，需要第一时间赶赴现场勘验检查。为了将漂浮的尸体打捞出水，陈冶秋可以在齐膝深的淤泥中徒步行走七八里；为了进行尸表检查，他可以不戴口罩，贴近观察高度腐败的尸体；为了查明真相，他可以一天之内辗转几百公里，还原出死者最后的活动轨迹。别人吃不了的苦，他可以吃；别人做不了的事，他可以做；别人无法忍受的艰辛，他可以从容面

陈冶秋（右一）在工作中

对。九年来，他的足迹遍及南京每一片水域，他在精细勘验中还原事实真相。他不允许自己放过任何一个线索，不允许自己的证明中有任何差错，先后开具鉴定文书200余份，没有一份引起家属的投诉，严密、客观的证据为尸源认定和侦查办案提供了坚强有力的支撑。

前几年，南京草场门桥附近发生一起故意杀人案，犯罪嫌疑人将出生仅仅三天的亲孙女扔进秦淮河。在侦破过程中，为了寻找被害者尸体，陈冶秋连续七天，沿着秦淮河逐段搜寻每一个河沟、污水口、下水道，最终找到尸体，拿下关键证据，将犯罪嫌疑人绳之以法。2011年，南京栖霞区某船厂发生民工非正常死亡事故，在调查死因过程中，陈冶秋凭着法医工作者特有的职业敏感，排除家属胡搅蛮缠的干扰，连续八次查验尸体，抽丝剥茧、层层突破，最终确定了真正死因，还原了事实真相。“尊重生命、尊重逝者”，一直是陈冶秋秉持的理念。“我处理过673具尸体，其实是交了673个无声的朋友”。每一次运送尸体，他都会提醒随行的同事轻抬轻放，逝者也有尊严；每一次解剖完尸体，他都要重新缝合清洗切口；每一次和死者家属交谈，他都避免用尸体两个字，而改换为“遗体”。他将饱满的热情和人文关怀融入到尸体处置的每一个环节，不仅让逝者“体面”回家，更让生者得到慰藉。2012年春节，在处置一具已经白骨化的尸体时，陈冶秋仔细勘验，从泥沙中提取了一枚玉佩，最终寻找到死者家属。当本以为找寻无望，已经设立了衣冠家的家属前来辨认，看到玉佩时，激动地感谢陈冶秋弥补了他们一家的遗憾。

检验尸体

常年工作在恶劣环境

中，陈冶秋没有丝毫怨言，默默无闻地在岗位上奉献着自己的青春年华。他以年轻人独有的满腔热血，孜孜不倦地在法医之路上探索耕耘。2011年，他总结的“四勤四促”工作法，被命名为“全省公安机关执法示范”；2013年，他组织编写的《非正常死亡、未知名尸体处置手册》，成为基层民警执法工作的操作指南。

陈冶秋曾两次被评为“全省执法示范岗位标兵”、“全省公安机关优秀共产党员”。

声音：

“在水上当法医是我的坚定选择，在我看来，每处理一具尸体，面对的是一个生命对入土为安的渴望，回应的是死者家属对死亡真相的迫切期待，承载的是对逝者生命的人文关爱。我只是做了自己应该做的事情。”

——陈冶秋

回声：

“他不是一个合格的丈夫，但绝对是一个好丈夫的人选。”

——陈冶秋的妻子夏琳琳

“人生中会遇到一种人，他以自己的行动启迪你前进，改变你后来的道路，并给你生活的勇气。对我来说，我的师傅就是这样的人。”

——陈冶秋的徒弟刘晓荣

数字：

一年365天，不论白天黑夜，只要长江南京段98公里及秦淮河33公里水域出现尸体，他都要立即奔赴现场，最多时一天出过5个现场。做了九年法医，他一共检验水中尸体673具。

阮林根：衙门巷里的“憨警官”

阮林根，男，46岁，浙江省台州市公安局椒江分局海门派出所副所长。

2005年，阮林根从部队转业参加公安工作，八年的倾心钻研，他从一个社区民警的门外汉到百事通，成为公安基层群众工作的楷模。为全面提高社区安全防范水平，阮林根总结出了一套又一套既实用又方便的防范技巧，受到群众的热烈欢迎，被称为“浙江防盗第一人”。他大爱无疆，无私奉献，用人格的魅力筑起了爱的团队，给一个又一个脆弱的生命带去了阳光和希望。

阮林根在报刊亭宣传防假币知识

衙门巷社区是个老城区，基础设施差，外地人口多，治安混乱，群众意见很大。为了及时拉近与群众之间的距离，阮林根紧紧抓住“警民恳谈”活动这个契机，一头扎进社区里，不管什么话他都耐心听、认真记，努力把群众的意见处理好，把群众的困难解决好。通过与群众之间的相互交流和一件件小事的落实，阮林根和群众的心渐渐地拉近了。社区群众的家长里短他都了如指掌，他实实在在地成了“社区百事通”。

一般的防范宣传，群众不爱听，效果也不尽如人意。阮林根勤于思考，不断摸索。他精心准备了一个“警民恳谈道具箱”，里面装的都是他平时收缴的作案工具、违禁物品和自购的防范器材，现场向群众演示违法犯罪分子的作案方法，讲解防范技巧。他以漫画的形式，编印了《阮警官说防范》手册 40000 本分发给群众，深受群众欢迎。他还积极与电动车、防盗锁厂商合作，研制了会报警的防盗锁、“偷不走的电动车”等。在他的倡导下，海门派出所还在全国首创建立了“预防犯罪中心”、“市民安防体验直通车”，360

向国际友人讲解防盗技术

度无死角地进行防范宣传，收到显著的成效。他总结出来的《阮林根社区警务工作法》、《阮警官说防范》受到国内外警界的好评。

阮林根经常讲，辖区就是一个“大家庭”，我们辖区片警就是这个大家庭里的“小管家”。当我看到辖区里许多群众生活真的很困难，就忍不住要帮一把。这样的好事做了多少，阮林根自己都记不起来。阮林根以自己的人格魅力，吸引了个体户、农民、公务员、记者、民警等组成了一个50余名队员的爱心团队，给很多的贫困孩子带去了希望。现在有好多人都主动找他，要求参加爱心团队，要他帮忙联系结对资助对象，争着为社会尽一点责任。阮林根说，做公益是一件幸福、快乐的事情！是爱，让这个世界充满更多的爱。

阮林根曾荣获“全国优秀人民警察”、“全国公安机关爱民模范”、“全省模范人民警察”等荣誉称号。

声音：

“希望我潜心研究的防范知识和安全防范宣传能让群众多一份安全，少一点损失，多一些满意，少一些埋怨。”

——阮林根

回声：

“家里弄得跟锁厂似的，什么电钻啊、螺丝刀啊，在家里随处可见，门锁也被他拆了，窗户也钻得全是洞，常常半夜不睡觉研究他那些‘宝贝’。”

——阮林根的妻子杨英姿

数字：

八年的倾心钻研，他总结出一套又一套既实用又方便的防范技巧，被称为“浙江防盗第一人”。他拥有两项防范专利，还有十几项正在申请中。

刘建设：交通管理“科技尖兵”

刘建设，男，33岁，福建省厦门市公安局交警支队科技处民警。

从刘建设手里，诞生了一个又一个全省乃至全国首创的交通管理科技信息化系统，使智能交通技术迈上一个更高水平；他创新推出的一个又一个交通管理科技民生举措，深刻地改变着人们的生活，使厦门市民能够轻松乐享智能交通带来的便利。

“科技强警的号角已经吹响，用专业知识武装自己，是每位交通管理信息化工作者都在做且应该做的事。”2008年5月，“交警移动警务执法系统”率先全省启动；同年6月，彻底解决群众排队打单交罚款问题的“交通违法自助处理平台”率先全国启动；2010年8月，可以向交通违法者发送告知短信的“交通技术执法管理系统”率先全国启动；2012年，交通违法自动抓拍、交通拥堵自动检测等道路管理智能化设备让城市多个主干道越来越“聪明”；2013年，“厦门市智能交通控制中心”政务微信平台开通……几乎每

刘建设（右一）在工作中

一年，刘建设和他的团队都会推出信息化创新项目。

“厦门交警移动警务执法系统”可以说是刘建设在交通科技信息化工作上的“首秀”。一个可与各重大业务系统实时联网、查询全国驾驶人、车辆等信息，满足一线交警移动执法需求，可通过设备终端内置微型打印机现场打印、开具道路交通管理法律文书，具有同步录音、现场刷卡等功能的移动警务执法系统在全市推广，不仅提高了执法效率，规范了民警执法，同时强化了道路交通管控力度。随着智能化交通建设的加快推进，刘建设和同事下定决心要建设一个具有“厦门特色”的智能交通系统。通过刻苦专研，车载射频识别、智能信号控制、交通违法自动抓拍等智能交通管理设备逐一“上岗”，助力交警从单纯的公安交通管理向路网运行监测、交通态势研判、路况预测预报、堵情预警干预等方面转变，从简单的信号联网向智能信号控制发展，从交通技术执法管理向交通信息服务深化。

如何在交通环境日趋复杂的当下，让交通管理信息化更好地服务群众，是刘建设一直探索解决的课题。工作中，他发现很多当事人对其违法行为并不知情，导致了违法行为重复发生，累积下不少罚单，造成部分人误认为交警执法不规范。“交通技术监控管理系统”不仅有效地规范了执法行为，减少群众投诉，还能将违法信息通过短信告知违法当事人。这种人性化的执法方式，备受社会各界的肯定与好评。他历经半年潜心成功研发了“交警罚款收缴管理平台”，使交通违法处理有了革命性的变革——市民可在所有商业银行，或通过网银、手机、电话、电视等渠道缴纳罚款，

刘建设工作照

使更多警力充实到一线执勤。他在全国首创交通管理微信服务平台，并逐步推出微信实时路况查询、交通违法查询、自助移车服务、缴纳交通罚款等多项智能服务。该平台目前拥有用户逾38万，覆盖厦门常住人口的1/10，被誉为“指尖上的对话，手心里的服务”。刘建设和他的团队推出的各项微信服务功能，让市民真切地感受到厦门交警信息化建设带来的便利，正如网友所说的：他们用科技守卫着这座城市的安宁。

刘建设曾荣获“福建省五一劳动奖章”、“福建省我身边的好交警”、“厦门市特区青年卫士”、“科技管理标兵暨厦门市优秀人民警察”等多项荣誉称号，先后荣立个人二等功一次、三等功两次。

声音：

“我也曾对着镜子，看着两鬓早生的白发自问：‘这些付出值吗？’但看到每天十几万市民使用着我开发的系统，享受着科技进步带来的便利，我感到非常自豪。纵然青春已逝，我也将继续前行，用科技让人们生活得更舒心。”

——刘建设

回声：

“曾经为了复议一个交通违法行为，我跑大队、跑支队，花去大量时间精力，想要调阅当时的监控录像，却被告知时间太久系统已没有保存了，现在却只要一个电话就轻松搞定了。厦门交警的人性化执法让人感动。”

——市民林先生

数字：

成功研发“交通技术执法系统”，累计发送交通违法告知短信370万条，接受群众申辩1万余起，及时撤销错误执法信息2000余起。

吕　凯：高速路上的“雷锋哥”

吕凯，男，30岁，江西省公安厅交警总队直属三支队中队长。

担任高速交警工作七年来，吕凯始终怀着对工作高度负责和人民群众的深厚感情，无私地帮助群众，并总结出了一套“一看、二问、三记、四查、五助、六访”的高速公路“六步救助法”，成功扶助和送返35名在高速公路上行走的特殊群众，保护了人民群众生命财产安全，降低了事故隐患。他以服务为天职，把公安行政管理融入到热情服务之中，以一颗诚实善良的心，脚踏实地地做好每一件事，赢得了群众的认可，被群众亲切地称为“雷锋哥”。

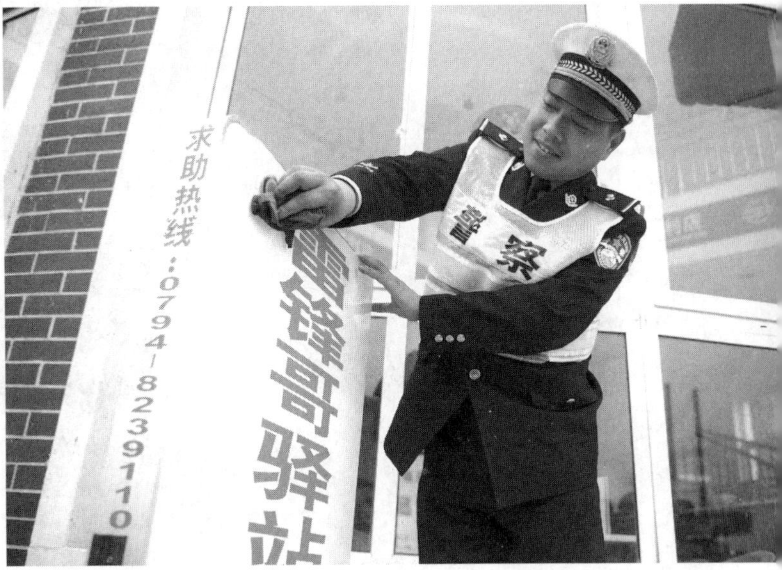

“雷锋哥”

近年来，伴随着高速公路的快速增长，高速公路交通安全备受关注。一些精神失常或离家出走的人，长期在高速公路上流浪，给行车造成了极大的安全隐患。2011年，吕凯和同事在高速公路上执勤时，发现一名40岁左右的女子在高速公路上行走，经多方查找，找到了其家人，该女子10年前精神病发作离家出走，一家人失散十年后终于团聚。2013年11月，吕凯在大雾天驾车巡逻时，隐约看见高速公路中间有个行人。他上前查看，发现一个人披头散发、蓬头垢面正在路中间行走，车流不停从他身边经过，十分危险。出于安全考虑，吕凯迅速将他带到车上，后获悉，该男子曾在浙江打工，后找不到工作，准备沿路乞讨回湖北老家。在了解他的遭遇后，吕凯把男子带到服务区请他吃了顿饭，并给他200元路费，送上去湖北的客车。他说："我也是一名外乡人，知道思念亲人的痛苦，为群众做点事是应该的。"

高速交警就是服务，保证交通畅通安全、让群众满意，是吕凯的信条。2011年1月，吕凯与同事们一道，始终驻守在抗冰保畅第一线。1月14日晚，气温降至零下3℃，路面冰冻加重，吕凯巡逻时发现，一辆满载生猪的外地大货车侧翻，60多头生猪在雪地里四散逃窜。他一边向大队汇报请求增援，一边跳下深坎，帮助当事人

帮助走失人员

赶猪。凌晨1时许，60多头猪全部被赶上了前来接应的货车，驾驶人、货主及其亲属感动得热泪盈眶。吕凯曾接到山西司机的一个长途电话，称他的大货车在吕凯的辖区有一次超速行驶已处理过，但网上记录却还没消除，致使车辆无法通过年检。吕凯一个环节一个环节往上查，最终通过省交警总队与山西省相关部门共同努力消除了那个违法记录，给当事人一个满意的答复。

吕凯曾荣获“全国特级优秀人民警察”、“全国公安系统学雷锋先进个人”、“江西十大法治人物”、“江西省五四青年奖章”等荣誉。

声音：

“只要大家能平安、顺心地回到家中，就是我最大的快乐。在帮助他人的过程中，我同样也收获了快乐，爱心会让这个世界更加温暖。”

——吕凯

回声：

“即使第一次见面，他也让我们感觉温暖。他对待办事群众很热心，处理问题有耐心，会站在我们的立场思考问题，我们都会记住他的好。”

——被吕凯处理过的事故当事人刘康

数字：

2011年5月，他开设了“雷锋哥流浪者驿站”网站，在服务区设立了“雷锋哥爱心驿站”。3年间，“一网一站”帮助了71名流浪者回家。

李向利：把一切献给公安事业

李向利，男，35 岁，山东省淄博市公安局西六路派出所民警。

李向利身患胃癌，胃部被切除近 90%，但依然忘我地战斗在公安工作第一线。他满怀感恩、充满激情奔波在保民平安的征途上：他甘于忙碌，不在处警现场，就在处警的路上；他选择担当，面对枪口毫不畏惧；他生活清贫，却连续多年助学济贫……2009 年重返工作岗位以来，他累计接处警千余起，保持了零投诉，矛盾纠纷调解成功率 100%。

2008 年 4 月 28 日，胶济铁路周村段两列火车相撞，李向利被抽调参与善后工作。连续七天的疲劳引发了剧烈的胃痛，并且一次比一次疼得厉害……5 月的一天，正在执勤的李向利突然昏倒，经医院确诊为胃癌。2009 年初，切除了 90% 胃的李向利返回工作岗位，“只有生过重病才知道

李向利（左一）分派任务

生命的短暂和宝贵，我是警察，我渴望回到岗位上。”2011年3月，他被调到西六路派出所，负责辖区治安工作。白天接警、晚上巡逻，他像上紧了发条的陀螺一样，每天平均出警12次，同事们用“不在处警现场，就在处警的路上”形容“向利式”的忙碌，组织上给他安排相对轻松的岗位，他坚决不同意。

2011年11月的一天，李向利巡逻时发现有几个人形迹可疑，其中一人像某在逃犯罪嫌疑人，他立即打电话请求增援。当李向利刚推开一扇门，一支猎枪顶在了他的脑门上，他迅速抓住枪管猛地一抬，同时用力将门拽回来紧紧卡住猎枪，然后顺势把门撞了出去，将持枪男子死死挤在门后。同事们迅速冲入房内控制了全部嫌疑人，当场缴获砍刀7把、猎枪1支。经讯问，该在逃嫌疑人当晚约同伙准备和“死对头”火拼。2012年11月，辖区居民王某报警称妻子两天没有回家，人和车都不见了。凭着职业敏感，李向利立即开展走访调查工作，判断是一起绑架案，立即带王某到刑侦大队，作为绑架案立案侦查。果然，当天下午，绑匪就打来电话索要赎金，早有准备的民警第二天就将5名犯罪嫌疑人抓获并成功解救人质。

李向利总结出了一套矛盾纠纷化解方法：“遇到纠纷要冷静，耐心倾听找原委；划清责任要公平，处理过程显公正；思想工作要细致，

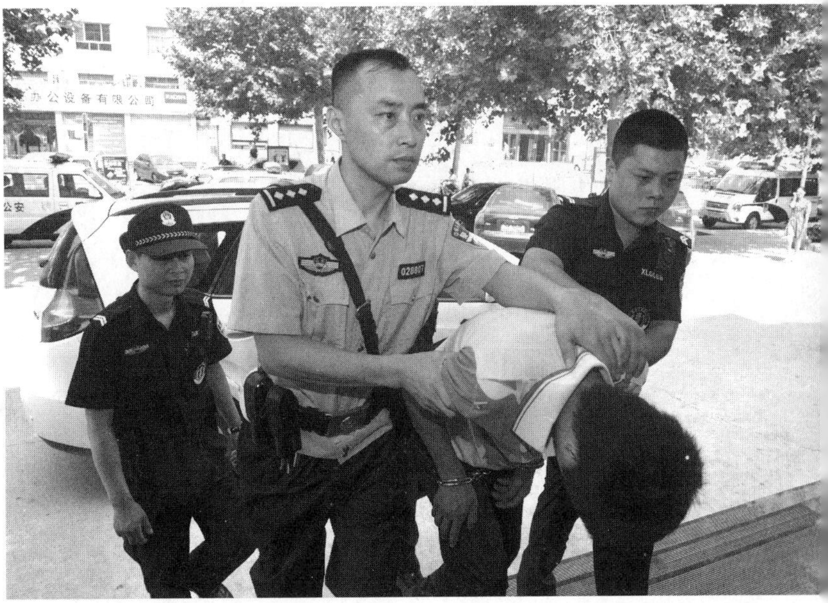

抓捕犯罪嫌疑人

矛盾化解促和谐。”仅2013年，李向利就成功调解矛盾纠纷700余起。充满感恩，善待他人，这是他重病之后的感悟，也是烙印在他心中的信条。4年来，生活清贫的李向利共拿出2万余元资助甘肃省夏河县麻当乡化旦尖措孤儿学校的孤儿。2011年开始，他就一直默默资助着北郊镇的残疾人王女士。李向利的工资是全家的主要收入，化疗后每个月还要上千元的药费，为了资助他人，他定期到离家400多公里的药材批发市场买便宜药，以节省开支。

李向利曾荣获“山东青年五四奖章”、“齐鲁和谐使者”、“淄博市十大杰出青年”等荣誉，荣立个人二等功、三等功各一次。

声音：

“从警9年来，作为一名奔波于接处警一线的普通基层民警，每当看到群众信任和赞许的目光，干好工作的信心就更加坚定。我宁愿倒在岗位上，也不愿躺在病床上。来自单位和家庭的爱让我觉得自己是最幸福的人，七尺之躯，无以为报，我要一生做个好警察！”

——李向利

回声：

“最近在电视上看到了李向利的报道，很有感触，他的工作热情和阳光心态太值得我们学习了，他是百姓身边的英雄！”

——和平小区居民刘明伟

数字：

他每天带着药罐子加班加点，六年累计接处警千余起，矛盾纠纷调解成功率为100%。

焦建新：深深扎根　服务农村

焦建新，男，38岁，山东省济宁市嘉祥县公安局马村派出所所长。

自1997年7月参加公安工作以来，焦建新十七年如一日，深深扎根农村基层派出所，爱岗敬业、勇于创新，密切群众、服务民生，公正执法、清正廉洁，在平凡的岗位上做出了不平凡的业绩，彰显了一名人民警察的优秀品质和爱民情怀，谱写了一曲无怨无悔的青春华章。

2006年8月，焦建新主动要求到条件艰苦、治安状况不佳的农村警务室工作。刚开始入户走访时，很多群众存有戒备心理，他并不气馁，老百姓不欢迎，正说明工作没到位。他认真分析查找原因，改进走访方式，很快打开了工作局面。他总结出“四个四”社区警务群众工作法，诚心、耐心、热心和爱心走访解民忧，人防、物防、技防和心防并举保

帮扶困难孤寡老人

民安，严控民爆物品销售、储存、运输、使用关保安全，加强治安信息、基层组织、场所控制、有关重点保稳定，不仅有效地化解了矛盾，密切了警民关系，而且有效地遏制了可防性案件的发案率。农村有很多鸡毛蒜皮、家长里短的“小事”，处理起来相当棘手。辖区某村有两户居民前后邻居，有一年因地面雨水问题发生纠纷，双方都喊来亲戚朋友拿着棍棒和铁锨助威。焦建新一边耐心做双方工作，一边自己带头冒雨帮助修理地面，地面修好了，闹了多年的邻居最终握手言和。

2010 年 6 月，焦建新被破格提拔为马村镇派出所所长，他以创满意行动统领工作，不断创新社会管理，实行警务前移、服务延伸。他突出“小案侦防”和“打霸除恶”利剑行动，扎实开展“警灯闪烁”工程，全力强化严打整治。他依托“零发案”创建活动，建立起覆盖辖区所有重点区域和部位的“天网”工程，他扎实开展社区六进工作，在全镇形成了党委政府牵头、公安机关主抓、社会各界协同

街头法制宣传

的工作格局，为打、防、管、控工作提供了坚实的基础。他不断强化执法规范化建设，从各个细节入手逐条规范，着力提升民警办案和服务群众能力，树立了良好执法形象。四年来，辖区群众的安全感和满意度走在了全县乃至全市的前列。2011 年 3 月，一对年迈老夫妻的 9 头绵羊一夜之间被盗，焦建新在积极为受害人申请救助的同时，带领民警连续一月开展伏击守候，面对持刀犯罪嫌疑人，他和战友们不顾安危全力缉捕，先后抓获 7 名盗窃团伙成员、破获案件 200 余起。在全国“清网行动”中，他主动请缨先后抓获了包括 2 名命案逃犯的 8 名逃犯，不仅完成了全部追逃任务，还为相关单位抓获了多名逃犯。

焦建新曾荣获“全国优秀人民警察”、“全省优秀人民警察”、“全省杰出青年岗位能手”、“全省公安机关基层标兵”等荣誉称号，被山东省总工会授予“富民兴鲁”劳动奖章，荣立个人一等功一次、二等功一次、三等功两次。

声音：

“带着感情和责任去工作，没有做不好的。”

——焦建新

回声：

“这 4 年，马村镇能摊上这么一位敬业、爱民的所长守护平安，是全镇人民的福气。”

——马村镇马西村村民胡合

数字：

仅用一年就破获盗窃案件 200 余起，涉案价值 70 余万元，抓获了 10 名系列交叉结伙盗窃团伙成员，相继打掉 4 个寻衅滋事团伙，辖区的社会治安大为改观。

郭　军：信访“专家门诊”

郭军，男，50 岁，湖北省松滋市公安局信访科科长。

作为一个普通信访工作者，郭军用情用心去扮演，在一方小舞台上唱出了品牌大戏。在百姓对他的口碑里，有他急群众之所急，想群众之所想，用辛劳化解一个个矛盾纠纷的坚持和不易；有他恪尽职守、任劳任怨，用创新的笔墨谱写了一曲曲和谐乐章的坚守和执着；有他面对重病侵扰、癌魔入袭，用只争朝夕的精神处理一起起信访案件的坚忍和付出。他背后一串串的故事也谱写着一曲曲爱民亲民的精彩乐章。

接待群众来访

担任信访科科长六年来，郭军组建了第一个以自己名字命名的信访工作室，倡导设立了“松滋公安信访基金”，创立的“七访”、“五包”、“三到底”工作法作为基层信访维稳长效机制在全省推广。“郭军信访工作室”，已成了处理疑难积案的“专家门诊部”。有一位老人听说后，从百里之外赶到公安局，为他车祸致死八年的儿子讨个公道。郭军先后跑了 7 个单位，调阅了数十份材料，最终让这个在档案袋里封存了八年的案子见到了公正的阳光。近年来，“郭军信访工作室”共处理来信来访 714 起，其中妥善处理了 67 起历时多年的重大疑难信访案件，没有一件走“回头路”。

做信访工作要求以心换心，以情感人，要有耐心、细心之情，更要有倾心、真心之举，郭军不仅愿做“出气筒”，还愿当好“起搏器”。接访中，他认真记录、静心倾听上访者的诉说，尽自己最大的努力方便他们。当上访群众来工作室反映情况，无钱吃饭，无钱回家时，是郭军默默地为他们支付车船费、生活费。郭某因不满外地公安机关对其子违法行为的处理，将汽油泼洒在自己身上，郭军迅速稳定郭某的情绪，并对其行为进行了说服教育，针对其生活困难给予必要的帮扶，联系相关部门为其办理低保，积极为其申请公益性岗位和协调落实房屋维修资金，得到了当事人的充分理解和认可。

他年近八十的父亲因病住院时，他正往返百里去探望一个 68 岁的上访户；当他妻子手术时，他正陪伴着上访群众苦寻走失的孩子。即使是在被查出膀胱癌后，他依然不肯歇下步伐，手术后的第三天就为一个上访户安排相关事宜，他说这是一个星期前的约定。整个化疗期间，他坚持为 8 名上访群众解决了信访问题。信访人佘大姐自 2001 年来，家里连遭三次车祸，她和儿子身受重伤，爱人也被夺去生命，但赔付问题迟迟没有解决。为了兑现承诺，郭军拖着病体带着她十六天

到群众家走访

跑了10个部门，从大病救助到廉租房、社会福利，为她解决了五年上访的系列问题。佘大姐拉着郭军的手说：命运让我遭遇到了不幸，但幸运的是让我遇到了你这样的好干部。

郭军曾荣获“全国公安机关爱民模范”荣誉称号，荣立个人一等功一次。

声音：

“我知道，我的生命之旅已被病魔拉响了警钟，说不定哪一天，当同志们还在为理想、为事业奋斗之时，我的生命之钟就会戛然而止。所以，我想加倍工作，用自己生命的厚度来扩展生命的长度！”

——郭军

回声：

“郭军多病的身体是我如今唯一的牵挂，因为他能长寿是我们百姓的福气。我没有什么能报答他、感谢他，如果可以，我真的愿意用我的生命去为他遮挡飞来的横祸，让他有更多的时间为人民服务。”

——上访群众佘某

“在这里，我想告诉郭军，做你的妻子，我此生无怨无悔。因为你让我看到了坚韧的脊梁，也看到了一个铁血男人的英雄气概。我以你为荣，我更以自己是一个人民警察的妻子为荣。”

——郭军的妻子杨静

数字：

三年来共接待登记受理各类群众来信来访714起，特别是成功化解、妥善处置了28起历时多年的重大疑难信访案件，公正、客观地解决了39起群众多年的信访诉求。

刘培友：群众身边的“活雷锋”

刘培友向孩子们宣讲安全防范常识

刘培友，男，58岁，湖南省长沙市公安局天心分局城南路派出所民警。

担任熙台岭社区民警十三年来，刘培友用自己的辛劳与汗水、爱心和奉献，把辖区打造成了“和谐和睦”的品牌社区，赢得了辖区群众的普遍赞誉。在社区，哪里的路灯不亮了，哪栋楼停水了，哪家丢东西了，哪对夫妻闹矛盾了，都能看到他繁忙的身影。他十余年如一日，用热情的服务践行着“每天为群众做一件好事、办一件实事”的承诺。

“只有确保辖区平安和谐，才无愧于这身警服，无愧于党和人民的期待。”刘培友坚持365天巡逻执勤和24小时接待群众，成天泡在社区与警务室。社区电动车被盗、入室盗窃曾有一段时间多发，有些居民因防范意识不足，还掉进了手机短信和网络诈骗的陷阱。为让广大居民提高防范意识，避免财物受损，刘培友自费制作了200块“社区民警提示牌”，张贴在主要路段和楼道口，并留下报警方式和联系电话，以方便群众随时联系，及时为他们排忧解难。社区连续十四年没有新增吸毒人员，没发生民转刑案件，连续6年没有发生八类恶性案件，真正做到了发案少、秩序好、群众满意的目标。

刘培友常年在社区工作，对人民群众怀着天然、质朴的深厚感情，始终视群众如亲人，做到群众诉求及时接待，群众有难全力帮助，群众问题及时处理。不久前，社区里年近八旬的宋大爷偏瘫不能行走，丧失了语言表达能力，儿女又长期在外地，无法照顾他。在办理第二代居民身份证需要本人去照相时，老人为难了。得知这一情况后，刘培友上门将他从七楼背下来，照完相之后又将他背回了家中。社区群众说：“就是亲生儿子，可能也没有这么孝顺啊！”2013年，社区两栋居民楼因水费纠纷，生活用水得不到保障，住户们情绪十分激动，刘培友二十多趟往返于自来水公司和社区之间奔走协调，最终解决了供水问题。社区刑满释放人员易某找不到工作，没有收入来源，生活窘迫。刘培友多次主动跟他谈心，鼓励其建立起重新生活的信心，并想方设法帮助其发挥特长办起了小饭馆。社区吸毒人员邓某常年游荡在外，留下年迈的母亲不管不顾，刘培友

刘培友背社区老人上下七楼办理二代身份证

便经常上门看望老人。邓某终于被感动了，他不仅承担起照顾母亲的责任，还成功戒掉了毒瘾。

无论社区里谁家有人去世，他都在第一时间赶到，表示哀悼和慰问。对有困难的居民，他还主动联系民政部门，按照政策给予减免丧葬费。他从与群众切身利益息息相关的小案件、小纠纷、小困难做起，保民安、解民怨、排民忧，真正把社区警务工作做到了群众的家门口和心坎上，实现了辖区警民关系和谐，群众都亲切地称他为“身边的活雷锋”。

刘培友曾荣获“全国公安机关学雷锋活动先进个人”、“全省我最喜爱的十佳人民警察”、“全省公安机关创先争优活动爱民标兵”、“市劳动模范”等荣誉称号。

声音：

“我是农民的儿子，能够穿上警服，成为一名人民警察，我觉得无比光荣。参加公安工作十五年的经历告诉我，要想做到与社区群众心连心，就必须先付出自己的真感情，这样才能换来千金不换的互信。”

——刘培友

回声：

“刘警官是不会让老百姓吃亏的好警官。他视群众如亲人一般，为大家办实事，不怕繁琐，不求回报。”

——辖区群众

数字：

熙台岭社区已连续十四年没有新增吸毒人员，没有发生民转刑案件，连续六年没有发生八类恶性案件。

李　晖：真情关爱　治病疗心

李晖，女，46 岁，湖南省衡阳市第一强制隔离戒毒所民警。

“戒毒从心开始，出去不再进来”，这是李晖十年戒毒工作的心得，也是对所有戒毒人员的希望。2004 年 12 月从部队转业后，在戒毒所工作的 3000 多个日日夜夜，李晖把戒毒人员看成自己的亲人，用行动和大爱去感化他们，用姐妹般的无私爱心为他们撑起一片绿荫，挽救了一批又一批的吸毒人员。她积极推行传统文化教育，用真诚感化每位戒毒人员，让他们树立坚定信念。她管理的监区 8 年无安全事故，近千名戒毒人员成功戒毒出所。

人们都说，天下最难做的事莫过于重新塑造一个被扭曲的心灵和拯救一个失足者的灵魂。作为唯一的女戒毒人员的“班主任”，无数个白天黑夜，日浴阳光、夜枕繁星，李晖经常深入女监区，问寒问暖，陪她们聊天座谈，关心她们的生活。是她细心的教育，使迷途的羔羊不再彷徨；是她真心的关爱，使戒毒人员阴暗的心里又充满

组织授课讲座

阳光；是她持之以恒的决心，使戒毒人员犹豫不决、彷徨不定的心态得到转变。每当看到因为她的帮助，不少戒毒人员彻底与毒品告别时，李晖心里涌动的是莫大的欣慰。罗某因长时间吸毒身体非常虚弱，其丈夫也因吸毒去世。来所后，李晖先是找其谈心，同时积极帮她治疗，鼓励她重新振作起来。慢慢地，罗某的性格发生了变化，其成功戒毒出所时李晖还帮她联系了工作。吸毒人员阳某2012年进所后，经常又哭又闹，李晖不时找她谈心，用自己的生活和家庭经历教导她，主动帮助她解决家里的困难。在李晖的悉心教育帮助下，阳某开始审视自己的过错，帮助其他戒毒人员做力所能及的工作。

开展谈心教育

戒毒人员中，有人患有艾滋病，为了不让患艾滋病的在押人员产生逆反心理，李晖要求自己在工作中不再穿戴手套。面对患艾滋病吸毒人员痛苦的眼神，她的护理也更加仔细和耐心，她不仅做好打针、发药等工作，还要时刻注意病人的情绪，因为她知道，自己面对的是一群心理比较脆弱的病人。患艾滋病人员阿明在离开戒毒所时，握着她的手泪流满面地说："自从我得了这个病，再没有人把我当人看，只有你还这样对我。我这辈子可能都无法还你这个情了。"

李晖深知"以文化人、立德教育"的含义，她像父母对待子女、老师对待学生、医生对待病人一样，恪守人性执法，诱导戒毒人员从心灵上转化。为进一步丰富戒毒人员的文化生活，李晖自己掏钱跑遍了衡阳市数十家书店，买来大量的涉及法律、致富技能、人生哲理、道德修养等书籍；为促进戒毒人员的康复治疗，李晖组织戒毒人员练习踏步走、仰卧起坐、做瑜伽等，使戒毒人员的身体机能慢慢得到康复。李晖每天带读《弟子规》和《三字经》，学唱传统文化歌曲，不懂的，她耐心解释，并编写戒毒人员的心灵告白——《悔言醒语》，让她们实现“要我戒”到“我要戒”的转变。对李晖来说，戒毒所就是她另一个“家”，无数个白天黑夜，她深入女监区，为女戒毒人员掖一掖被子，直到最后一名戒毒人员睡好才肯离去。有一天，当发现一戒毒人员被子潮湿无法休息时，李晖即把自己的一床崭新的被子送到她面前。

李晖曾荣获“全省防治艾滋病先进个人”、“全省监管工作先进个人”、“衡阳市十佳巾帼建功标兵”等荣誉称号，荣立个人二等功一次。

声音：

“不管什么事都可以跟我说。”

——李晖

回声：

“李老师就像我的母亲，在戒毒所里有很多故事都让我难忘，无法用言语表达。在她的影响和教育下，我出去后就加入中国传统文化团队做义工。我很感恩李老师对我的关心和包容，让我觉悟。”

——戒毒成功的学员李某

数字：

通过她的帮教，近百名女吸毒人员彻底摆脱了毒品的侵害，重新走上社会。

邬松君：便衣神探

邬松君，男，38 岁，广东省广州市公安局荔湾区分局便衣侦查大队副大队长。

从警十五年来，邬松君始终奋战在打击“两抢”犯罪第一线，先后参与破获各类案件 1600 多宗，抓获嫌疑人 1500 多人。他就如同猎鹰一般，敏捷锐利，勇往直前，让犯罪分子闻风丧胆。在与犯罪分子多年的较量中，他多次与死神擦肩而过，至今身上还留有十三处伤疤。他善于运用现代科技和信息化手段创新工作思路和方法，为打击“飞车”犯罪创造了成功经验，被群众誉为“便衣神探”。

从事刑侦工作以来，邬松君先后参与侦破番禺祈福新村七命案、“黑仔”抢劫团伙案、荔湾特大组织容留吸毒案等一批大要案件，并屡立奇功。几年前，邬松君与队友在珠江隧道对一名乘坐出租车的男子进行搜身检查时，

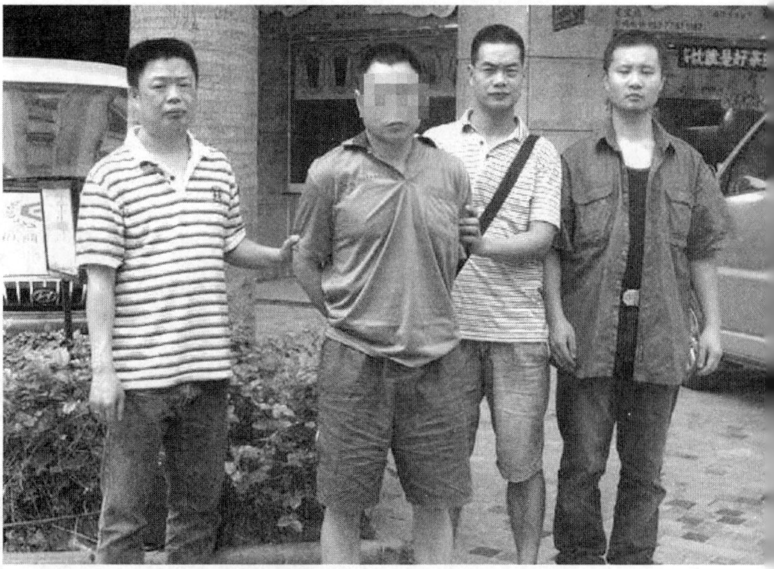

邬松君（右二）抓获犯罪嫌疑人

发现该男子右腰带别有枪支，千钧一发之际，他以迅雷不及掩耳之势，扑了上去，将其牢牢铐住。经搜查，发现已上膛手枪2支、冲锋枪1支、子弹130多发。经查证，该男子正是当时震惊全国、公安部督办的“番禺祈福新村七命案”的主犯苏桂标。为了打掉一特大飞车抢劫团伙，他经过一个多月艰苦惊险的“卧底”，抓获所有团伙成员，缴获枪支弹药以及砍刀数十把，带破案件数十起。

打击“飞车”犯罪，不仅要有胆量，更要有智慧。他结合实战积极摸索新方法，总结出一套打击“飞车”犯罪工作法，在实战中成效明显，近年来，“飞车”警情明显下降。“现在，我们更多的是固定证据后出其不意地围捕嫌疑人。”邬松君说，“每次动手前，我们都已将嫌疑人的进出路线和作案习惯，甚至住处都摸得一清二楚，可以说抓捕时就是请君入瓮。”说这番话时，邬松君显得底气很足。

质朴的邬松君心里装载着一份对老百姓的感情，以及对犯罪分子的憎恨。多少次因为突发警情，邬松君深夜从床上爬起来外出工作；多少次因为伏击守候，邬松君连续几天不回家；多少次因为抓捕，邬松君在泥潭里、在臭水沟里与嫌疑人展开殊死搏斗。无论面对怎

收到群众送来的锦旗

样的危险，怎样的困难，邬松君都始终保持本色，恪尽职守，坚持在打击犯罪的最前线，全力以赴保护老百姓的安宁。面对群众的一声声称赞、一句句感谢，一面面锦旗、一封封感谢信，邬松君感到无比欣慰与自豪。

邬松君曾荣获“广东省五一劳动奖章”、“广东省优秀人民警察”、“南粤十佳卫士”等荣誉，荣立个人一等功一次、个人二等功两次。

声音：

“忠诚、责任、奉献、坚守，是我对公安工作的理解。我对自己的唯一要求是，等以后老了，回想起来，会对自己做过的事情感到自豪，这就足够了。”

——邬松君

回声：

“邬哥，希望你能保重身体，在努力工作的同时，也兼顾好自己的家庭，同时也要继续带领我们将荔湾的治安搞好。”

——邬松君的战友

数字：

从警十五年来，先后参与破获各类案件1600多宗，抓获嫌疑人1500多人，至今身上还留有十三处伤疤。

周博文：刑侦一线的“拼命三郎”

周博文，男，34 岁，广西梧州市公安局万秀区分局刑侦一大队副大队长。

在万秀分局，周博文有三个众所周知的纪录：全年加班 1800 小时，加班时间最长；连续 24 小时以上工作次数最多；连续在单位工作二十八天没有回过家。面对一起起困难重重的刑事案件，周博文总是“咬定青山不放松”，屡屡克敌制胜；他一身正气、嫉恶如仇，凭着一股韧劲，让犯罪分子闻风丧胆，先后参与侦破案件 500 余起，抓获犯罪嫌疑人 300 余名。

周博文（左二）和战友们抓捕犯罪嫌疑人

周博文勤学善思、勇于创新，他带领全队民警时时紧盯全市治安警情，密切关注警情高发点，综合评估各方面信息，将分散警情上升为精确预警和防控意见，为预警导防和精确打击奠定了良好的基础。他特别注意现代刑侦科学技术的学习研究，将先进侦查理念运用到刑侦工作实践中。在许多影响大、危害深的案件侦破中，经过他的科学分析、准确定位、果断出击，案件基本都能成功告破。2013 年 9 月，梧州市太阳广场周边地区盗窃助力车、摩托车案件频发，周博文充分利用各种信息资源开展分析研判，创新侦查方法，很快锁定了 3 名嫌疑人，最终将他们抓捕归案，成功破获盗窃案件 13 起。在“清网行动”中，他参与抓获各类逃犯 23 名，亲手抓获网上在册逃犯 7 名。

在破案战场上摸爬滚打的周博文，不仅锤炼出了敏锐和韧劲，更将自己铸成了一把打击犯罪的利刃，无论是侦查案件，还是抓捕罪犯，他总是冲锋在前，奋不顾身。2011 年 11 月 16 日，周博文在参与追捕一起命案犯罪嫌疑人时，遇对方拼命反抗，两人从四米多高的屋顶摔到地面，他不顾膝盖插入瓦片、流血不止，依然带伤追捕，最终成功将嫌疑人抓获。2013 年 11 月，在侦破一起恶性伤害案

立功受奖

件时，周博文连续两天两夜没合过眼，经过串并分析，梳理出了犯罪嫌疑人的线索，最终成功将犯罪嫌疑人抓获。由于连日工作，身体处于极度疲劳状态，在讯问时突然失去知觉的他被同事送到医院抢救。但只休息了一天，他又立刻回到工作岗位。“三天就破了案，抓住了伤害我的人，有你这样的警察，我放心！”受害人方某在得知情况后，满怀感激地说。

周博文曾荣获“全区优秀人民警察”、“市五一劳动奖章”等荣誉，荣立个人一等功一次、三等功三次。

声音：

“既然选择了警察这个职业，我就要对得起头上的警徽，尽到自己的责任。”

——周博文

回声：

“三天就破了案，抓住了伤害我的人，有你这样的警察保护，我放心了！”

——案件当事人方某

数字：

周博文保持着万秀公安分局的这三个纪录——全年加班 1800 小时，加班时间最长；连续 24 小时以上工作次数最多；连续在单位工作二十八天没有回过家。

梁世军：群众点赞的“民生所长”

梁世军，男，37岁，广西崇左市公安局江州分局城南派出所所长。

从警十五年来，梁世军始终恪尽职守、严格执法、清正廉洁，用真心真情为百姓排忧解难。他心系困难群众，以大爱“感动一座城”；他热诚服务弱势群体，乐当外来务工人员的“主心骨”。2012年以来，他先后化解各类矛盾纠纷106起，共救助走失儿童75名，帮助孤寡老人59人，为5000余名农民工追讨回被拖欠的工资8000万余元，被当地群众誉为“民生所长”。

长期以来，梁世军深入开展爱民实践活动，坚持每周下村屯、社区两天以上，深入了解群众的疾苦和诉求。为提高群众的安全感，他针对辖区治安情况，积极开展治安整治，组织警力对辖区主要街道、重要场所24小时不间断巡逻，提高见警率，有效地减少了可防性案件发生。近年来，

梁世军给孩子们辅导功课

因城市建设的需要，辖区先后征地 4 万多亩，但从来没发生过因征地拆迁引发的群体性事件。针对征地拆迁后安置群众的生活困难，他积极向党委政府反映情况，并先后为 20 户生活较为困难的村民申请了最低生活保障补助。

前几年丧夫、长期患病卧床不起的梁某带着三个孩子靠着低保金艰难度日，最大的 11 岁的孩子料理全部家务。梁世军隔三差五地送来学习用具、食品、生活用品等，在梁某已负债累累、医院都不愿收治的情况下，他先后六次为她联系医院为其治病，不厌其烦地与有关部门沟通，为梁某一家解决实际困难：教育部门全免三兄弟义务教育期间的上学费用、社保部门提高了全家人的低保标准、公交部门给他们上学提供免费乘车、爱心企业为其捐款建房等等。2013 年梁某去世，梁世军义不容辞地承担起照顾三个孩子的职责。在他的带动下，江州分局全体民警捐赠万元给三名孤儿，56 个单位为他们献爱心，当地和周边的爱心人士也纷纷来看望和慰问。

梁世军所在辖区工地多、农民工多，他意识到事关农民工利益的事就是社会稳定的大事。他深知农民工的每一分血汗钱都来得不

带领民警深入社区

容易，是众多家庭经济上的唯一依靠，他把农民工当作自己的兄弟姐妹，主动热情地帮他们解决生活上的困难。他组织民警采用“解剖麻雀”的方式，分别走访工程建设方、承建方及各大小施工队的负责人、财务人员和农民工，仔细了解工程款流转的每个环节，每逢春节、清明、中秋节等重要节日，他都提前组织对各工地拖欠农民工工资情况进行地毯式排查，发现苗头和隐患及时处理。几年来，先后对46家经排查发现存在劳资纠纷隐患的工地进行研判，形成专题研判报告提交当地党委政府。对农民工讨薪类警情，梁世军总是要求民警认真对待，第一时间出警，依法办事，积极维护农民工的合法权益和尊严。

梁世军曾荣获“崇左市道德模范”荣誉称号，荣立个人三等功三次。

声音：

“我自己的孩子，我不管还有外公外婆管；可这些孤儿，我不管就没人管了。”

——梁世军

回声：

“‘爱心哥’，你是大爱人民的好警察！”

——网友评论

数字：

2010年以来，先后为5000余名农民工讨回工资8000万余元；接待群众750余人，救助走失儿童75名，帮助孤寡老人59人，做实事好事95件；破案235起，逮捕152人，查处治安案件298起759人。

李观连：甘洒热血为人民

李观连，男，38岁，海南省海口市公安局美兰分局大致坡派出所副所长。

因为对警察职业的热爱，因为对公安事业无限炽热的追求，七年多来坚守在社区警务工作岗位上，他不知道放弃了多少个香甜的清晨、酣睡的夜晚、美好的周末，将家中的大事小事都丢给了家人，也将多少个担心、恐惧的不眠之夜留给了牵挂他的亲人……

李观连（右一）和同事迅速出警

2014年4月12日上午，大致坡派出所接到报警，农贸市场有一名男子持刀追赶群众。正在值班的李观连和同事火速赶到现场。此时，行凶男子正挥舞着匕首追赶路人，李观连等人立即展开抓捕。抓捕中，李观连被刺中手臂、腰部，右胸口被深深地扎了一刀。忍着剧痛，李观连死死抓住歹徒持匕首的手将匕首夺下，将犯罪嫌疑人按倒在地。受重伤的李观连立即被送往医院抢救，其右前胸、手臂、腰部多处被刺伤，两根肋骨被刺断，肺部被刺穿，肝脏破损，胸腔大量积血，经过全力抢救，李观连被从死亡线上拉了回来。李观连受伤后，辖区群众纷纷自发到医院看望，他们挂念他的理由很简单：“他真心为老百姓做事。”

参加公安工作至今，李观连一直致力于社区警务工作。由于派出所民警人数少，加上年轻，值班、办案、开展社区工作，李观连样样都做，样样精通，既是“万金油”，更是“万精油”。他负责辖区两个最大、也是治安最复杂的社区，他积极争取安装了视频监控系统，组建了社区居民巡逻队，根据社区案件发案情况，定期向群众发放防抢、防盗、防火等宣传单，提高安全防范意识，很快扭转了治安状况。群众都叫他“阿连”，有事找他随叫随到。他经常同村民拉家常，几乎同每个村民都很熟悉，村民家里或邻里之间遇到矛盾纠纷，甚至生活中遇到什么烦心事，都会打电话找“李警官”，村里群众生活中遇到困难，李观连也会想方设法帮助解决。2014 年

李观连在调解民工讨薪纠纷

3月，一出租房发生火灾，火借风势愈烧愈猛，眼看殃及相邻8家民房，李观连赶到后冲进火场，奋力扑救，将群众屋内的贵重物品抢搬出来。李观连至今仍住在老家一间低矮的旧瓦房里，但他从不以权谋一分私利。特别在自家过得艰难的情况下，他的心中想的还是老百姓。

虽然担任社区民警，但破起案来，李观连一点也不输刑警队员，2006年7月至今，他参与了派出所80%刑事案件的侦破工作。2009年冬天，村里先后有十多头耕牛被盗，为了逮住偷牛贼，李观连通宵达旦在村子树林中蹲守了一个月，终于抓到偷牛贼。2011年10月，一名妇女两岁半的女儿在菜市场被犯罪分子骑着摩托车抢走。李观连通过走访，发现嫌疑人体貌特征与其曾经处理过的一名犯罪嫌疑人很像，遂马不停蹄带着专案人员开展追捕，当犯罪嫌疑人慌忙中将手中的孩子扔出时，李观连奋不顾身纵身一跃，硬生生将孩子稳稳接住。

李观连曾荣获“海南青年五四奖章”，荣立个人一等功一次。

声音：

“群众的事都不是小事，群众满意了，我们的工作才能算合格。”

——李观连

回声：

“他往村里跑得勤，对人又热情。”

——大致坡镇村民

数字：

李观连入警至今，派出所共侦破刑事案件190起，李观连参与侦破了其中的152起。

刘　军：用鲜血谱写忠诚

刘军，男，44 岁，四川省成都市公安局金牛区分局沙河源派出所民警。

2013 年 8 月 13 日，熬了整整一个通宵的刘军在成都一洗车场内抓获一名嫌疑人，并在其背包内搜出两支已经上膛的自制火药枪和一把匕首。在抓捕另外两名躲在车上的嫌疑人时，穷凶极恶的歹徒突然驾车加速撞向刘军。面对企图逃亡的歹徒，刘军置个人生死于度外，奋力冲到车旁，死死抓住驾驶室车门顶梁，与凶残的歹徒展开英勇搏斗。丧心病狂的歹徒突然又加速倒车，将刘军向后拖行三十余米后，狠狠地将他摔在水泥石墩上。巨大的撞击导致刘军骨盆粉碎、腹腔大量出血，身负重伤的刘军被紧急送往医院抢救，他全身换了三次血，医院几次向其家属下发病危通知。经医务人员 72 小时的全力抢救，刘军被

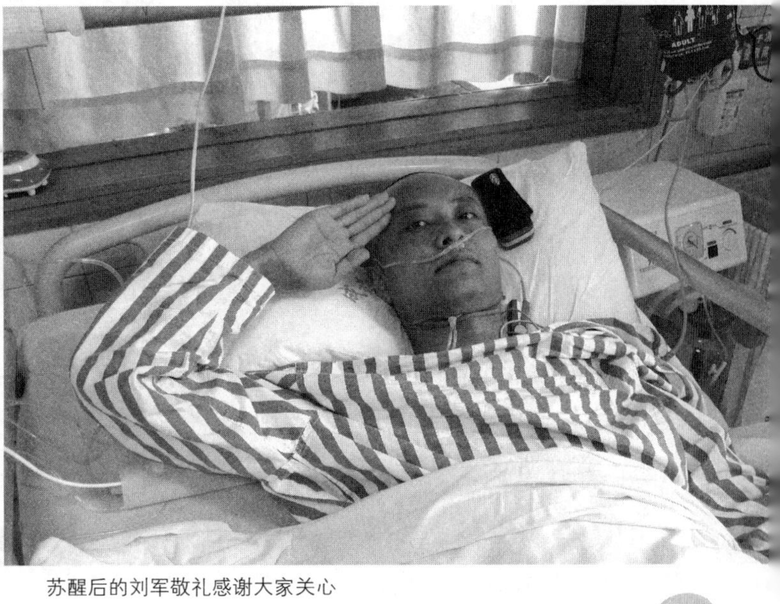

苏醒后的刘军敬礼感谢大家关心

从死亡线上拽了回来。经侦查，这起盗车案背后牵出了一个公安部督办的涉毒、涉黑、涉枪特大案件，先后抓获以叶某、旷某为首的制贩毒团伙成员 31 人，缴获毒品 23 公斤。

作为一名普通的基层刑侦民警，刘军数年如一日奋战在打击违法犯罪、保护辖区安宁的第一线。在同事眼中，刘军就是一本活的“法律书”，办案子遇到不确定的地方就给刘军打个电话，他就能把相关条款、处罚依据和盘托出，快速精确。针对刑侦工作实践性强的特点，他把每个关键环节都记在本子上，将理论和实践相结合，归纳总结、融会贯通，消化成自己的东西。派出所里没有大案，却件件关乎百姓。“不论大案小案，将犯罪嫌疑人抓获绳之以法，还社会、还群众一个公道，这是我们刑警的天职；而破案后最大限度地减少、挽回受害群众的损失，更是我们追求的完美目标。”刘军最爱给探组队员们灌输这样的“破案挽损”理论。辖区内以前飞车夺包案件频发，为了防治这一犯罪行为，刘军通过走访复勘每个犯罪现场，分析犯罪嫌疑人的抢劫、逃跑路线，仅用大半年时间，四个飞车夺包团伙在辖区覆灭。为了打工者被抢的五百元现金和一部手机，刘军辗转都江堰、阿坝州等地，硬是破了案子追回了赃物……

刘军在授奖仪式上

在抢救刘军生命的日子里，他爱人的手机收到数百条短信，有被帮扶过的人，有被他处理过的人，也有并不相识的群众。急救室的走廊外，挤满了刘军辖区的邻居街坊、小商小贩……一年多来，刘军从腿部慢慢有些许知觉，到尝试着坐起来，他凭借着常人无法想象的意志坚强地站了起来。他说，这一辈子选择当警察他没有后悔过，他经常梦见自己坐在办公室翻阅案子的卷宗，周围非常寂静，窗外一丝清风拂来，那些纸张沙沙作响。“现在，一切努力都是为了重回岗位。”

刘军曾荣获“全国公安系统二级英雄模范”等荣誉称号。

声音：

“那一刻冲上去完全是一种本能，没有想太多后果；现在需要做的是战胜每一次并发症，做好每一次理疗，争取有一天能重新回到工作岗位上去。”

——刘军

回声：

“他不仅巴心巴肝办好每一个小案子、处处为我们着想，还用鲜血和生命保护我们的安全。我们老百姓就需要这样的警察！”

——成都市民

数字：

先后参与侦破各类刑事案件130余起。受伤后的第一次手术中，14000毫升鲜血输入到刘军体内，相当于全身换了三次血。

胡启飞：“魔鬼路段”的交警

胡启飞，男，28岁，四川省绵阳市平武县公安局交警大队火溪河中队指导员。

在全长168.7公里的九环线四川平武段上，有一段长约26公里的山路，全是坡道且临水、临崖，很多都是300度的回头弯，冰雪期长达150多天，被过往驾乘群众称为“魔鬼路段”。守护这个路段的就是胡启飞所在的火溪河交警中队。中队现有两名民警、三名协警。自2005年平武县公安局在二道坪设立执勤点以来，先后有9批次50余名交警每天坚守，以严格公正的执法和热情周到的服务，创造了无重大事故、无重大刑事案件的纪录，将“魔鬼路段”变成了平安通道、温馨路段，被驾乘人员亲切地誉为“生命守护神”。

救助被困滞留车辆

在海拔2800米的二道坪执勤，其艰辛程度不言而喻。山河封冻，民警们只能砍冰取水。由于海拔高，氧气稀薄，夜晚气温最低可达零下 20 摄氏度。但这些困难却难不倒常年坚守在二道坪的热血青年们，他们以此为家，巡逻、执勤、宣传、服务工作开展得有声有色，他们用青春和生命在这条“魔鬼路段”上演绎出了“高山雄鹰”、“雪人交警”等一段段感人故事；他们走了一茬又换来新面孔，但牢记使命、坚守岗位、忠实履职、倾情服务的精神代代传承着。由于工作环境恶劣，火溪河中队的民警轮岗频率相对较高，即使本人不愿意离开岗位，但组织考虑到民警的身体情况，也会强制性地将其调整到环境较好的岗位。

第一时间掌握警情、预防道路交通安全事故和有效救助群众是中队的头等大事。中队充分依托执勤点，将警力分布到线，采取车巡与步巡相结合的方式对 26 公里路段进行实时监控，确保第一时间救援被困群众和处理交通事故；全面排查道路隐患，实行道路隐患“台账化”管理，每个队员对道路状态、新增隐患路段和已整改路段了然于胸，巡逻工作有的放矢；采取面对面宣传与媒介相结合的方式宣传辖区路况、驾驶技巧和法律法规，“驾驶员同志请下车休息”“制动发热易失灵，为了您的安全请加水”、“前面公路弯多坡陡，请注意安全”……是民警们说得最多的话；充分利用显示屏发布辖区路况、法律法规、救援求助方式等内容，让驾驶员行驶在这条“魔鬼路段”上有了谱、有了依靠；监管与服务相结合等创新举措，对冰雪、汛季、旅游旺季及其他时间段的道路进行有效管理，通过发放 7 座以上客车限速计时温馨提示卡来弥补非现场执法对于控制车速的不足；车流高峰期和冰雪封路期间，中队与相邻县交警部门联勤联动，远端分流、近端控制，第一时间通过交警微博、交通广播、QQ 群、微信等媒体媒介向社会发布道路状况，避免了驾驶员盲目选择路线而影响行程，达到了“路畅人安”的效果。

每到大片雪花飘落、暴雨袭击时，中队民警都知道一场挑战、一场硬战将来临。年年如期而至的自然灾害，他们已经习惯了，沉着应对。2013 年 2 月 8 日，道路因突降大雪，冰雪覆盖，又恰逢除夕前夜，很多旅客赶路回家与家人团圆。一辆小车被困，巡逻交警发现后上前救援，正在此时，对面一辆皮卡车要通过该处，驾驶员突然急踩刹车导致车辆失控滑行而来，交警见状，大声提示驾驶员松开刹车稳住方向盘，可是驾驶员因紧张，未正确操作，皮卡车还是侧滑入道路边沟，两辆车将道路彻底阻断。正当民警们在商量两辆车救援方案的时候，一辆大巴向事故点驶来。胡启飞立即跑向客车驶来的方向，在距事故点 150 米处成功拦停了该车，避免了可能引发的交通事故。类似的险情，在火溪河中队辖区经常遇见，特别是在春运和冰雪道路管控期间几乎天天上演。2013 年 8 月 13 日夜，平武普降暴雨，山洪暴发，九环线彻底中断，被困群众生命告急、滞留旅客安全告急……胡启飞和队员们超负荷运转，交通管制、救援被困车辆、排险疏堵、转移群众，长达二十余小时未能休息。他们站在最危险的山体下、最泥泞的道路上、群众最需要的地方，疏导交通，让繁忙而急促的汽笛声延续而去，留下的却是 365 天挺立于九环线上最美的平武交警。

与被救助的外国游客合影

一直以来，中队民警在艰苦的工作环境中始终做到倾尽真情为群众提供帮助，夏季对每辆过往的车辆进行冲淋降温，确保车辆及驾乘人员安全；冬季道路冰雪覆盖，路面打滑，执勤民警就在路上铺起草垫，保证车辆安全顺利通过。长期对过往司机传授通过此路段的驾驶技巧，要求疲劳司机强制休息，冰雪路段义务代驾，为过往司乘人员提供开水等服务。据不完全统计，近十年来，中队共救助遇险、受困车辆及驾乘人员数量均过万。2012 年 1 月 19 日，执勤点交警在积雪厚达 50 厘米的道路上徒步巡逻，发现 6 辆大货车被困冰雪中，司机已一天多没有东西吃了，但由于担心货物，都不愿意离开自己的车辆，民警迅速返回执勤点做好饭菜和暖暖的姜糖水送到司机们手中。此后，民警连续八天为驾驶员送水送饭菜。除夕那晚，民警和驾驶员共 15 人组成的“团圆家庭”共进年夜饭。2014 年 1 月 13 日，正值冰雪封路，一辆大货车因故障抛锚，数百车辆短时间被滞留。车队中一名受困群众因高原反应昏迷，中队迅速组织救援，生命的接力赛感动了每一位乘客。2014 年夏季汛期，境内多条道路中断。7 月 12 日，前一天抢通的九环线再次中断，二道坪交警执勤点滞留了 70 多辆车、600 多名群众。中队积极开展温情服务，得知附近唯一一家便利店食品断货的消息后，专门安排民警从县城采购食品，通过人力搬送的方式送到便利店。滞留群众出现高原反应，民警立即将备好的晕车药、氧气袋递给群众，缓解他们的不适。中队积极与县旅游局、应急办等相关部门联系，落实滞留群众的安置问题。

民警长期在这样困难的环境下工作和生活，每一位在火溪河工作过的同志无不患上了“地域病”：曾家堂到火溪河第三天就满身长出了过敏性湿疹；协警马思杨工作不到一年就患上了气管炎……胡启飞坚守在二道坪三年多来从未回过家、探过亲，每逢节假日就通过电话与家人联系，相互问候以解乡愁；曾家堂距离上一次回家已五个月了，那次回家也是因为患有尿毒症的父亲必须住院抢救，需要他这位家里的顶梁柱签字而不得不回去；协勤马思杨，在2014年除夕前夜匆匆回家带上父母为他特意准备的食品后，立即返回岗位，在除夕夜拿出来与其他战友一起分享，因为工作原因，至今他还没有交过女朋友……

胡启飞曾被授予“创先争优优秀共产党员”、“春运工作先进个人”等荣誉称号，荣立个人二等功一次。

声音：

“再难也要坚守，只要我们在这里，过往的驾乘人员就有安全感。群众的一次微笑、一个挥手，就是对我们付出的最大肯定，我在火溪河中队找到了自身价值。”

——胡启飞

回声：

“启飞是个非常懂事和孝顺的孩子，虽然在遥远的四川工作，但每天再忙也会打电话问家里的情况，家里人都支持他好好干工作，当一名好警察。”

——胡启飞的父亲胡学芝

数字：

长约26公里的蜿蜒山路，全是坡道且临水临崖，很多地方是300度的回头弯，全年冰雪期长达150余天，每天坚守在这样的“魔鬼路段”上执勤，创造了该路段近十年无重大交通事故、无重大刑事案件的纪录。

陈　红：真情在窗口绽放

陈红，女，42 岁，四川省攀枝花市公安局东区分局治安管理大队副大队长。

有一种笑容像阳光一样永远灿烂，有一种笑容如春风般轻柔温暖。2005 年以来，陈红一直在户籍岗位上默默无闻地工作，她时刻牢记为人民服务的宗旨，时刻用她的微笑、服务以及对辖区群众的深厚感情，为辖区群众解决难题、送去温暖，赢得了人民群众的赞誉，被称为“绽放在窗口的警花”。

“咨询事项件件答清，操作办理迅速有序，面带微笑快乐服务，一句问候体现素质，一次办理全部完毕。”这是陈红的工作准则。对每一位来办事的群众，她都来有迎声、问有答声、走有送声，热心、耐心、细心地接待和服务每一位群众。她耐心向办理入户的群众讲解所需证明材料的

陈红为群众办理证件

规格形式，使他们的证明材料能一次开全、一次成功，少跑冤枉路。只要是群众有困难、有难题，她都会不遗余力认真帮助解决。工作中，从来也没见她跟来办事的群众红过脸、吵过架，对一些因为不了解户籍管理政策而在窗口吵闹的群众，她总是用最平静的语气、最耐心的态度、最温馨的笑容来对待他们，最大限度地取得群众的理解和支持。她常说：群众要办的事终究是要办的，如果态度粗暴，虽然一时将群众给打发走了，但根本解决不了问题，还不如主动服务、高效工作。

集中办理二代证期间，为了让群众尽快拿到证件，陈红放弃了所有周末和节假日，每天加班加点，累计办理二代身份证十余万张；为了缩短群众等候的时间，她尽量不喝水、少上厕所，经常错过吃饭时间，遇到老人或是学生办理临时身份证未带钱时，她自己垫钱为其办理证照；每天近200人办证，狭小的走廊里常常挤得人山人海，声音嘈杂，为了让群众能听清楚，她不厌其烦，一遍又一遍地大声解释，最后嗓子嘶哑得连话都说不出来，几个月都恢复不了。2013年4月，户籍窗口入驻市政务中心，她从一名普通民警破格提拔为治安大队副大队长。为打造人民群众满意的窗口形象，她身先士卒，急群众之所急，想群众之所想，带领同志们努力工作，赢得了社会各界和广大群众的高度评价。

为群众办事从不嫌麻烦

近几年来，

陈红在办理各种户口事宜中，坚决做到廉洁自律，不该办的事一件也不办，对符合手续应该办的不拖、不压，尽快办好。因为她良好的服务，辖区群众有给她送钱的，有给她送吃的东西的，有请她出去吃饭的，但陈红从来没有接受过。几年来她先后拒收礼品、礼金价值近万元，拒吃请50余次，她认为："谁拿了群众一分钱，谁就不值一分钱。"

陈红曾荣获"全省优秀人民警察"、"市职工职业道德建设先进个人"、"全国公安机关深入开展学雷锋活动成绩突出个人"、"省委省政府记一等功公务员"等荣誉。

声音：

"只要你对老百姓好，老百姓也会用心来对你。"

——陈红

回声：

"每次到窗口去，看你都很忙，没时间说上几句话，这次听说你获奖，希望你在今后的日子里工作好、身体好。"

——辖区群众孙大娘

数字：

五年多的时间里，共为辖区群众办理各类户口变更、迁移等事项90000余人次，为辖区群众解决户口疑难问题400余人次。

付　杰：禁毒骁将

付杰，男，35 岁，贵州省安龙县公安局禁毒工作大队大队长。

每一次公开缉查，他都会睁大一双犀利的眼睛，在蛛丝马迹中寻找毒品的藏身之处，不让毒贩在他的眼皮子底下溜走。每一次抓捕毒贩，他都会第一个冲锋在前、毫不畏惧，他胆子很大，心却很细，总能在生死搏斗中一举拿下毒贩……十余年来，付杰率队成功侦破各类刑事案件 196 起、毒品案件 300 余件，缴获各类毒品 3.2 万余克。他的愿望是：到退休时，力争把安龙县涉毒违法犯罪分子的数量能

付杰（前排右二）抓捕犯罪嫌疑人

降为零。

对于一名奔波在禁毒战线上的民警来说，不顾危险潜入贩毒团伙内部卧底侦查、冒着危险与犯罪分子正面交锋是家常便饭。2009年春节，在万家团圆的日子里，付杰却在抽屉里悄悄留下一封家书，没有与妻儿和年老的父母告别，只身打入贩毒团伙内部，成功抓获全部团伙成员。在抓捕行动中，他被一名携带艾滋病毒的毒贩抓伤左手，经紧急处置，所幸未被感染。2013年7月，一运输毒品嫌疑人在查缉点前面下车逃跑，他冒着生命危险跳过高速公路隔离栏拦车追踪，在悬崖边上，他徒手与持刀毒贩展开殊死搏斗，最终制服嫌疑人，现场缴获毒品700克，经循线深挖，又缴获毒品3000余克。

在禁毒战线上，付杰是一道拦截毒品违法犯罪的防火墙，在警营中，他更是一面旗帜，感染和激励着他的每一位战友。多少个夜晚，他苦口婆心教育吸毒人员回归社会；多少个周末假日，他奔忙在打击贩毒分子的路上。在付杰的带领下，安龙县不但实现了从毒

开展禁毒宣传

情严重到创建“无毒县”的质变，连续九年实现了“零种植”的目标，而且缉毒执法工作排在全省前列，各项禁毒工作排在黔西南州前列。2013 年 8 月，付杰通过深挖线索，一举摧毁一个涉及多省市的特大贩毒犯罪网络，抓获团伙成员十余名。团伙首要分子被付杰与一名战友追捕，见脱逃无望，对他说：“给你 20 万，放我一条生路”。付杰说：“别说 20 万，2000 万也不会放过你！”2014 年春节期间，付杰从一个普通的贩毒案件中扩线侦查，发现一网络结构多达数层的贩毒团伙，该团伙长期从云南购买毒品到黔西南州。他率员多次转战云南、贵州等地，历经五个多月的艰苦侦查，一举捣毁该贩毒团伙，抓获团伙成员 11 人，缴获毒品 2000 余克。

付杰曾荣获“全省禁毒工作先进个人”、“全州十大杰出青年”等荣誉称号，荣立个人二等功一次、三等功五次。

声音：

“希望到我退休时，安龙县涉毒违法犯罪分子的数量能降为零。”

——付杰

回声：

“当卧底，他抢着上；抓嫌疑人，他冲在最前面。除了有‘勇’，更有‘谋’，我们很佩服付杰。同他一起工作很舒心，我们愿意跟他并肩作战。”

——付杰的战友

数字：

从警十四年来，付杰二十余次打入贩毒团伙内部卧底侦查，成功破获各类刑事案件 196 起、毒品案件 300 余起，缴获各类毒品 3.2 万余克、毒资 200 余万元。

达瓦旺久：八年海拔 4747 米的坚守

达瓦旺久，男，31 岁，藏族，西藏自治区那曲地区班戈县公安局吉江扎西南路便民警务站站长。

2007 年，从警校毕业成绩优异的达瓦旺久放弃在首府拉萨优越的工作条件，来到了平均海拔 4747 米的那曲地区班戈县工作。选择高原，就选择了奉献和牺牲。八年来，他身先士卒带领民警开展巡逻走访，风餐露宿、不避艰险，足迹踏遍辖区 1700 多平方公里的土地，先后化解各类矛盾纠纷 3100 余起，有效维护了辖区治安的稳定，被牧民称为“一朵永远盛开在雪域高原的格桑花”。

达瓦旺久（左二）在工作中

初到那曲，地方方言不通成了他做群众工作的一个麻烦，达瓦旺久便利用闲暇时间，走访当地群众，与群众聊天，逐渐适应了本地方言。“警务站是一个窗口单位，也是离群众最近的单位，我们的首要任务是为群众提供方便。”他克服藏北高原的恶劣气候，扎根在条件艰苦的边远山区，用“专心、真心、热心”的工作方法为辖区群众服务。他每天都和值班民警一起值班到凌晨四五点，即便这样，他仍以饱满的精神投入到第二天的工作当中。他像是一头永不疲倦的牦牛，在藏北高原的恶劣气候下坚定前行，用点滴爱心积聚起牧民的信任和爱戴。

群众的事再小也是大事，这是达瓦旺久常挂在嘴边的一句话。他想群众之所想，急群众之所急，办群众之所需，竭诚为群众办实事、做好事、解难事。2012 年 8 月，达瓦旺久在巡逻时发现一名孕妇衣着单薄、瑟瑟发抖地在镇上徘徊。经了解，孕妇因家庭原因出走，已经好几天没有进食了，身体极度虚弱。达瓦旺久随即将其带回警务室，并为其准备了热乎乎的饭菜。不料孕妇突然临产，于是他立即将孕妇送到医院。在医护人员的帮助下，她顺利产下一个女婴。达瓦旺久发动同事为母女筹集了 2000 元购买营养品，并平安送回与家人团聚。多年来，达瓦旺久不厌其烦地每天帮助辖区一瘫痪老人寻找患有精神病的儿子，每到节日给老人送去日用品，老人逢人就说：“警察每天都要帮我找儿子，如果没有他们，儿子早就冻死在外面了。”辖区一群众家境贫寒，且疾病缠身，不久

到群众家了解情况

前刚住过院，打算拿着单据去报销，不慎将装有身份证和要报销的发票单据的钱包丢失，达瓦旺久不但迅速破了案，而且从厕所里捞出被丢弃的钱包，找到了身份证和要报销的发票单据，连同现金如数交还到失主手中。

八年如一日的坚守，让现年31岁的他就患上了心脏病、高血压等高原疾病。达瓦旺久无法在父母身边尽孝，只能将年迈的父母和女儿托付远在拉萨的妹妹照顾，至今未曾实现为女儿过一个生日的愿望。对于自己的工作，达瓦旺久从没有半句怨言，坚定自己的选择，无怨无悔地在那曲这片广袤的大地上奉献着自己的青春。

达瓦旺久曾荣获“全区维稳先进工作者”等荣誉称号，荣立个人三等功一次。

声音：

“我自己也是农村长大的，所以我最见不得的就是群众焦心和受苦。”

——达瓦旺久

回声：

“居委会有什么事，只要一打电话，达瓦旺久和警务站民警总能准时赶到，有时县里没电还会给我们送蜡烛，天冷时还送手套。有他们在，我们心里很踏实。”

——班戈县普保镇村民

数字：

八年来，他的足迹踏遍辖区1700多平方公里的土地，先后化解各类矛盾纠纷3100余起。

高尖措：被称为“高阿吾”的警察

高尖措，男，50岁，裕固族，青海省海北州祁连县公安局峨堡派出所教导员。

七年前，高尖措主动请缨，丢下需要照顾的父母和需要呵护的孩子，携妻子来到与甘肃接壤、距县城200公里的芒扎村，建立起全州第一家“夫妻警务室”。面对恶劣的自然环境和生活物质匮乏的情况，他带着感情做工作，创新工作方法，进百家门、办百家事，面对面、零距离贴近服务群众，撑起了芒扎村平安和谐的天空。他凭着一腔热忱，以爱民亲民的实际行动，被藏族群众亲切地称为“高阿吾”（“阿吾”为藏语“亲家”的尊称）。

向辖区群众宣传

大山深处交通极为不便，牧民群众办户口、办身份证都要骑马或骑摩托车跑几十公里到派出所去办理。为了方便群众办事，高尖措主动代办，并将办好的身份证亲自送到牧民群众手中，牧民群众亲切地将警务室称为“家门口的派出所”。他在工作中了解到，一位藏族老人家庭困难，子女长期在外打工，无人照顾。于是，夫妇两人就形成了一个习惯，每周都要去看望老人，为他挑水、拾牛粪，每次回县城后总要惦记着为老人家买点儿蔬菜、水果、药品等生活用品。有一年下雪，高尖措爬到警务室房顶扫雪时，不小心从房顶上滑下来摔伤左腿。当听到他摔伤的消息后，热心的牧民将他送到医院，对他妻子说：“你去忙警务室的事情，高阿吾有我们几个轮流照顾，你放心。”

高尖措和妻子马秀兰积极在辖区开展大走访、“警民相约警务室”等活动，走家串户，与群众拉家常，将对工作的那份情感和责任融进了千家万户之中，汇聚成浓浓的警民情，赢得了群众的信任和支持。在长期的工作中，高尖措对辖区的警情、民情了如指掌，在发生邻里纠纷时都能及时稳妥处理，群众也能积极支持配合他的工作。

到辖区群众家访问

针对芒扎村社会治安状况，他积极创新工作方法，建立了巡逻守护和治安宣传教育等机制，形成了以警务室为中心，整合群防群治为辅助力量，积极开展各项警务的工作模式。警务室成立以来，辖区治安状况得到了明显改善，连续多年没有发生刑事案件。

高尖措曾荣获“全国优秀人民警察”、“全省优秀共产党员”等荣誉称号。

声音：

“大山里有我的工作，也有我的家。”

——高尖措

回声：

“我们老两口行动不便，子女长期在外地务工，无人照顾。高尖措夫妇几乎每周都来看望我们，为我们挑水、拾牛粪，每次回县城也总会惦记着给我们买点儿蔬菜、水果、药品等。”

——祁连县峨堡镇芒扎村牧民

数字：

七年来，先后为群众办实事、解难事 25 件，协助处理刑事案件 50 起，办理治安案件 90 起，调解各类矛盾纠纷 35 起；辖区治安和刑事案件发案同比分别下降 80% 和 60%。

峨堡岭上的“帐篷中队”：二十年的坚守

青海省海北藏族自治州祁连县公安局交通警察大队峨堡中队，二十年来一直驻扎在祁连山脉平均海拔3500多米的峨堡岭上。2014年年底，这个全国最后一个“帐篷中队”，将搬进在原址上建立的办公用房。

峨堡镇是丝绸之路上的古镇，227国道与304省道在此交会，每天通过的车辆平均达到4450多辆。中队的帐篷已经传承了整整二十年，1994年，交警大队设立峨堡流动车辆检查站，为了确保道路的安全畅通，当地交警像草原上的牧民一样扎起了帐篷。2013年3月，峨堡中队组建。那顶坐东朝西不足二十平方米的帐篷里，南北向各放着一张窄长破旧的办公桌。尽管简陋，却不失庄重，帐篷四壁挂满了司乘人员赠送的锦旗。

中队全体警员在帐篷门口合影

自设立帐篷检查站，一茬茬的交警们长期驻守在这里，只因为他们心中最质朴的情怀：为了越来越多过往司机和当地群众的需要。过往司机和当地群众都知道有个交警帐篷中队和他们一样能吃苦，那些交警脱下警服比当地的群众更像群众，肤色比当地人还要黑。一名中队长和六名协警负责着国道、省道、乡道共计288公里道路大大小小的事儿，无论是大雪封山还是大雨瓢泼，在冬去春来车来车往中，全体队员们用自己的实际行动，塑造着青海北大门交通警察敬业奉献的真实形象。

“一顶帐篷撑不了两年，平均一年半就要换一顶新的。”现任中队长刘国栋说。峨堡岭山口，全年平均温度只有七八度，下雪是常事，因气温低，雪轻易化不了，在山路上结成冰溜子。就在两年前的一个下午，狂风卷起的一块彩钢径直戳进了帐房，幸运的是所有队员都在执外勤，没造成人员伤亡。帐篷扎在国道边的缓坡下，路面结冰时，大货车刹不住车，冲向帐篷的事情也时有发生，但每次都是有惊无险。

条件艰苦、环境恶劣，工资低、事情多，是峨堡中队“60后”、“70后”、“80后”、“90后”队员们共同的境遇。查客车超员、货车超载，登记特种车辆，处理交通事故，紧急救助受困车辆人员等等，他们常常会忘了冷暖，忘了饥饱，顾不上晨昏……在峨堡岭降雪量最大的时候，刘国栋和队员们连续几天在路上疏导交通，钢笔不出水，照相机不工作，没吃没喝，手脚冻僵，队员们只能在路旁用牛粪取暖。“去年年底，峨堡岭大雪封路堵车，他们出去五天五夜没能回来，电话信号不通，最后他们通过过路司机捎话给我，让我带点儿吃的过去。我把一些馍馍、取火用的牛粪和一个水壶交给过路司机。”为中队做饭的闵良夫妇说，“他们常常是开水就馍馍，就把一顿饭凑合了，出去处理交通事故回不来是常有的事，有时回来时能听到裤子上结的冰发出的咔咔声。”

中队简陋的帐篷

在每一名队员的手机里，都存有自己的秘密：

有现场救援后司乘人员送来锦旗时拍下的视频，有和被救助的人拥抱在一起时的合影，还有他们救助过的司机发来的节日问候短信。驻守在峨堡的每一名交警脑海里，都埋藏着许多令他们内心感到无比温暖和自豪的记忆，也正是这份荣耀和担当，支撑着他们在风雪交加的峨堡一路艰难前行。

在这份记忆中，有甘肃省民乐县永固镇邓某一家六口，他们的农用车滑下山坡，掉进河里，中队全体出动快速救援；有夜里大雪封山，一辆重型牵引半挂车受困，队员们花了五个小时把受困的驾驶员解救下山；还有一辆张掖市的小客车在急弯处滑至路边水渠侧翻，队员们顶着零下20多度的低温，解救出被困人员……

声音：

“我们不想讲大话空话，我们都是些平平常常的男人，是人就有脆弱的时候。峨堡镇前几年拉闸限电，天黑了到处黑咕隆咚一片，四周静悄悄的，只有草原上的风呜呜地从身边跑过。平时，挺为自己的职业骄傲，觉着男子汉的心胸应像草原一样，不能纠缠在家长里短中，可一逢节假日，就想偷偷地大哭一场……”

——队长刘国栋

回声：

“娃娃们冬天上一趟山处理事故，回来手脚都冻坏了，我们看着都心疼！”

——住在附近的村民

数字：

平均海拔3500多米的峨堡岭上，中队的帐篷已经传承了整整二十年，一名中队长和六名协警负责着国道、省道、乡道共计288公里道路大大小小的事儿。

张　斌：盗抢犯罪的克星

张斌，男，45 岁，宁夏回族自治区银川市公安局刑事犯罪侦查局重案侦查支队副支队长。

从部队转业入警十四年来，张斌始终战斗在打击犯罪第一线。近年来，他带领“打盗抢”专业队成功打掉犯罪团伙 40 余个，破获案件 900 余起，有效遏制了盗抢犯罪的高发态势，震慑了违法犯罪，人民群众的安全感显著提升。他身染重症，仍坚守一线，在侦办一起部督案件时，由于过度劳累，病倒在追捕犯罪嫌疑人的路上。目前，因身患“急性髓系白血病”在北京医院治疗。

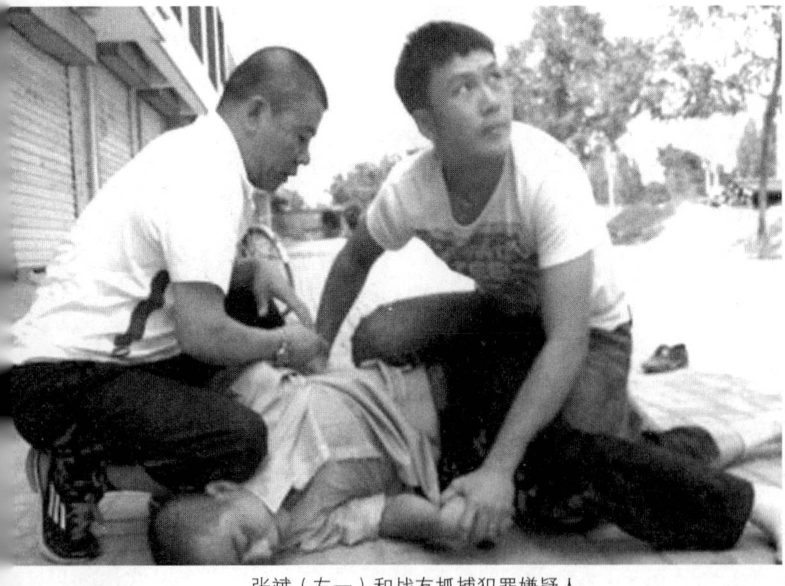

张斌（左一）和战友抓捕犯罪嫌疑人

2013 年 7 月，张斌在侦办一起部督案件时，他和同事们辗转河北、河南、陕西、北京等多地，连续工作五个月，先后抓捕五名犯罪嫌疑人，使专案侦查取得突破性进展，但该案一名主要犯罪嫌疑人迟迟未能归案。为了摸清该犯罪嫌疑人的藏匿地点，他与抓捕组成员五赴河北，行程1.6万公里，累计加班加点1000余小时，走访摸排200余人次。由于疲劳过度，他病倒在追捕途中，在被战友强行拉至医院检查时，被诊断为“急性髓系白血病”。躺在病床上的张斌依然惦念着追逃的情况，随时通过微信向抓捕队员布置工作，直到嫌疑人落网。

“一起小的侵财案件，损失的可能是一个家庭多年的积蓄，影响的可能是一个家庭的幸福，导致人民群众严重缺乏安全感，也会对公安民警产生怨气。”这是张斌的感悟，也是他一直紧绷着的一根弦。张斌坚持一面紧抓传统侦查模式不放松，一面不断创新侦查方式，他率领的专业队迅即成为打击盗抢犯罪的克星。2013年1月至6月，银川市三区两县一市及周边发生三十余起皮卡车被盗案件，犯罪嫌疑人手段老练、配合默契，给人民群众的财产造成重大损失。张斌本着“誓破此案，还百姓平安”的决心，带领专案组数名队员不顾疲劳，行程达一万多公里，抓获犯罪嫌疑人12人，打掉盗车团

群众送来锦旗

伙2个，破获盗窃汽车案件34起，追缴各类被盗车辆35辆，挽回经济损失300余万元。2013年3月14日，银川市一夜之内发生13起宝马、奔驰等高档轿车后视镜被盗案，一度引起银川市民对治安的担忧。案情就是命令，张斌立即带领民警展开走访调查，并调取所有案发地点的视频监控、走访受害车主，通过数天的侦查研判，在梳理了300多段视频材料后，嫌疑人的作案车辆与行驶路线等信息进入了他的视野，并发现了嫌疑人在宁夏石嘴山、陕西榆林、内蒙古东盛等地的踪迹。他立即组织民警火速前往犯罪嫌疑人所在地，将犯罪嫌疑人抓获，成功破获了这起盗窃高档汽车后视镜案，并串并侦破案件136起，涉案金额200余万元。

张斌曾荣获“优秀共产党员”、“优秀人民警察”等荣誉称号，先后荣立个人二等功一次、三等功六次。

声音：

“作为警察，在面对危险的时候你若是胆怯了，你就不配穿这身警服；身为公安民警，你就要将自己锻成一把尖刀，让犯罪分子闻风丧胆。”

——张斌

回声：

“他就知道工作，家里的事从来不管不问，一有工作他跑得比谁都快……尽管我和儿子很少享受到他带来的温暖，但每当有人向我夸丈夫时，我的心里就感到很安慰。”

——张斌的妻子王静玲

数字：

近年来，他带队成功打掉犯罪团伙40余个，破案900余起。

努尔顿·吐鲁生：爱心爸爸大爱永恒

努尔顿·吐鲁生，男，40岁，维吾尔族，新疆阿勒泰地区布尔津县公安局国保大队教导员。

努尔顿除了会说本民族语言之外，还会说一口流利的哈萨克语、汉语和蒙古族语。长期的基层公安工作，努尔顿接触最多的是辖区的各族百姓，他宽容而炙热的情怀，让他走近百姓、理解百姓、呵护百姓。他深爱辖区百姓，先后收养了哈萨克族、汉族、蒙古族、回族等13个干儿女，每一个孩子身上都有一个深情的故事。

小文强是努尔顿收养的13个孩子中最大的一个，如今已经是一名即将毕业的大学生。1987年，小文强的父亲从安徽来到布尔津县打工。看到他们生活困难，努尔顿对小文强的父亲如兄弟一样，在努尔顿的帮助下，小文强的父亲开了一家石灰店，日子逐渐好了起来。二十年来，小文强

努尔顿和他的干儿女们

从出生到上小学、到上大学，努尔顿对这个大儿子的关怀从未间断。小文强在外地上学，每逢寒暑假回来，最不能忘的一件事就是去看望他的警察爸爸努尔顿。禾木喀纳斯蒙古民族乡小学的一名 12 岁女孩儿，父母都已去世，吃住都在学校。努尔顿专程前往 160 公里外的学校看望，并连续多年给予资助。为了让她感受到家的温暖，努尔顿还准备将其接到家里，一直资助她上完大学。

社会需要爱，有更多的孩子需要关爱。2010 年，努尔顿与同事及部分个体商户沟通，自发成立了“爱心爸爸”公益性组织，主要目的是为贫困学生和残疾学生提供帮助。自此开始，努尔顿把一个人的爱上升到了一份事业，吸引更多的爱心人士加入到爱的大家庭。努尔顿没有自己的休息时间，除了干好工作，他与各个学校取得联系，寻找那些需要帮助的贫困学生，为贫困孩子送去图书和学习用品。得知牧区的一名学生每天要往返十几公里步行上学，努尔顿和妻子

努尔顿在辖区走访

商量，把妻子刚买不久的自行车送给了这名学生。每年开学的时候，努尔顿和爱心爸爸们就会到商店中去选购一些学习用具、衣物等，连同助学金一起送到那些需要帮助的贫困学生的手中。在努尔顿的倡导下，爱心火炬愈燃愈烈，“爱心爸爸”创办以来，成员从最初的几个人壮大到现在的40余人，先后资助了30多名贫困的小学生、中学生以及大学生。

努尔顿·吐鲁生曾荣获“全国公安系统爱民模范”、“全疆优秀人民警察”等荣誉称号。

声音：

“对人民的爱是一种责任，对国家的爱是一种忠诚。我爱这里的每一座山、每一条河、每一棵草，这里的乡亲都是我的亲人。”

——努尔顿·吐鲁生

回声：

“爸爸总是尽心尽力地帮助他能够帮助的人，关爱他身边的每一个人，我为有这样的爸爸而感到自豪。”

——女儿宝塔

数字：

先后认下不同民族的13个孩子为干儿女，资助他们学习、生活。他发起成立的“爱心爸爸”协会，先后资助了30多名贫困学生。

邓　锋：刀尖上的舞者

邓锋，男，38 岁，新疆喀什地区莎车县公安局伊什库力派出所所长。

邓锋长年奋战在打击暴恐犯罪活动、维护社会稳定工作第一线。他先后参与侦办各类案件 1200 余起，其中重特大案件 180 余起，抓获犯罪嫌疑人 800 余人。在全国、全疆为期一年的严厉打击暴力恐怖专项行动中，他临危受命，在短时间内抓获了一批组织、参与暴力恐怖活动的人员，在危急时刻，他直面生死，他一心为公、永不言悔。

邓锋和辖区群众亲如一家

2014 年 6 月 21 日，邓锋带领民警在对一男子进行盘查时，该男子突然掏出匕首向他刺来。邓锋躲闪不及，被匕首贯通头面部，口腔内多处骨折，多颗牙齿脱落，舌根部被利刃切开三分之一，顿时成了血人，与邓锋一起战斗的刚刚新婚不到二十天的蔺宴将经抢救无效英勇牺牲。邓锋强忍剧痛，一手托住被切下的下颌，另一只手迅速掏枪，在暴徒企图再次向他袭击时，果断将其击毙，邓锋随即被战友们送往医院抢救。由于伤势严重，连续抢救近四十天，终于把邓锋从死亡线上拽了回来，但造成半面部瘫痪，右声带麻痹，眉毛和眼皮至今无法自主活动。然而，躺在病床上的他仍念念不忘战友们，牵挂着工作。

邓锋负责的辖区是莎车县最复杂的地区，每天接连不断有群众报案、求助，重大恶性案件和非法宗教活动经常发生。针对辖区治安状况和复杂形势的特点，他深入调研摸排、分析问题原因、掌握规律特点，他和同事摸索总结出了一套有效的打击违法犯罪、维护社会稳定的“六步工作法”，并被作为典型经验在当地大力推广。在他和全体民警的努力下，辖区社会治安秩序明显改善，各族群众融洽相处，各类发案呈现直线下降趋势，群众满意度达95%。邓锋

听取辖区群众对治安工作的意见

还积极为辖区孤寡老人、失学儿童、困难群众提供力所能及的救济和帮助，三年来，他向困难群众捐款 3.5 万元。当听闻邓锋负伤后，辖区群众眼含热泪，带着煮好的鸡蛋和糖果到医院探望。

邓锋时常跟同事讲，既然选择了警察这个职业，就不要再有私念，要一心为公，努力工作。他心系群众，舍小家为大家。2013 年 1 月初，已半个月没有回家的邓锋接到父亲的电话，父亲虚弱的声音让他感到情况紧急，他和教导员交接了一下工作就急匆匆往家赶。打开房门，邓锋一眼就看到倒在沙发上昏迷不醒的父亲，他迅速把父亲送到医院抢救。父亲苏醒后，作为儿子的邓锋愧疚的泪水止不住地往下流。可是，等妻子赶到医院后，邓锋又匆匆回到了工作岗位。

邓锋曾荣获“优秀共产党员”、“民族团结先进个人”、“优秀公务员”等荣誉称号。

声音：

“重返工作岗位的那一天，就是我打击暴恐犯罪活动新的开始。如果再遇到危害人民群众生命财产安全的违法犯罪行为，我依然会挺身而出！”

——邓锋

回声：

“作为一名新疆人，必须支持邓锋这样的英雄！没有反恐一线上流血流汗的他们，哪有老百姓的安居乐业。”

——网友“天山边的面包超人”

数字：

先后参与侦办各类案件 1200 余起，其中重特大案件 180 余起，抓获犯罪嫌疑人 800 余人。

刘文峰：永恒的承诺

刘文峰，男，47 岁，新疆生产建设兵团第九师公安局庙尔沟派出所所长。

刘文峰入警时就作出承诺：心中无群众，不配当民警，从警一日就要为民一生。二十多年来，他始终坚守在克孜山下，他的足迹遍布了辖区的每一道沟壑，他的真情温暖了受到热心资助和帮助的每一个少数民族贫困家庭和学生。他精心守护着这方热土的安宁，始终如一书写着自己的人生信条——赤诚于心、奉献于民。

作为民族地区的民警，不但要懂得法律知识和专业知识，还要懂得科普知识、民族知识、社会知识，更要懂民风民俗。刘文峰把进社区、下连队走访职工群众作为主要工作方式，“不走就不知谁家有困难，不走就进不了老百姓的心。”他从细节入手，从小事做起，时刻把人民的冷暖

深入辖区走访

安危挂在心头，为辖区各族群众诚心诚意办实事、尽心竭力解难事、坚持不懈做好事，赢得了各族职工群众的信赖和支持。职工群众有什么事都愿意对他说，有什么难处都愿意向他诉，就连住院看病都会找他帮忙，而他总会在第一时间为他们提供帮助。

二十多年来，他热心资助和帮助少数民族贫困家庭累计近十万元，他说：“我不图什么，就是想让他们过上好日子，贫困学生能上得起学。”十多年来，刘文峰一直照顾着一位空巢老人，小到挑水做饭、缝缝补补，大到生活补贴、生病照顾，对老人无微不至，老人逢人便说：“我有个好儿子，他是派出所的民警。”辖区群众木拉提汗患有严重的糖尿病，其父亲又常年卧床不起，家中还有两个孩子，全家只靠妻子一人操持。刘文峰得知后，立即拿出了15000元帮助买了种牛，使木拉提汗一家逐步走上脱贫之路，两个孩子也在他的资助下进入了学校。辖区群众沃某没有工作，一人带着两个

帮群众修车

未成年的孩子艰难生活，刘文峰先是个人捐资解决了其儿子的学费问题，又筹集资金帮助其开了一家民族餐馆。为了帮助其女儿上学，刘文峰和民警制定了长期帮扶的计划，这一帮就是十四年。2013 年 8 月，沃某的女儿考上大学，刘文峰和派出所民警又凑了 6000 元的学费，实现了其上大学的梦想。

庙尔沟派出所的辖区，面积 1060 余平方公里，最远的连队距派出所 280 多公里。他带领全体民警克服种种困难，全面摸底调查辖区民情、社情，针对性落实各项防控措施，因地制宜开展治安整治，组织开展群防群治，努力构筑立体治安防控网络，全力维护社会稳定，确保一方平安。辖区连续多年刑事发案保持下降，2013 年，可防性案件发案同比下降 30%。

刘文峰曾荣获“全国优秀人民警察”、“兵团创先争优优秀共产党员”、“爱民实践模范个人”、“道德模范先进个人”等荣誉称号。

声音：

“心中无群众，不配当民警，从警一日就要为民一生。”

——刘文峰

回声：

“刘所长是个可以做兄弟的人，我们哈萨克族朋友都这样说。”

——哈萨克族群众

数字：

二十多年来，刘文峰资助和帮助少数民族贫困家庭累计近十万元。

沈鑫敏：无畏英雄“飞身哥”

沈鑫敏，男，24岁，安徽省公安消防总队合肥市支队庐江县中队特勤班班长。

作为特勤班班长，沈鑫敏忠实履行消防官兵的神圣职责，参加灭火抢险救援近千次，成功营救遇险群众70余人。每次执行任务，他总是义无反顾地冲在最危险的地方，以对祖国、对人民的满腔热忱，用一次又一次舍生忘死、无私无畏的英雄壮举，交上了一份份合格的答卷，为保护国家和人民生命财产安全做出了突出贡献。

2014年2月，合肥市庐江县一女子在自家三楼卧室欲跳楼轻生。由于窗台距地面近10米且庭院狭窄，救生气垫都无法展开，他决定强行施救。他利用安全绳下到该女子所在位置、准备将其往屋内推时，该女子情绪突然激动起来，迅速往下跳。就在该女子全身悬空在外、往下掉落的瞬

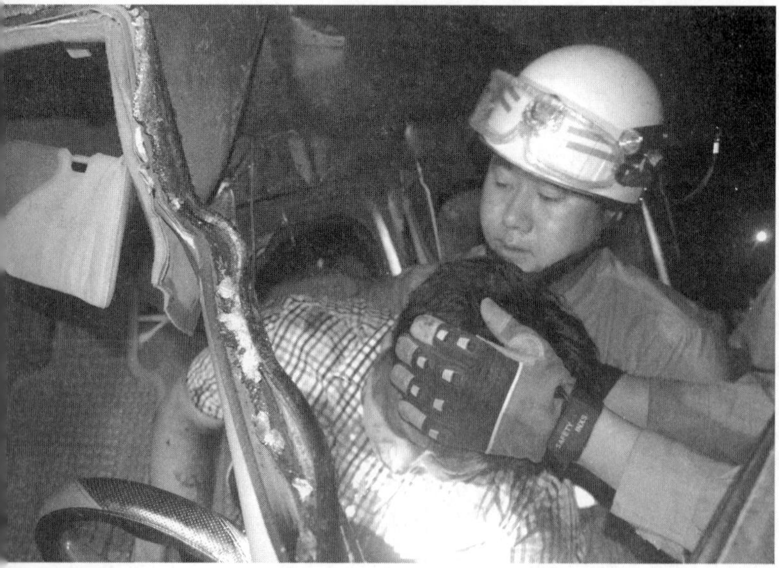

救助伤员

间，他凭着过硬的业务素质，飞身扑了出去，一把将她牢牢抱住，该女子被安全解救。他危急时刻飞身救人的壮举被中央各大媒体报道后，在社会上引起了强烈反响，感动了亿万群众，网友亲切称他为无畏英雄“飞身哥”。2013 年 2 月，处置庐巢路段浓硫酸槽罐车自燃起火事故时，他冒着浓硫酸随时可能扩散泄漏危及个人生命的危险，毅然请缨担任最危险的起火罐体部位水枪手，坚守阵地两个多小时，直到事故处置完毕。

入伍四年来，他从未回家探亲，在父母亲友耳中，听见他说的只有部队生活的温馨和谐，没有出警执勤时面临的生死抉择。看到他飞身救人的报道后，家中的亲友都觉得消防员这个职业太危险，纷纷劝他退伍回到上海，找一份稳定的工作。但他却坚定地笑着说：“我喜欢部队，喜欢我的战友，喜欢我的岗位，我还要在这里坚守下去。”

他还积极为驻地贫困户、孤寡老人、失学儿童送温暖、献爱心，满腔热情地为群众办实事、办好事，累计捐款捐物近万元。庐江县

飞身救人瞬间

白山镇小学失去父母的小文丽靠 74 岁的奶奶抚养度日。他得知后，主动前去看望，并拿出自己的津贴长期资助。中队和城关镇敬老院是结对子单位，他是中队去得最多的战士，帮老人搞卫生从不嫌脏、嫌烦、嫌累，钱包里也一直随身带着和老人们的合影。

沈鑫敏曾荣获“公安现役部队优秀共产党员”、“安徽青年五四奖章”等多项荣誉，并当选“中国好人”，荣立个人一等功一次。

声音：

“从我成为消防兵的第一天起，我就知道这是一份责任与荣誉同在、苦累与喜悦共存的职业。为了能在危难时刻挽救人民群众的生命财产，一年 365 天，一天 24 小时，我们时时在备战，随时准备出征。”

——沈鑫敏

回声：

“我觉得，沈鑫敏的精神世界非常强大。通过救人现场的视频，我们可以看到，他在完成救人的一系列动作时非常镇定、机智。这就是对社会、对生命的尊重。那一瞬间，他爆发出来的是善良的品质。”

——网友评论

数字：

参加灭火抢险救援近千次，成功营救遇险群众 70 余人。

唐蔚宣：凛担大义铸警魂

唐蔚宣，男，33 岁，广西壮族自治区公安边防总队崇左市公安边防支队那艾边防派出所副所长。

2002 年入警以来，唐蔚宣始终坚守在中越边境一线，在与犯罪分子的斗争中屡立战功，他先后带队侦破各类案件 200 余起，抓获犯罪人员 150 余名，缴获毒品 18.67 千克。多年的从警生涯，他练就了不怕牺牲、敢打必胜的过硬素质，即使危险再大也决不放过一个犯罪分子；针对境外毒品向内地渗透的严峻形势，他坚持以肃清毒患为己任，即使困难再多也决不放过任何机会；面对群众对安居乐业的期盼，他心里始终装着百姓，即使工作再累也决不放过群众的任何困难。

2014 年 3 月 12 日，他带领两名官兵对一辆嫌疑车进行路查时，歹徒妄图驾车逃跑。他迅即冲进驾驶室欲逼其停车，歹徒突然

唐蔚宣（右一）和民警在巡逻途中

掏出左轮手枪向其射击，子弹从他身边擦过。搏斗中，歹徒又掏出一把砍刀砍向他的左脸，顿时血流如注。唐蔚宣强忍剧痛，奋力与歹徒搏斗。疯狂的歹徒猛打方向盘，车头径直冲向路边几十米深的山沟，就在千钧一发之际，唐蔚宣用尽全力反向扭动方向盘，并撞停在山坡上。歹徒见状弃车逃跑，途中歹徒抢夺一辆通信抢修车，欲驾车撞击唐蔚宣，他果断开枪，将歹徒击毙，当场缴获自制左轮手枪 1 支、子弹 5 发、砍刀 3 把、被盗燃油 275 公斤。

他把爱民之情融入了血脉里，竭诚为群众办实事、解难事。“在我的字典里，没有休息日可言。为百姓办事，苦点儿累点儿值！”在走访中，唐蔚宣了解到一些刑满释放人员回家没人接、在家没人管、困难没人帮、就业没人扶，为更好地帮助他们回归社会、融入社会，唐蔚宣推动成立了一支由女民警、社区人员等组成的女子帮教队，长期对刑释人员进行教育和帮扶。辖区村民马某吸毒成瘾，原本美满幸福的家庭最后倾家荡产、妻离子散，强制戒毒出来后意志消沉。唐蔚宣主动将他列为帮扶对象，帮他做起了生意，让他重拾起生活信心，如今马某还当起了义务戒毒宣传员。几年来，唐蔚宣成功帮助 17 名刑释人员及 30 多名吸毒人员回归社会，没有一人重新犯罪。唐蔚宣还先后帮扶孤寡老人 8 名，长年资助困难

唐蔚宣正在为群众讲解法律知识

儿童3名。

唐蔚宣的辖区属于城乡结合部，外来经商、务工人员众多，治安形势复杂。他多方争取支持，在货场集中的区域设置警务室，组建联防队9个，开展错时巡逻防控，扭转了货场治安面貌。某综合商铺老板余某，每年回家过春节，都主动找到唐蔚宣，将店铺的钥匙交给他保管。小小一串钥匙，不仅代表外地客商对唐蔚宣的信任，也体现了人民群众对边防工作的拥护和支持。

唐蔚宣曾荣获“中央国家机关青年五四奖章”、“全国边海防工作先进个人”、“全国缉枪治爆专项行动成绩突出个人”、第四届“十大边防卫士”、“广西青年五四奖章”、“广西优秀共产党员”、“广西优秀人民警察”等荣誉，荣立一等功两次、三等功一次。

声音：

“我愿做一棵扎根边防的木棉树，用生命守护南疆的安宁。”

——唐蔚宣

回声：

“我老公是一个好警察，但他不是一个好丈夫。我们结婚多年，一直未要孩子，他说要趁着年轻多破几个案子，要孩子的事以后再说。”

——唐蔚宣的妻子何林芝

数字：

在身受重伤的情况下奋力追击犯罪嫌疑人，身后留下一条200多米长的血带。

卜凤山：扎根建设平安美丽新林区

卜凤山，男，50 岁，吉林省森林公安局临江森林公安分局局长。

他以林为业，建设美丽林区，做青山绿水的守护者；他忠诚履职，建设平安林区，做守土有责的排头兵；他真情为民，建设和谐林区，做父老百姓的好公仆。面对辖区 18 万多公顷开放性林地，卜凤山始终秉承“保护森林，一切工作要做在树倒之前”的理念，晴天一身土、雨天两腿泥，带领民警踏遍辖区 150 多个村屯、8000 多个小林班的每一道沟沟岔岔；为了增强群众的法制观念，他带领民警送法上山、送法进林，时常忍饥挨饿、露宿荒野；为了解决好保护生态和促进林业发展的矛盾，他主动同每个承包户逐人签订“两定两包”责任状，建立承包经营档案，形成了适应市场经济的森保防控模式，把森林刑事案件发案率控制在了最低点……

卜凤山（右二）同民警一道清挖泄洪渠

“看好辖区林子、守住林地红线”

是卜凤山每天都要思考和应对的现实问题，保护森林资源安全也是森林公安的核心任务。2012 年 8 月，王某等人非法收购国家重点保护植物制品案移交临江森林公安分局立案侦查。卜凤山抽调精干警力组成专案组，带领民警驱车两千多公里辗转全省各地调查取证，先后将王某等三名犯罪嫌疑人抓获，一举破获了涉及国家重点保护植物红豆杉树皮 10 吨、非法收购红豆杉树皮 190 吨的大案。同年底，当地 103 名职工群众被骗，为把群众的经济损失降至最低，他带领民警一面安抚受害群众情绪，一面组织警力开展侦查，在最短时间内成功侦破了这起特大案件。2013 年 10 月，临江市桦树镇小营子村发生故意杀人案，卜凤山第一时间赶赴现场，全力开展侦破工作。他率领专案组行程 9000 余公里，最终将犯罪嫌疑人送上了庄严的法庭。

卜凤山勤政为民、公正廉洁。2013 年，他在查处一起非法占用农地案时，涉案人家属多次找人说情、托人送钱，希望他网开一面，都被他断然拒绝。他始终把群众的冷暖挂在心上。年逾八旬的朝鲜族金老太独自带着刚刚高中毕业的孙子和聋哑孙女生活，卜凤山主动与老人结成帮扶对子，并为其孙子安排就业。辖区特困职工姜某的儿子因伤欠下高额治疗费用，姜某老伴早年病退，女儿无业，卜凤山主动与

卜凤山走访慰问朝鲜族贫困老人

林业局和当地民政部门协调，为其解决了廉租住房和贫困补助，并号召民警集资15000余元，购置了装修材料，利用业余时间帮助装修，使姜某一家住进了温暖的楼房。他对百姓有情有义，对同志倾心帮助，在他的感召下，全局上下形成了人心顺、干劲足、风气正、干群和的良好警营氛围。

卜凤山先后荣立个人二等功一次、三等功三次，临江森林公安分局被评为“全国优秀公安局”。

声音：

“我生在大山里，长在森林中，头顶着国徽，肩上扛着沉甸甸的责任。保护家乡绿色的大森林，能为父老乡亲们做点儿事，是我的光荣，也是我的幸福。我会把自己的一切献给生我养我的土地，为保卫家乡的安宁努力工作。”

——卜凤山

回声：

“民警有什么困难，家里有什么大事，凤山局长都会带领我们局班子成员到场。他在全局民警中享有很高的威望。”

——卜凤山的战友

数字：

带领民警踏遍辖区150多个村屯、8000多个小林班的每一道沟沟岔岔，共查处各类森林案件1033起，为国家挽回经济损失133万余元。

中　篇

评选活动媒体报道

第五届“我最喜爱的人民警察”评选正式启动 首批20名候选人名单公布

（《人民公安报》2014年9月12日）

由公安部和中央电视台联合主办的第五届“我最喜爱的人民警察”评选活动于9月12日正式启动，首批20名候选人名单也新鲜出炉。

党的十八大以来，全国公安机关和广大公安民警深入学习领会、坚决贯彻落实习近平总书记系列重要讲话精神，牢记使命、忠诚履职，在深入推进平安中国、法治中国建设的伟大实践中，为维护社会大局稳定、促进社会公平正义、保障人民安居乐业作出了重要贡献，涌现出一批信念坚定、执法为民、敢于担当、清正廉洁，受到群众喜爱和网民点赞的优秀公安民警。他们长年累月，守护着一方平安；他们心系百姓，始终把人民群众的事当作自己的事；他们严格执法、规范执法，彰显了法治精神；他们面对危险、不怕牺牲，体现了责任担当……他们以人民警察的铮铮誓言和庄严承诺，在奋斗和奉献中实现了人生价值，赢得了人民群众的信赖和支持。

本届评选活动坚持民意为导向，把评判权交给群众，让群众参与、受群众监督、请群众评判，以组织推荐、群众推荐和媒体推荐等多种方式产生候选人，通过社会公众评选（在部分重点网站开设网络投票等）和评委会评选确定10位“我最喜爱的人民警察”当选者。评选期间，中央主要媒体将集中展播候选人事迹，主要新闻和商业网站将开设专题网页，接受群众推荐、投票和监督、举报。此外，评选活动还将通过组织现场推介会和网络访谈等形式，让候选人与群众、网民面对面、键对键互动交流，报告工作、接受评议。评选结果将于10月中下旬揭晓。

今天公布的首批20名候选人，既有扎根基层、无私奉献的爱民模范，也有打击犯罪、保民平安的岗位先锋，还有危急关头冲锋在前、英勇无畏的公安尖兵。如，经常面临危险、始终冲在侦查处置绑架、涉枪、涉爆等大要案件最前线的北京市公安局反恐怖总队副总队长曹志刚；身患尿毒症、透析230余次，仍拖着肿胀双腿在一线执勤的吉林省汪清县公安局交警大队城区中队指导员崔光日；带领专案组历时一年、辗转数地，成功破获葛兰素史克（中国）公司涉嫌商业贿赂案的湖南省长沙市公安局经济犯罪侦查支队支队长胡志国；从警22年、直接参与或指挥侦破各类刑事案件2400多起、被誉为“神探局长”的福建省晋江市公安局局长陈文荣；坚守戈壁草原、与广大牧民亲如一家，做的好事“多如牛羊”的内蒙古巴彦淖尔市乌拉特后旗公安局潮格温都尔镇派出所民警宝音德力格尔；曾是首批赴海地维和警察、身患重病仍坚守“国门”执法服务第一线的广西南宁市公安局出入境管理支队三大队副大队长潘少锋；科学专业还原案件真相、让漂泊的灵魂有尊严“回家”的江苏省南京市公安局水上分局刑警大队法医陈冶秋……这些广大公安民警的优秀代表，他们有一个共同的名字——“人民警察”，他们有一个共同的特征——“群众喜爱”。

“我最喜爱的人民警察”评选活动自2004年启动以来，至今已成功举办四届，先后评选出了被誉为“中国当代福尔摩斯”的共和国第一代刑侦专家乌国庆，危难时刻挺身而出解救人质、身负重伤的“赤胆英雄”谭纪雄，15000次和死神“过招”的排爆专家王百姓等一大批深受群众喜爱的公安英雄模范人物，在警营内外产生了重大影响，受到了社会各界和广大人民群众的热烈欢迎。

附：第五届“我最喜爱的人民警察”评选首批20名候选人名单

曹志刚，男，43岁，汉族，北京市公安局反恐怖总队副总队长

宝音德力格尔，男，40岁，蒙古族，内蒙古自治区巴彦淖尔市乌拉特后旗公安局潮格温都尔镇派出所民警

崔光日，男，48岁，朝鲜族，吉林省延边朝鲜族自治州汪清县公安局交警大队城区中队指导员

陈冶秋，男，34岁，汉族，江苏省南京市公安局水上分局刑警大队法医

阮林根，男，46岁，汉族，浙江省台州市公安局椒江分局海门派出所副所长

陈文荣，男，43岁，汉族，福建省晋江市公安局局长

吕　凯，男，30岁，汉族，江西省公安厅交警总队直属三支队中队长

李权卿，男，46岁，汉族，河南省濮阳市公安局治安管理支队民警

胡志国，男，52岁，汉族，湖南省长沙市公安局经济犯罪侦查支队支队长

邬松君，男，38岁，汉族，广东省广州市公安局荔湾区分局便衣侦查大队副大队长

潘少锋，男，40岁，壮族，广西南宁市公安局出入境管理支队三大队副大队长

朱晓军，男，33岁，汉族，四川省甘孜藏族自治州德格县公安局白垭派出所副所长

家新春，男，51岁，汉族，甘肃省兰州市公安局缉毒支队一大队大队长

高尖措，男，50岁，裕固族，青海省祁连县公安局峨堡派出所

教导员

努尔顿·吐鲁生，男，40岁，维吾尔族，新疆阿勒泰地区布尔津县公安局国保大队教导员

刘　安，男，49岁，汉族，北京市公安局丰台分局蒲黄榆派出所民警

于　勇，男，56岁，汉族，吉林省长春市公安局特警支队支队长

郑伯武，男，35岁，汉族，福建省永泰县公安局赤锡派出所所长

张　娟，女，40岁，土家族，湖南省沅陵县公安局刑侦大队刑事技术中队中队长

沈鑫敏，男，24岁，汉族，安徽省公安消防总队合肥市支队庐江县中队特勤班班长

“我最喜爱的人民警察”第二批20名候选人公布

（《人民公安报》2014年9月22日）

由公安部、中央电视台共同举办的第五届“我最喜爱的人民警察”评选活动9月12日启动以来，媒体网站高度关注，广大群众积极参与，产生了热烈反响。截至目前，网站专题网页浏览量8800万余人次，仅新浪、腾讯微博平台相关话题阅读量过1亿人次，网站微博论坛相关评论、留言6万余条，评选活动推出的候选人的先进事迹和感人故事感动了亿万网民群众，他们坚定不移的理想信念、执法为民的爱民情怀、敢于担当的奉献精神赢得了社会各界的普遍赞誉。今天，活动评委会根据各地公安机关和媒体网站、网民群众推荐情况，公布第二批20名候选人名单。

此次公布的候选人名单中，有两个备受社会各界和广大群众高度赞扬并积极推荐的英雄战斗群体，他们是：历经近一年的艰辛努力，缜密侦查，成功侦办刘汉、刘维特大黑社会性质组织犯罪集团案，为弘扬法治、彰显正义、严惩腐败作出突出贡献的“1·10”专案组；在突如其来的地震灾害面前把生的希望留给群众的派出所所长夏大猛、为了抢救群众英勇牺牲的边防战士谢樵、带领队伍连续奋战从废墟中救出多人的消防大队政治教导员陈蓉等云南鲁甸地震抗震救灾公安英雄群体。

在这批候选人中，有一直以来默默奉献、练就过硬素质、发挥关键和攻坚克难作用的业务领军人物、技侦专家、上海市公安局技术侦察总队总队长张宝发，预审专家、浙江省金华市公安局刑侦支队民警陈素青，法医专家、安徽省公安厅物证鉴定管理处副处长陈林；有常年奋战在反恐最前沿或禁毒第一线，每天与犯罪分子斗智斗勇、时刻面临生死考验的新疆和田地区公安局民警木拉提·西日甫江、云南省临沧市公安局禁毒支队支队长高明；还有不少是媒体网站和网民群众直接推荐的，他们以自己的独特视角和切身感受推出了心目中最喜爱的人民警察，如“孤岛”上唯一的公职人员、二十四年如一日守护平安、被农民兄弟称为“家里人”的江苏省宝应县公安局氾水派出所民警李树干，把百姓当亲人、倾心打造平安、成为群众心目中最亮丽“名片”的陕西省西安市公安局韩森寨派出所民警汪勇，被誉为高寒禁区红绿灯下不倒青松、二十六年在一线交通岗秉公执法温情服务的黑龙江省大兴安岭地区加格达奇区公安局交警大队民警牟清元……他们始终坚持党的事业至上、人民利益至上、宪法法律至上，树立了新时期人民警察的良好形象，赢得了广大人民群众的称赞和信任。

据悉，活动评委会还将根据各地推荐、媒体推荐和群众推荐情况，继续推出一批群众喜爱、网民点赞的候选人，有关候选人的先进事迹和感人故事将通过媒体网站微博等进行集中展播。活动期间，有关方面还将组织部分候选人向群众报告工作、走进网络直播间与网民互动等形式，面对面听取群众意见，接受群众评议监督。

附：第五届“我最喜爱的人民警察”评选第二批候选人名单

集　体

侦办刘汉刘维特大黑社会性质组织犯罪集团案专案组

云南鲁甸地震抗震救灾公安英雄群体

个　人

韦汉忠，男，42岁，中国海警海南海警第一支队46001艇代理

枪帆长

高　媛，女，31 岁，北京市公安局网安总队六大队副大队长

祁福孟，男，55 岁，辽宁省大连市公安局开发区分局指挥中心民警

牟清元，男，48 岁，黑龙江省大兴安岭地区加格达奇区公安局交巡警大队民警

张宝发，男，58 岁，上海市公安局技术侦察总队总队长

李树干，男，55 岁，江苏省扬州市宝应县公安局氾水派出所民警

陈素青，男，57 岁，浙江省金华市公安局刑侦支队民警

陈　林，男，49 岁，安徽省公安厅物证鉴定管理处副处长

李向利，男，35 岁，山东省淄博市公安局张店分局西六路派出所民警

王　群，女，46 岁，湖北省武汉市公安局汉阳区分局洲头派出所副所长

陈　冰，男，33 岁，重庆市公安局北部新区分局刑侦支队民警

付　杰，男，35 岁，贵州省黔西南州安龙县公安局禁毒大队大队长

高　明，男，47 岁，云南省临沧市公安局禁毒支队支队长

汪　勇，男，43 岁，陕西省西安市公安局新城分局韩森寨派出所副所长

木拉提·西日甫江，男，38 岁，新疆维吾尔自治区和田地区公安局民警

刘文峰，男，47 岁，新疆生产建设兵团第九师公安局庙尔沟派出所所长

郭　军，男，50 岁，湖北省松滋市公安局信访科科长

邹清林，男，56 岁，郑州铁路公安局洛阳公安处南阳车站派出所民警

第五届“我最喜爱的人民警察”评选活动公布第三批候选人名单 60名候选人接受群众评议

（《人民公安报》2014年10月16日）

由公安部和中央电视台联合主办的第五届“我最喜爱的人民警察”评选活动，今天公布了第三批候选人名单，至此，评选活动60名候选人已全部产生。

此次公布的候选人有多人面对急难险重任务、面对群众危难和暴力犯罪，冲锋在前、敢于亮剑、不怕牺牲、英勇无畏，用热血和生命保卫了百姓平安、捍卫了法律尊严、维护了公平正义。如：北京市石景山区消防支队参谋长刘洪坤和北京市石景山区消防支队八大处消防中队副中队长刘洪魁，为了抢救群众生命财产，在熊熊大火中谱写生命壮歌，感动了亿万群众，被誉为“烈火双雄”；新疆喀什地区莎车县公安局民警邓锋，长期战斗在打击暴恐犯罪第一线，在被暴恐分子刺穿面部的情况下，强忍剧痛，一手托住被切下的下颌，一手掏枪击毙暴徒；广东省佛山市公安局三水分局巡警大队特警中队中队长孙建国，成功处置了多起绑架劫持人质案件，在一次行动中，他果断强攻控制犯罪嫌疑人，并从火中抱出两个煤气瓶；四川省成都市公安局金牛区分局沙河源派出所民警刘军，与驾车歹徒展开英勇搏斗，被撞成重伤；广西壮族自治区崇左市公安边防支队那艾边防派出所副所长唐蔚宣，迎着歹徒的子弹和尖刀，果断开枪击毙歹徒……

这次公布的候选人中，还有长期坚守在环境恶劣、条件艰苦的工作岗位，默默奉献着青春年华的优秀民警。如：从警三十一年坚持扎根边远山区，为维护一方安宁鞠躬尽瘁，牺牲在岗位上的人民的好公仆、海南省东方市公安局天安乡派出所所长吴春忠；八年坚守海拔 4747 米高原、保民平安为民服务的西藏自治区那曲地区班戈县公安局吉江扎西南路便民警务站民警达瓦旺久；二十年驻守在祁连山脉、风雨冰雪中保安全保畅通的青海省海北州祁连县公安局交警大队“帐篷中队”。此外，还有的候选人充分利用信息科技服务群众、创新管理，如研制多种经济实用技防产品并免费为群众安装，深受群众欢迎的警营“发明家”、江苏省苏州昆山市公安局正仪派出所民警郭喜明；研发多个交通管理科技信息化系统，推出一系列便民措施，让市民乐享智能交通便利的福建厦门公安局交警支队科技处民警刘建设等。

这 20 位候选人中许多都是群众和媒体推荐出来的。他们的先进事迹，充分体现了公安民警忠诚履职、执法为民的爱民情怀和奉献精神，展示了公安民警英勇无畏、勇往直前的英雄气概和特别能吃苦、特别能战斗的优良作风，受到社会各界和广大人民群众的普遍赞誉。

第五届“我最喜爱的人民警察”评选活动自 9 月 12 日启动以来，受到社会各界高度关注。中央和地方主要媒体和重点网站进行了集中推介和广泛报道，截至目前，评选活动专题网页浏览量超过 1.6 亿次，微博平台相关话题阅读量逾 2.8 亿人次，网民评论留言 12 万余条。广大网民和群众纷纷被候选人的感人事迹所打动和感染，踊跃推荐自己最喜爱的人民警察。网民纷纷表示，这些优秀警察代表一个个朴实的身影、一个个感人的瞬间，为我们的社会浇铸了和谐稳定的基石，为我们撑起了平安祥和的蓝天。他们是时代的先锋、社会的脊梁，是我们这个时代最可爱的人。

附：第五届“我最喜爱的人民警察”评选第三批候选人名单

“烈火双雄”——

刘洪坤，男，35 岁，北京市石景山区消防支队参谋长（牺牲）

刘洪魁，男，28 岁，北京市石景山区消防支队八大处消防中队副中队长（牺牲）

吴春忠，男，55 岁，海南省东方市公安局天安乡派出所所长（牺牲）

梁智勇，男，42 岁，天津市公安局西青分局巡警支队三大队民警

张凤莹，男，45 岁，河北省承德市承德县公安局刑事侦查大队大队长

陈德骅，男，58 岁，上海市公安局普陀分局桃浦派出所民警

郭喜明，男，47 岁，江苏省苏州市昆山市公安局正仪派出所民警

刘建设，男，33 岁，福建省厦门市公安局交警支队科技处民警

刘培友，男，58 岁，湖南省长沙市公安局天心分局城南路派出所民警

孙建国，男，37 岁，广东省佛山市公安局三水分局巡警大队特警中队长

周博文，男，34 岁，广西壮族自治区梧州市公安局万秀区分局刑侦一大队副大队长

刘　军，男，44 岁，四川省成都市公安局金牛区分局沙河源派出所民警

达瓦旺久，男，31 岁，西藏自治区那曲地区班戈县公安局吉江扎西南路便民警务站站长

“帐篷中队”，青海省海北州祁连县公安局交警大队峨堡中队

张　斌，男，45岁，宁夏回族自治区银川市公安局刑事犯罪侦查局重案侦查支队副支队长

邓　锋，男，38岁，新疆维吾尔自治区喀什地区莎车县公安局伊什库力派出所所长

唐蔚宣，男，33岁，广西壮族自治区崇左市公安边防支队那艾边防派出所副所长

卜凤山，男，50岁，吉林省森林公安局临江森林公安分局局长

张海峰，男，39岁，河北省廊坊市固安县公安局巡警特警大队长

姜　峻，女，39岁，上海市公安局闵行分局刑侦支队民警

胡启飞，男，28岁，四川省绵阳市平武县公安局交警大队火溪河中队指导员

百姓喜爱是最高的褒奖
第五届“我最喜爱的人民警察”评选再推
10名候选人　均为广大群众和网民自发推荐

（《人民公安报》2014年10月21日）

公安工作好不好，群众感受最真切；民警干得怎么样，群众最有发言权。备受关注的第五届“我最喜爱的人民警察”评选活动启动以来，广大群众和网民积极响应、踊跃推荐。在10月16日公布完三批候选人名单后，评委会办公室和评选活动专题网页继续接到大量群众和网民自发推荐的候选对象。根据群众和网民推荐情况，评委会办公室决定，在已公布60位候选人名单的基础上，再增加10位候选人。

这批群众和网民自发推荐的候选人，一个共同的特点就是，他们都深深扎根于基层一线、根植于群众之中，用真心赢得群众感动，用真情温暖千家万户，用行动换来社会安宁。就如同此前公布的那60位候选人一样，他们每一个人背后都有感人至深的故事，都有一片为民奉献的赤诚。他们的付出与担当，让警民心更近、鱼水情更浓。如浙江省宁波市鄞州公安分局钟公庙派出所民警陈怡，作为全市乃至全省为数不多的女社区民警，面对辖区流动人口多、出租房屋多、治安复杂的情况，为了零距离服务群众、维护治安，她搬离自家140多平方米的大房子，专门在社区租个小房，一住就是五六年。凭借女性特有的“手勤、心细、嘴甜”的细腻之功和“自来熟”的豪爽性格，她白天走访、晚上巡逻，短时间内就把社区群众都变成了“老熟人”，把社区每一个街巷里弄、角角落落都摸得清清楚楚。治安岗亭该设在哪里，哪个视频监控需要调整，非机动车怎么停放最合适，社区技防、物防设施如何安装到位，只要是事关社区平安的问题，她都第一时间积极协调解决处理。为加强与群众的交流，掌握辖区社情民意动态，她还专门建立“网上警务室”、“警务 QQ 群”，向辖区群众广泛宣传安全防范知识，通报警情和公开办事制度等内容，架起了警民沟通联系的桥梁。通过陈怡的努力，辖区治安面貌焕然一新，入室盗窃等案件连年下降，从 2008 年的发案 120 余起下降到 2013 年的 10 余起，社区群众亲切地称她为“平安天使”。

此外，这批候选人中还有：对辖区情况了如指掌，把群众最需要的事当作自己最关心的事，被誉为辖区“活地图”、百姓“贴心人”的内蒙古自治区林西县公安局新林镇派出所民警霍耀明；以大爱感动一座城，乐当外来务工人员主心骨的“民生所长”、广西壮族自治区崇左市江州公安分局城南派出所所长梁世军；来有迎声、问有答声、走有送声，在户籍民警岗位上热心、耐心、细心为每一位群众服务，被群众誉为“绽放在窗口的警花”的四川省攀枝花市东区公安分局治安管理大队副大队长陈红；为贫困群众撑起“遮风挡雨的伞”，为特困学生“架起学子育人桥”的“马天民式爱民模范”、辽宁省本溪市公安局交警支队民警关吉文等基层一线民警。

这次公布的被广大群众和网民自发推荐的 10 位候选人，天天生活在群众中间，时刻与老百姓打交道。他们的一举一动、一言一行，人民群众都能看在眼里、记在心里；他们的品德修养、能力水平，人民群众都能亲身感受、直接评判。得到群众推荐、受到群众喜爱，就是对他们、对一位人民警察最高的褒奖、最宝贵的认可。

这 10 位群众和网民自发推荐的候选人是：

陈　怡，女，41 岁，浙江省宁波市公安局鄞州分局钟公庙派出

所民警

霍耀明，男，43岁，内蒙古自治区赤峰市林西县公安局新林镇派出所副所长

梁世军，男，37岁，广西壮族自治区崇左市公安局江州分局城南派出所所长

陈　红，女，42岁，四川省攀枝花市公安局东区分局治安管理大队副大队长

关吉文，男，44岁，辽宁省本溪市公安局交通警察支队明山大队大队长

焦建新，男，38岁，山东省济宁市嘉祥县公安局马村派出所所长

吴明星，男，40岁，吉林省通化市通化县公安局光华派出所所长

申飞飞，男，28岁，山西省长治市壶关县公安局鹅屋派出所指导员

李　晖，女，46岁，湖南省衡阳市第一强制隔离戒毒所民警

李观连，男，38岁，海南省海口市公安局美兰分局大致坡派出所副所长

第五届“我最喜爱的人民警察”评选结果揭晓

（《人民公安报》2014年11月4日）

群众喜爱是最高褒奖。备受社会各界关注的第五届“我最喜爱的人民警察”评选活动3日正式揭晓评选结果。侦办刘汉刘维特大黑社会性质组织犯罪集团案专案组、上海市公安局技术侦察总队总队长张宝发等10位候选对象光荣当选“我最喜爱的人民警察”，因公牺牲的“烈火双雄”、北京市石景山区消防支队参谋长刘洪坤、副中队长刘洪魁和“焦裕禄式的好民警”、海南省东方市公安局天安派出所所长吴春忠被授予“特别致敬奖”，带领专案组侦办葛兰素史克中国公司商业贿赂犯罪案的湖南省长沙市公安局经侦支队支队长胡志国等20位候选对象获得特别奖，北京市公安局网安总队六大队副大队长高媛等38位候选对象获得提名奖。颁奖典礼于3日晚在湖北省武汉市隆重举行。

近年来，特别是党的十八大以来，全国公安机关和广大公安民警深入学习领会、坚决贯彻落实习近平总书记系列重要讲话精神，牢记使命、忠诚履职，为深入推进平安中国、法治中国建设作出了重要贡献，涌现出一批信念坚定、执法为民、敢于担当、清正廉洁，受到群众喜爱和网民点赞的优秀公安民警。为集中宣传和表彰这些优秀公安民警，激励全体公安民警更好地肩负起维护社会大局稳定、促进社会公平正义、保障人民安居乐业的神圣使命，结合党的群众路线教育实践活动，公安部与中央电视台于今年9月联合启动了第五届“我最喜爱的人民警察”评选活动。

公安工作好不好，群众感受最真切；民警干得怎么样，群众最有发言权。本届评选活动始终坚持民意导向，把评判权交给群众，让群众参与、受群众监督、请群众评判，以组织推荐、群众推荐和媒体推荐等多种方式产生四批70位候选对象。评选期间，所有候选对象的事迹均通过媒体网站向社会公开展示，接受群众推荐、投票和监督、举报。评选活动启动以来，受到社会各界持续高度关注。中央和地方主要媒体和重点网站进行了集中推介和报道，取得了广泛的社会影响。截至目前，评选活动专题网页浏览量超过4亿人次，微博平台相关话题阅读量超过6亿人次，网民评论留言达30万余条。

经过社会公众和评委会共同评选产生的10位“我最喜爱的人民警察”当选者是：成功侦办党的十八大以来全国打黑第一案——刘汉刘维特大黑社会性质组织犯罪集团案的专案组；始终冲在处置绑架、涉枪、涉爆等大要案件最前面，在危急关头舍生忘死的北京市公安局反恐怖总队副总队长曹志刚；忠诚守护戈壁草原、做好事“多如牛羊”的内蒙古巴彦淖尔市乌拉特后旗公安局潮格温都尔镇派出所民警宝音德力格尔；身患尿毒症仍长期坚守在他热爱的交通执勤岗位上的吉林省汪清县公安局交警大队城区中队指导员崔光日；在技侦战线默默奉献数十年、经常在重大案件侦办中发挥关键作用的“技侦专家”、上海市公安局技术侦察总队总队长张宝发；让“枫桥经验”在社区警务中升华、用真情赢得辖区群众信任的浙江省宁波市公安局鄞州分局钟公庙派出所民警陈怡；与歹徒搏斗先后两次负伤，把群众当作亲人、用温情书写大爱的福建省永泰县公安局赤锡派出所所长郑伯武；出生入死行走在缉毒一线，带领一支特别能战斗的队伍屡破毒品大案的“缉毒先锋”、云南省临沧市公安局禁毒支队支队长高明；奋战在反恐最前沿，对暴恐犯罪毫不手软、果断亮剑的新疆和田地区公安局民警木拉提·西日甫江；把二十二年青春年华奉献给蓝色海疆，精通多项过硬技能、屡屡发挥“尖刀”作用的“超级战士”、中国海警海南海警第一支队46001艇代理枪帆长韦汉忠。

此外，为表彰在打击犯罪、维护平安、服务群众、抗震救灾中作出突出贡献的优秀公安民警，评委会授予带领专案组历时一年成功侦办葛兰素史克中国公司商业贿赂犯罪案的湖南省长沙市公安局经济侦查支队支队长胡志国等20位候选对象特别奖；授予北京市公安局网安总队六大队副大队长高媛等38位候选对象提名奖。本届评选活动还专门授予“烈火双雄”刘洪坤、刘洪魁和“焦裕禄式的好民警”吴春忠“特别致敬奖”，以此向为维护国家长治久安、人民幸福安宁英勇牺牲的公安民警和公安边防、消防官兵致敬。

人力资源社会保障部、公安部决定，授予第五届“我最喜爱的人民警察”当选者“全国公安系统一级英雄模范”荣誉称号，授予特别奖获得者“全国公安系统二级英雄模范”荣誉称号，授予提名奖获得者“全国特级优秀人民警察”荣誉称号。

这些公安战线的优秀代表，无论是在偏远山区，还是在边境海疆，无论是扎根基层，还是冲在前线，他们和他们身后的千千万万名人民警察，都始终站在时代的前列、扎根脚下的沃土，以对党、对国家、对人民、对法律的绝对忠诚，用汗水、鲜血直至生命，依法维护人民权益、维护社会公平正义、维护国家安全稳定。他们是时代的先锋、社会的脊梁，是我们这个时代最可爱的人。他们都有一个共同的名字——“人民警察”，他们都有一个共同的特征——“群众喜爱”。

让英雄走进荣誉的殿堂，让楷模接受人民的褒奖。11月3日晚，第五届“我最喜爱的人民警察”评选活动颁奖典礼在湖北省武汉市隆重举行。颁奖典礼通过一部部催人泪下的专题片、一段段饱含深情的致敬词和获奖感言，生动诠释了人民警察人民爱、人民警察为人民的鱼水情深。典礼盛况将于近日在中央电视台综合频道和新闻频道黄金时间播出。

“我最喜爱的人民警察”评选活动是公安部和中央电视台共同举办的一项重要品牌性活动，2004年以来已成功举办过四届，先后评选出了被誉为“中国当代福尔摩斯”的共和国第一代刑侦专家乌国庆，危难时刻挺身而出解救人质、身负重伤的“赤胆英雄”谭纪雄，15000次和死神“过招”的排爆专家王百姓等一大批深受群众喜爱的公安英雄模范人物，在警营内外产生了重大影响。

第五届“我最喜爱的人民警察”评选活动当选者名单

侦办刘汉刘维特大黑社会性质组织犯罪集团案专案组（以肖传家、李仁喜、田红强、吴俊为代表）

曹志刚，男，43岁，北京市公安局反恐怖总队副总队长

宝音德力格尔，男，40岁，内蒙古自治区巴彦淖尔市乌拉特后旗公安局潮格温都尔镇派出所民警

崔光日，男，48岁，吉林省延边朝鲜族自治州汪清县公安局交警大队城区中队民警

张宝发，男，58岁，上海市公安局技术侦察总队总队长

陈　怡，女，41岁，浙江省宁波市公安局鄞州分局钟公庙派出所民警

郑伯武，男，35岁，福建省福州市永泰县公安局赤锡派出所所长

高　明，男，47岁，云南省临沧市公安局禁毒支队支队长

木拉提·西日甫江，男，38岁，新疆维吾尔自治区和田地区公安局民警

韦汉忠，男，42岁，中国海警海南海警第一支队46001艇代理枪帆长

第五届“我最喜爱的人民警察”评选活动特别致敬奖名单

向党的十八大以来，以“烈火双雄”、吴春忠为代表的，为维护国家长治久安、人民幸福安宁英勇牺牲的700多名公安民警和边防、

消防官兵致敬。

"烈火双雄"——

刘洪坤，男，35岁，北京市石景山区消防支队参谋长（牺牲）

刘洪魁，男，28岁，北京市石景山区消防支队八大处消防中队副中队长（牺牲）

吴春忠，男，55岁，海南省东方市公安局天安乡派出所所长（牺牲）

第五届"我最喜爱的人民警察"评选活动特别奖获得者名单

云南鲁甸地震抗震救灾公安英雄群体（以谢樵、夏大猛、陈蓉为代表）

胡志国，男，52岁，湖南省长沙市公安局经侦支队支队长（葛兰素史克专案主侦人员）

陈文荣，男，43岁，福建省晋江市公安局局长

刘　安，男，49岁，北京市公安局丰台分局蒲黄榆派出所民警

祁福孟，男，55岁，辽宁省大连市公安局开发区分局指挥中心民警

牟清元，男，48岁，黑龙江省大兴安岭地区加格达奇区公安局交警大队民警

陈德骅，男，58岁，上海市公安局普陀分局桃浦派出所民警

李树干，男，55岁，江苏省扬州市宝应县公安局氾水派出所民警

陈素青，男，57岁，浙江省金华市公安局刑侦支队民警

陈　林，男，49岁，安徽省公安厅物证鉴定管理处副处长

李权卿，男，46岁，河南省濮阳市公安局治安管理支队民警

王　群，女，46岁，湖北省武汉市公安局汉阳区分局洲头街派出所副所长

张　娟，女，40岁，湖南省怀化市沅陵县公安局刑侦大队刑事技术中队中队长

孙建国，男，37岁，广东省佛山市公安局三水分局巡警大队特警中队长

潘少锋，男，40岁，广西壮族自治区南宁市公安局出入境管理支队三大队副大队长

陈　冰，男，33岁，重庆市公安局北部新区分局刑事侦查支队技术室民警

朱晓军，男，33岁，四川省甘孜州德格县公安局白垭派出所副所长

汪　勇，男，43岁，陕西省西安市公安局新城分局韩森寨派出所副所长

家新春，男，51岁，甘肃省兰州市公安局缉毒支队一大队大队长

邹清林，男，56岁，郑州铁路公安局洛阳公安处南阳车站派出所民警

第五届“我最喜爱的人民警察”评选活动提名奖获得者名单

高　媛，女，31岁，北京市公安局网安总队六大队副大队长

梁智勇，男，42岁，天津市公安局西青分局巡警支队三大队民警

张海峰，男，39岁，河北省固安县公安局巡警特警大队长

张凤莹，男，45岁，河北省承德县公安局刑事侦查大队大队长

申飞飞，男，28岁，山西省长治市壶关县公安局鹅屋派出所指导员

霍耀明，男，43岁，内蒙古自治区赤峰市林西县公安局新林镇派出所副所长

关吉文，男，44岁，辽宁省本溪市公安局交通警察支队明山大队大队长

于　勇，男，56岁，吉林省长春市公安局特警支队支队长

吴明星，男，40岁，吉林省通化市通化县公安局光华派出所所长

姜　峻，女，39岁，上海市公安局闵行分局刑侦支队民警

郭喜明，男，47岁，江苏省苏州昆山市公安局正仪派出所民警

陈治秋，男，34岁，江苏省南京市公安局水上分局刑警大队法医

阮林根，男，46岁，浙江省台州市公安局椒江分局海门派出所副所长

刘建设，男，33岁，福建省厦门市公安局交警支队科技信息通信处民警

吕　凯，男，30岁，江西省公安厅交警总队直属三支队中队长

李向利，男，35岁，山东省淄博市公安局张店分局西六路派出所民警

焦建新，男，38岁，山东省济宁市嘉祥县公安局马村派出所所长

郭　军，男，50岁，湖北省松滋市公安局信访科科长

刘培友，男，58岁，湖南省长沙市公安局天心分局城南路派出所民警

李　晖，女，46岁，湖南省衡阳市第一强制隔离戒毒所民警

邬松君，男，38岁，广东省广州市公安局荔湾区分局便衣侦查大队副大队长

周博文，男，34岁，广西壮族自治区梧州市公安局万秀区分局刑侦一大队副大队长

梁世军，男，37岁，广西壮族自治区崇左市公安局江州分局城南派出所民警

李观连，男，38岁，海南省海口市公安局美兰分局大致坡派出所副所长

刘　军，男，44岁，四川省成都市公安局金牛区分局沙河源派出所民警

胡启飞，男，28岁，四川省绵阳市平武县公安局交警大队事故中队副中队长

陈　红，女，42岁，四川省攀枝花市公安局东区分局治安管理大队副大队长

付　杰，男，35岁，贵州省安龙县公安局禁毒工作大队大队长

达瓦旺久，男，31岁，西藏自治区那曲地区班戈县公安局吉江扎西南路便民警务站站长

高尖措，男，50岁，青海省海北州祁连县公安局峨堡派出所教导员

“帐篷中队”——青海省海北州祁连县公安局交警大队峨堡中队

张　斌，男，45岁，宁夏回族自治区银川市公安局刑事犯罪侦查局重案侦查支队副支队长

唱响人民警察的英雄赞歌——第五届“我最喜爱的人民警察”群像

（新华社 2014 年 11 月 17 日）

近日，第五届“我最喜爱的人民警察”评选活动揭晓。这些公安战线的优秀代表，无论是在偏远山区，还是在边境海疆；无论是扎根基层，还是冲在前线，他们和他们身后的千千万万名人民警察，始终站在时代的前列，扎根脚下的沃土，用汗水、鲜血直至生命，依法维护人民权益、维护社会公平正义、维护国家安全稳定。

舍生忘死，他们是百姓的守护者

“我是警察，别动！”这是北京市公安局反恐怖总队副总队长曹志刚每次行动时最先吼出的话。从警二十多年、制服过几百个犯罪嫌疑人的曹志刚说：“我们最怕的不是在行动中受伤甚至牺牲，我们最怕的是没有保护好人质的安全。人质的生命高于一切。”

新疆维吾尔自治区和田地区公安局民警木拉提·西日甫江，目睹了许多战友的牺牲和离别，“反恐工作关乎我们新疆的未来。人民群众跟我们在一起，坚定勇敢地和恐怖分子作斗争，有人民群众的支持，我就无所畏惧。”木拉提说。

与木拉提一样，云南省临沧市公安局禁毒支队支队长高明在十七年缉毒生涯中，曾多次身处险境，又总能化险为夷。“临沧禁毒牺牲了16名缉毒警察，但为了祖国的禁毒事业，我们不会停止脚步。”

平凡坚守，他们是群众的知心人

浙江省宁波市公安局鄞州分局钟公庙派出所民警陈怡，凭着女性特有的细腻和“自来熟”的豪爽性格，把社区群众都变成了“老熟人”。通过她的努力，辖区治安面貌焕然一新，入室盗窃等案件从2008年发案120余起下降到2013年的10余起。

内蒙古自治区巴彦淖尔市乌拉特后旗公安局潮格温都尔镇派出所民警宝音德力格尔，奔走在1600多平方公里的辖区中。当了十七年警察，宝音骑坏了6辆摩托车，每年平均行程6万多公里，总里程相当于绕地球25圈。牧民们说：“草原上的牛羊有多少，宝音做的好事就有多少。”

对于吉林省延边州汪清县公安局交警大队城区中队民警崔光日来说，爱民、为民，是他与病魔不断作斗争的动力。2012年，崔光日被确诊为尿毒症，因同时患有严重的糖尿病，无法接受肾移植手术，只能靠血液透析来维持生命。尽管如此，他仍坚守在交通执勤一线，“我还没有到要躺在床上等死的地步，上岗工作，让我觉得每一天都有意义。”

保家卫国，他们让我们看到了信仰的力量

“在海上执行任务的日子里，我每天凌晨值班，看着朝阳跃出海面，金色的阳光洒满祖国的疆海，身后桅杆上鲜艳的五星红旗随风飘扬，是我最自豪的时刻。”中国海警海南海警第一支队46001艇代理枪帆长韦汉忠和战友们，在浩瀚的大海上，维护国家的主权、安全和发展利益，用每一场较量来书写海疆的和平安宁。

“你是不是能做到一辈子守口如瓶、把秘密烂在肚子里？你是不是能够忠于国家，不计名利，一辈子坚守在这个隐秘的战线？技侦工作，靠的就是我们内心坚定不移的信仰。”这是上海市公安局技侦总队总队长张宝发几十年来的坚持。他所带领的队伍在茫茫人海和海量信息里，寻踪觅迹、屡破大案。

近一年时间里，侦办刘汉刘维特大黑社会性质组织犯罪集团案的“1・10”专案组不畏艰险、攻坚克难，辗转大半个中国，取证、讯问、研判……最终，横行四川20余年的黑社会性质犯罪集团骨干全部落网并被送上法庭审判。这支拉得出、打得赢的钢铁队伍，让人民群众在每一起案件中感受到公平正义。

刘洪坤、刘洪魁，这对在2013年北京石景山喜隆多市场火灾中英勇牺牲的“烈火双雄”，带着对公安事业的无限忠诚和热爱，永远地离开了我们；吴春忠，这位来自海南的派出所所长也因积劳成疾，永远地倒在了工作岗位上……

“我最喜爱的人民警察”——这沉甸甸的荣誉，是英雄们用生命和汗水铸造的全国200万公安民警的群像。人民警察，在推进平安中国、法治中国建设中，将继续奋勇向前！

下　篇

颁奖典礼媒体报道

人民喜爱是至高无上的荣光

（《人民公安报》2014 年 11 月 5 日）

喜爱，一个多么朴素的字眼；喜爱，人民群众最崇高的礼赞！

受到习近平总书记亲切会见的全国公安机关爱民模范集体代表和爱民模范，刚刚接受人民的检阅，又传来第五届“我最喜爱的人民警察”评选活动揭晓的喜讯。获得此次殊荣的，不论是 10 位当选的“我最喜爱的人民警察”，还是特别奖、提名奖获得者，都是人民群众的最爱。为他们骄傲，为他们自豪，他们无愧于人民警察的光荣称号！

公安工作好不好，群众感受最真切；民警干得怎么样，群众最有发言权。由公安部和中央电视台联合主办的第五届“我最喜爱的人民警察”评选活动于 9 月 12 日启动以来，媒体网站的高度关注，人民群众的积极参与，可以说，引起的强烈反响是空前的、宏大的。仅活动专题网页浏览量就超过 4 亿人次，微博平台相关话题阅读量逾 6 亿人次，网民评论留言超过 30 万条。综观整个评选活动过程，就像一首读之不尽的长诗，让人回味、让人思考、让人奋进！

党的十八大以来，全国公安机关和广大民警深入学习领会，坚决贯彻落实习近平总书记系列重要讲话精神，牢记使命，忠诚履职，在深入推进平安中国、法治中国建设的伟大实践中，为维护社会大局稳定、促进社会公平正义、保障人民安居乐业作出了重要贡献，涌现出一大批信念坚定、执法为民、敢于担当、清正廉洁，受到人民群众喜爱和网民点赞的优秀公安民警。这次评选的“我最喜爱的人民警察”，就是群众广泛参与推荐出的优秀代表。

人民警察来自人民、植根人民，全心全意为人民服务是公安机关的根本宗旨。我们欣喜地看到，这些深受人民群众喜爱的优秀警察，既有扎根基层、无私奉献的爱民模范，也有打击犯罪、保民平安的岗位先锋，还有危急时刻冲锋在前、英勇无畏的公安尖兵……正是他们以人民警察的铮铮誓言和庄严承诺，以坚定不移的理想信念、执法为民的爱民情怀、敢于担当的奉献精神，使人民群众看在眼里、记在心头，才赢得了人民群众给予的崇高褒奖。

“我最喜爱的人民警察”评选活动充分证明，群众在我们心中有多重，我们在群众的心中就有多重；我们对群众的感情有多深，群众对我们的感情就有多深。只有真正把群众的安危冷暖放在心上，及时了解人民群众的所思、所盼、所忧、所急，才能赢得人民群众发自内心的拥护和支持，才能不断巩固我们党的执政根基、筑牢维

获奖民警庄严敬礼

护稳定的铜墙铁壁。

榜样的力量是无穷的。对祖国、对人民的爱，是一名人民警察最深沉、最有力量的情感。我们深信，各级公安机关和广大民警只要坚决贯彻落实十八届四中全会精神和习近平总书记系列重要讲话精神，珍惜荣誉、砥砺奋进，牢记使命、不负重托，严格公正文明执法，自觉践行社会主义核心价值观，在全面推进依法治国中发挥主力军作用，就一定能在各自的工作岗位上为党和人民再立新功。我们深信，不论何时，不论何地，只要有人民群众的理解与支持、信任与爱戴，必将促使更多备受喜爱的人民警察不断涌现，必将促使“警爱民、民拥警”这一朵朵和谐之花绽放得更加精彩、更加绚丽！

“我最喜爱的人民警察”颁奖典礼感人肺腑 央视综合频道9日晚黄金时段将播出典礼盛况

（《人民公安报》2014年11月8日）

由公安部和中央电视台共同主办的第五届“我最喜爱的人民警察”评选活动颁奖典礼盛况将于11月9日晚黄金时段在中央电视台综合频道首播，并将于13日上午9时在中央电视台新闻频道重播。公安部日前专门下发通知，要求各地公安机关组织广大公安民警认真收看颁奖典礼盛况，并紧密结合学习贯彻习近平总书记在会见全国公安机关爱民模范集体代表和爱民模范时的重要讲话精神，组织开展向参选民警学习活动，激励和鼓舞广大公安民警学习先进、扎实工作、开拓进取，为深入推进平安中国、法治中国建设，为全面建成小康社会和实现中华民族伟大复兴的中国梦作出新的更大贡献。

记者了解到，颁奖典礼以全国公安机关和广大公安民警对党、对国家、对人民、对法律的赤胆忠诚为创作主题，分为热血篇、为民篇、信仰篇、缅怀与誓言篇四个篇章。与往届相比，本届评选活动颁奖典礼更加突出当选民警的感人故事和信仰追求，以当选者的感人故事为主线，集中展示了近年来，特别是党的十八大以来，全国公安机关和广大公安民警深入学习领会、坚决贯彻落实习近平总书记系列重要讲话精神，牢记使命、忠诚履职，为深入推进平安中国、法治中国建设，为依法维护人民权益、维护社会公平正义、维护国家安全稳定所作出的突出贡献，充分展现了公安机关和公安民警的蓬勃朝气、昂扬锐气、浩然正气。

颁奖典礼虽然时长只有110分钟，但感动将会贯穿广大观众情绪的始终。典礼上，肖传家、李仁喜、田红强、吴俊这“四剑客”将会代表刘汉、刘维特大黑社会性质组织犯罪集团案专案组，为您还原这个警界精英团队历时近一年、辗转十多个省市、行程数万公里，彻底铲除祸害四川二十余年社会毒瘤的艰辛历程；典礼上，新疆维吾尔自治区和田地区公安局民警木拉提·西日甫江的工作经历和感人故事会告诉您，为保卫人民群众生命财产安全，常年奋战在打击暴恐犯罪最前沿的新疆反恐民警是如何每天与残暴的犯罪分子斗智斗勇、果断亮剑的，以及他们为之付出的巨大牺牲奉献；典礼上，您还会看到，冲在无数绑架、涉枪涉爆等大要案件处置最前沿的“铁血英雄”、北京市公安局反恐怖总队副总队长曹志刚和被他成功解救的女大学生相互鼓励，身患尿毒症仍坚守在交通执勤岗位的吉林省汪清县公安局交警大队城区中队指导员崔光日和他的妻子互诉衷肠……

此外，典礼还将以“沙画”的艺术形式，生动再现内蒙古自治区巴彦淖尔市乌拉特后旗公安局民警宝音德力格尔、浙江省宁波市公安局鄞州分局钟公庙派出所民警陈怡、福建省福州市永泰县公安局赤锡派出所所长郑伯武这三位社区民警用真心赢得群众信任、用真情温暖千家万户的感人故事。

每个民警的故事都让人感动不已

颁奖典礼

还有一个很大的“突破”，就是将以往神秘而不为人知的公安技侦民警从幕后推向了前台。无数大案要案侦破背后的无名英雄——上海市公安局技术侦察总队总队长张宝发讲述公安技侦人依法使用技侦这一“利器”在打击犯罪，特别是高科技犯罪中发挥的重要作用。当抓获《沙家浜》里“胡司令”原型的丁兆甲老人等10位技侦老前辈出现在典礼现场并接受全场致敬时，吸引了所有人的目光。

10位公安技侦战线的退休民警向“我最喜爱的人民警察”及观众致意

为人民而牺牲，是一种伟大的光荣，又是一份撕心裂肺的痛楚。颁奖典礼“特别致敬”环节，当“烈火双雄”刘洪坤、刘洪魁的遗体从废墟中被挖出、战友们跪成一片痛哭失声的画面出现在大屏幕时，当英雄的父母颤巍巍走上舞台深情回忆他们的好儿子生前的点点滴滴、虽然痛彻心肺但仍引以为豪时，当2012年以来为维护国家长治久安、人民幸福安宁英勇牺牲的1186名公安民警的名字一个个出现在闪烁着光辉的英烈墙上时，观众席里泪如雨下，无法言状的感动在每一个人心中传递。

“祖国终将选择忠诚于祖国的人，祖国终将记住奉献于祖国的人”，颁奖典礼结束时的两句话，在震撼所有人心灵的同时，也将典礼气氛推向了最高潮。

奖杯里的期待，金盾下的荣光
第五届“我最喜爱的人民警察”评选揭晓暨颁奖典礼侧记

（《人民公安报》2014 年 11 月 5 日）

“我是第一届‘我最喜爱的人民警察’评选获奖者毛建东。这奖杯沉甸甸的。写在警察前面的‘人民’二字，让我们时时刻刻重任在肩。”

往届当选者代表和第五届获奖者向“我最喜爱的人民警察”奖杯敬礼

11月3日晚，第五届“我最喜爱的人民警察”评选揭晓暨颁奖典礼在江城武汉隆重举行。前四届评选活动的获奖代表依次庄严传递着光荣的奖杯。这奖杯上，镌刻着奉献与牺牲，承载着荣誉和期待。

“我是第四届‘我最喜爱的人民警察’评选获奖者潘琴。这奖杯饱含期待。来自人民群众的每一份褒奖，都是我们出发、出发、再出发的号角！让我们共同期待、共同见证新一届的光荣！”

今夜，光荣绽放。如潮的掌声中，属于人民警察的英雄赞歌再度唱响。第五届“我最喜爱的人民警察”候选人将在这里接受来自人民群众最高的褒奖。

担重任在前路
舍生忘死、赤胆英雄演绎高亢赞歌

一名合格的人民警察，要有舍生忘死的牺牲精神，有千锤百炼的过硬技能，更要有把每一位百姓当成亲人去呵护的侠胆柔情。对于从警二十多年、制伏过几百名犯罪嫌疑人的北京市公安局反恐怖总队副总队长曹志刚来说，“为什么要当警察”是一个早就用行动做了回答，而且仍在用生命里的每一天继续回答的问题。

“我是警察，别动！”每次行动都是曹志刚最先吼出这句话，危急关头，他总是冲在最前面。“其实我们最怕的不是在行动中受伤甚至牺牲，我们最怕的是没有保护好人质的安全。对我们这个职业来讲，人质的生命高于一切。”曹志刚朴素的话语，赢得在场观众的热烈掌声。

人民警察的英勇无畏换来的是被劫持人质的生命。晚会现场，在北京大兴劫持人质事件中被曹志刚和队友们成功解救的女大学生王成程走上台来，为曹志刚颁奖。

对犯罪分子的无情，来自于对人民群众的深情。在新疆维吾尔自治区和田地区公安局民警木拉提·西日甫江看来，暴徒袭击时，人民群众向民警伸出的那一双双理解、支持的手，是对他们最大的鼓舞。

“我后面有人，有我们的人，我就只管往前冲。”和田是暴力恐怖斗争的前沿阵地，木拉提已经目睹了许多战友的牺牲和离别，尽管这样，他的步伐仍然坚实有力，因为他知道，他的身后是无数支持正义事业的各族群众。

“十几年的反恐工作经历使我深刻认识到，反恐工作关乎我们新疆的未来。令我欣慰的是，许许多多的人民群众跟我们在一起，坚定勇敢地和恐怖分子作斗争，有人民群众的支持，我就无所畏惧。人民群众是我们强大的后盾。”木拉提说。

多年奋战在反恐一线，木拉提与家人聚少离多。这次参加颁奖典礼，也是他和妻子结婚十二年来，第一次全家人一起离开和田。欢快的民族音乐响起，上台颁奖的两个可爱的孩子与父亲一起跳起了新疆舞。观众们和着音乐的节拍，用掌声为这位反恐英雄和孩子们伴奏。

云南省临沧市公安局禁毒支队支队长高明经常要在工作中扮演“卧底”的角色。十七年缉毒生涯中，他曾多次身处险境，又总能化险为夷，靠的是什么？

“最重要的是卧底之前对案件的研判和经营。以什么样的身份卧底，团队如何配合，我们都做了充分准备。当然，有时事发突然，可能被嫌疑人认出，这时候考验的就是心理素质、应变能力和胆量，还要有不怕牺牲、敢于牺牲的心理准备。我们临沧禁毒队伍自 1982 年来已经牺牲了 16 名缉毒警察，但为了祖国的禁毒事业，我们不会停止脚步。”十七年来，高明把不动声色的卧底岁月演绎得有声有色，把经年累月的无声较量演奏成热血华章。

听感动在吟唱
平凡坚守、点滴为民汇成大爱长河

爱祖国、爱人民，是最深沉、最有力量的情感，是博大之爱。平安中国、法治中国，不仅要有平安之“剑”、法治之“刚”，也要有群众身边触手可及的关切与柔情。颁奖晚会现场，节目组用沙画的特殊形式，通过主持人海霞的讲述，将郑伯武、宝音德力格尔、陈怡三位社区民警的动人故事娓娓道来。

在儿子看来，福建省永泰县公安局赤锡派出所所长郑伯武是个最不靠谱的老爸，答应自己的事没几项能做到。可是，儿子在作文最后这么说，“虽然老爸不靠谱，但我还是很爱他，因为他是个好警察，做的是一件光荣的事。”

“为了这次录制，我们一家三口第一次出远门，儿子从来没像这次一样与我朝夕相处这么多天，他可高兴坏了。儿子跟我说，‘老爸，以前的事一笔勾销，我原谅你了’。”听到郑伯武讲述孩子天真的话语，在场观众们忍不住都笑了。笑过之后，人们用热烈的掌声传递着对这位社区民警的敬意。

一心扑在工作上的，还有内蒙古自治区乌拉特后旗公安局潮格温都尔镇派出所民警宝音德力格尔。

宝音的辖区有多大？1600多平方公里。当了十七年警察，宝音骑坏了6辆摩托车，算下来，每年平均行程6万多公里，总里程相当于绕地球25圈。有一次，他在下社区的路上遇到沙尘暴跌落深沟，在戈壁荒漠中昏迷了整整两天，被一位72岁的牧民救起。宝音不仅是片警，还是牧民的邮递员、技术员。牧民们都说：“草原上的牛羊有多少，宝音做的好事就有多少。”

一个人，平均每天要走100多公里路，经常走很久也看不到一个人，路上孤独吗？“习惯了，也就不觉得。我的牧民离不开我，我也离不开他们。”这朴实的话语，这真挚的笑容，让许多观众湿了眼角。

与宝音相比，浙江省宁波市公安局钟公庙派出所民警陈怡的辖区可就小多了，面积不足1平方公里。但这里人口密集，外来人口多，工业区、大型商贸中心还有城中村，大家有什么事都找她。六年来，陈怡办过的好事、实事数不清，她说："社区工作就怕认真二字。当群众真切感受到你在用心做，做得很不容易，他们也就设身处地为你着想了，很多事情也就迎刃而解了。"

爱民之事皆溪流，小溪可成江河；平凡日夜皆细碎，琐碎铸就豪迈。对于吉林省汪清县公安局交警大队城区中队民警崔光日来说，爱民、为民，就是他与病魔不断作斗争的动力。

2012年8月，崔光日被确诊为尿毒症，同时还患有严重的糖尿病，无法接受肾移植手术，只能靠血液透析来维持生命。尽管每周都需要做三次透析，但他仍然坚守在热爱的交通执勤一线。"我还没有到要躺在床上等死的地步，上岗工作，让我觉得每一天都有意义。我最大的心愿就是坚持到退休那一天，唯一愧对的是我的爱人，这辈子，她跟着我受苦了。"

崔光日的妻子沈英爱，在丈夫患病后不离不弃，靠打工的收入为丈夫治病。晚会现场，她换上漂亮的民族服装为丈夫颁奖。"无论多难，我们都一起走过来了，我们是一辈子的患难夫妻，没什么可后悔的。许多时候，我还是希望能出现奇迹，尽管我知道，这几乎不可能……"说到这里，她已经哽咽。许多观众抑制不住感动，不停擦拭着眼角汹涌而出的泪水。

无愧于人民，无愧于警徽。一个个优秀民警的执著与坚守，让人们感受到了平静中的力量、琐碎中的伟大。

看信念在传承
不畏寂寞、坚守信仰筑起无形丰碑

“海上美吗？太美了。在海上执行任务的日子里，我每天值凌晨的班，看着朝阳跃出海面，金色的阳光洒满祖国的疆海，身后的桅杆上鲜艳的五星红旗随风飘扬，这是我最自豪的时刻。”

中国海警海南海警第一支队 46001 艇代理枪帆长韦汉忠所描绘的图景，让观众们也为之陶醉。在浩瀚的大海上，维护国家的主权、安全和发展利益，是海警队伍的神圣职责。伟大祖国的主权神圣不可侵犯，韦汉忠和战友们用每一场较量来勾勒，靠每一尺每一寸的坚持来书写。

舰长朱雪松按照韦汉忠的嘱托，带来了执行任务时悬挂的五星红旗，尽管这面五星红旗在风雨的洗礼下已经有些发白，但在海警的心中，它就象征着强大的祖国。“护我主权，扬我国威，祖国万岁！”四名海警队员向国旗敬礼，他们的信念震撼着在场的每一位观众。

对人性的考验，对信仰的考验，这是上海市公安局技侦总队总队长张宝发几十年来所面临的。“你是不是能做到一辈子守口如瓶、把秘密烂在肚子里？你是不是能够忠于国家，不计名利，一辈子坚守在这个隐秘的战线？技侦工作，靠的就是我们内心坚定不移的信仰。”

在茫茫人海中、在海量信息里，他所带领的队伍抽丝剥茧、寻踪觅迹、屡破大案，在历史的积淀中，他所代表的技侦人始终站在时代进步的潮头，也怀揣着传奇而动人的故事。

令人惊喜的是，公安技侦人——这一特殊而又神秘的警察群体中的优秀代表，也来到了晚会现场。

92 岁的技侦老前辈丁老来了，他于 1938 年参加新四军，大家熟知的《沙家浜》里胡司令的原型就是他在 1950 年带队抓获的；80 多岁的密码专家姚老来了，他曾于 1963 年破译特务的重要密码信，阻止了一起重大暗杀事件……新中国成立以来从事公安技侦工作的十位代表来到现场，见证新一代技侦人接受来自人民的崇高褒奖，也收获着迟来的鲜花与掌声。这鲜花和掌声，就是没有颁发的勋章！

在民警们的搀扶下，丁老走上前台，将奖杯庄严地交到张宝发手中。紧紧的拥抱代替了万语千言，紧握的手传递着一代代公安技侦人的信念，眼角的泪花见证着这光荣的时刻。

“这个奖杯属于所有技侦人！”张宝发高举起奖杯。这上面，凝聚的是一代代技侦人的汗水和智慧。

弘扬法治，伸张正义，这是侦办刘汉刘维特大黑社会性质组织犯罪集团案“1·10”专案组的信念。近一年时间里，他们不畏艰险、攻坚克难，辗转了大半个中国，取证、讯问、研判……最终，横行四川二十余年的黑社会性质犯罪集团骨干全部落网并被送上法庭审判，法治的威严从他们手中擎起，正义的力量在他们脚下铸就。湖北省咸宁市公安局副局长肖传家、湖北省公安厅刑侦总队打黑支队民警李仁喜、湖北省赤壁市公安局副局长田红强、湖北省武汉市公安局刑侦民警吴俊，这“四剑客”的背后是一支拉得出、打得赢的钢铁队伍。让人民群众在每一起案件中感受到公平正义，是他们不变的追求。

聚警魂在心中
无悔抉择、血肉之躯践行庄严誓言

为人民而牺牲，是一种伟大的光荣，又是一份撕心裂肺的痛楚。为人民而牺牲，是一种瞬间的无悔抉择，又是一种永远的心灵颤动。刘洪坤、刘洪魁，在2013年北京石景山喜隆多市场火灾中英勇牺牲的“烈火双雄”，带着对公安事业的无限忠诚和热爱，永远地离开了我们；吴春忠，这位来自海南的派出所所长也因积劳成疾，永远地倒在了工作岗位上。

党和人民没有忘记他们。在颁奖典礼前，公安部党委委员、政治部主任夏崇源带着国务委员、公安部部长郭声琨和公安部党委的嘱托，专程看望慰问了三位公安英烈的家属。

“儿子当兵十七年，回家只有三次。最长的一次，我们老两口有八年没见过他。在他牺牲后，我们到北京看他工作和生活的地方，才知道他真的是太忙。儿子，爸爸错怪你了……”

“烈火双雄”刘洪坤、刘洪魁的战友安慰他们的父母，自己也跟着掉泪

“唯一的儿子走了。我们家中现在还保留着他结婚时的新房，我们每天进去给他收拾房间，就像他还在一样。忠孝不能两全，只要为了国家好，需要牺牲还是要去牺牲的，可惜他才 28 岁，为国家做的还是太少了……”

泪飞顿作倾盆雨。台上，刘洪坤、刘洪魁的父母老泪纵横；台下，观众们也早已泣不成声。

“我永远记得那令人心碎的一幕，他们紧紧相拥、相互掩护，消防服已经烧得难以分开，这就是我们消防警察的生死情谊，是世界上最珍贵的情谊！当他们的遗体被抬出时，我们双腿跪地，就像送别我们的亲人。我们一定会照顾好四位老人，我们都是老人的儿子！”

“让我们向两位战友最后一次敬礼！”石景山区公安消防支队八大处中队中队长朱建国与战士张广鑫流着眼泪，齐齐转身，面向大屏幕，再一次给刘洪坤、刘洪魁敬礼！

“敬礼！”在场的全体候选民警也同时起立，向英雄致以最崇高的敬意！

此刻，大屏幕上两位英雄的笑容，逐渐幻化成几百个牺牲民警的名字。在这面英烈墙上，镌刻着 2012 年以来牺牲的 1186 位人民警察的姓名。每一个名字，都代表着一个敢于牺牲、甘于奉献的生命。公平与正义，就刻在这面用鲜血和生命铸就的墙上。在平安中国、法治中国这趟奔腾向前的列车脚下，这每一个名字，就是铁轨上的一枚刚强的螺丝钉。他们的牺牲，换来的是人民群众的安宁和幸福，在守护平安的岁月里，这样的奉献与牺牲，永远义无反顾！

“我志愿成为一名中华人民共和国人民警察。我保证忠于中国共产党，忠于祖国，忠于人民，忠于法律；服从命令，听从指挥……我愿献身于崇高的人民公安事业，为实现自己的誓言而努力奋斗！”所有候选人走上台前，在英烈墙前举起右手，庄严宣誓。

这一刻，光荣不仅仅属于他们，更属于所有坚守职责、默默奉献的人民警察。在推进平安中国、法治中国建设的进程中，英勇无畏的人民警察队伍，将肩负起更多的使命、更大的期待、更重的责任，奋勇向前！

央视主播讲述爱民警察的故事

（《人民公安报》2014 年 11 月 11 日）

在第五届“我最喜爱的人民警察”评选活动颁奖晚会现场，当选民警的动人事迹不仅感动着现场观众，也感动着来自评选活动主办方之一的中央电视台的演职员们。颁奖晚会间隙，本报记者独家采访了这台晚会的三位主持人，听听他们心中的爱民警察是什么模样。

欧阳夏丹：他们的忠诚和敬业让我热泪盈眶

作为备受观众喜爱的主持人，欧阳夏丹已经是第二次与“我最

中央电视台主播欧阳夏丹（右三）等人采访“我最喜爱的人民警察”“1·10”专案组成员

喜爱的人民警察”评选活动结缘。怎样在有限的时间内把候选民警身上的动人故事挖掘出来，并准确地呈现在舞台上？欧阳夏丹的秘诀是与候选民警不断沟通，“我会抓住一切机会不断与民警们沟通、讨论，在这种面对面的交流中找到最能抓住人心的闪光点。”

在第一次看到候选民警们的事迹时，欧阳夏丹已忍不住流下眼泪，“让我印象深刻的民警有很多。比如这次当选的交警崔光日，尽管罹患尿毒症，但他依然坚守在工作岗位上。他跟我说，‘只要活着一天，就要快乐地工作一天。’再比如我们的三位获奖社区民警郑伯武、宝音德力格尔、陈怡，他们淳朴且甘于奉献。社区民警的工作看上去好像都是鸡毛蒜皮的小事，但他们年复一年的付出和奉献却是伟大的。尤其是宝音德力格尔，他说的话可能我们未必能全听懂，可是他真心实意为牧民做的好事却有着震撼人心的力量。正是像他们一样的千千万万个社区民警，夯实了公安工作的根基。”

康辉：每一个工作人员都本能地心疼着他们

第二次主持“我最喜爱的人民警察”评选活动颁奖晚会，康辉有许多感慨

与欧阳夏丹一样，主播康辉也是第二次主持“我最喜爱的人民警察”评选活动颁奖晚会。

“几乎每一位候选民警的事迹都让我们深深震撼。在感动之余，大家几乎是本能地心疼着他们，希望尽可能保护他们。比如对身患尿毒症的交警崔光日，几乎所有的工作人员都异口同声地建议不要再让他消耗太多体力，要让他尽可能地休息。我们多么希望这些常年辛苦的人民警察能在这短暂的、可以不工作的时间内，享受一下大家带给他们的温暖，享受一下难得的放松！”

“人民警察是一个敬业的、有大爱的群体，他们是对这个国家和人民有责任和担当的人！这每个词说出来容易，但真正做到却并不容易。如果我们都能在自己的岗位上真正做到这几点，能时时想到自己对他人、对社会的责任，我想，我们的国家会变得更美好、更强大。”康辉说。

海霞：很多警察朋友不仅铁面无私，而且浪漫有情怀

颁奖典礼上，海霞讲述社区民警郑伯武、陈怡和宝音德力格尔的故事

在主播海霞的眼中，人民警察是个非常可爱的群体。

“我有很多做警察的朋友，所以我对他们的了解更立体些。他们不仅仅铁面无私，他们还热爱生活、浪漫有情怀。他们不仅从事着这个职业，还热爱着这个职业。他们中的许多人都有这样的特点——对犯罪分子越是冷酷，对老百姓就越是满腔热情；对工作越忠诚，对家人就越亏欠。无论是经常面对嫌疑人枪口的刑警，还是普通的社区民警，他们的事迹都让人非常感动。”

说到这儿，海霞还现场与记者分享了一个小花絮。“晚会上我讲述社区民警的故事，事后有位民警跟我说，‘你念我的名字特别好听，我自己念就不如你念的好听！’我听后特别开心，民警这么表扬我，我很自豪。”

第五届“我最喜爱的人民警察”颁奖典礼致敬词

（《人民公安报》2014年11月11日）

11月9日20时，由公安部和中央电视台共同主办的第五届“我最喜爱的人民警察”评选活动颁奖典礼盛况在中央电视台综合频道首播。颁奖典礼以全国公安机关和广大公安民警对党、对国家、对人民、对法律的赤胆忠诚为创作主题，以当选者的感人故事为主线，集中展示了近年来、特别是党的十八大以来，全国公安机关和广大公安民警深入学习领会、坚决贯彻落实习近平总书记系列重要讲话精神，牢记使命、忠诚履职，为深入推进平安中国、法治中国建设，为依法维护人民权益、维护社会公平正义、维护国家安全稳定所做出的突出贡献。颁奖典礼现场，评选活动给当选民警的致敬词也在观众心中留下了深刻的印象。让我们再一次聆听祖国和人民给当选民警们的致敬词。

曹志刚

你把生的希望留给群众，你把自己变成歹徒的梦魇。冲上去的一瞬间，释放着一生的坚守；对歹徒的无情，来自于对人民的深情。平安中国，因为你和你们而坚不可摧。

木拉提·西日甫江

凶徒泯灭人性，反恐任重道远，唯有民族团结、警民同心，才能捍卫家园。儿女情长，更衬托出你的力量。人民伸手，托举起你——一个反恐警察的荣光。

高　明

跟亡命徒搏斗，就要拼得出性命；跟狡猾者较量，就要斗得赢智商。你把不动声色的卧底岁月演绎得有声有色，你把经年累月的无声较量演奏成热血华章。

崔光日

无愧于人民，你便是最好的警察。无愧于岗位，你已有最久的坚守。患难与共，是一份挚情应得的勋章；万千通途，是一位交警可筑的春秋。

韦汉忠

大海的浩瀚美丽，由每一顷波涛来勾勒；海疆的和平安宁，由每一位海警来镌刻。沧海一粟，亦可功勋彪炳；波涛汹涌，终将化险为夷。

张宝发

无形战线，令敌人胆寒；无私奉献，给警徽增光。技侦人，无名英雄，人民从心底里记住了你们的鼎鼎大名。伟大祖国敞开胸怀，收下了你们的赤胆忠心。

郑伯武　宝音德力格尔　陈怡

爱民之事皆溪流，小溪可成江河；平凡日夜皆细碎，琐碎铸就豪迈。你们给法治的刚性里增添了柔情，你们在警察的定义中书写着安宁。小事成大爱，平凡亦英雄。

侦办刘汉刘维特大黑社会性质组织犯罪集团案专案组

在惊心动魄的较量中彰显法治之威，在对邪恶堡垒的摧毁中锤炼钢铁队伍。公安司法工作者在用行动赢得人民的信任、增添百姓的信心。你们给平安中国、法治中国写下了新鲜生动的注脚、厚重庄严的篇章。

向和平时代最伟大的英雄致敬

（《人民公安报》2014 年 11 月 11 日）

金盾荣光闪耀，热血铸就辉煌。

11 月 9 日晚，在开启的荣誉殿堂上，在奏响的英雄赞歌里，“我最喜爱的人民警察”用忠诚和坚守深深触动着我们每一个人。

总有一种信念，感人至深；总有一种精神，给人力量；总有一种情怀，让人热泪盈眶！

致敬！向人民警察的优秀代表致敬！

面对绑架劫持人质的亡命之徒，你把生的希望留给群众，把自己变成了歹徒的梦魇；

暴恐凶徒泯灭人性，为了民族和人民的美好未来，你夜以继日奋斗坚持捍卫家园；

卧底狡猾毒窝，你见招拆招，化险为夷，把无声较量奏成热血华章；

社区工作就怕“认真”二字，你们坚信“小溪可成江河、琐碎铸就豪迈”，用善良和柔情打造出一块块平安基石；

身患重症，你却愿用最久的坚守，守护人民的平安之路，在平凡当中创造着伟大的不平凡；

在以海为家的日子里，你始终牢记使命，用海警的担当，镌刻出了祖国海疆的和平与安宁；

抽丝剥茧、挑灯夜战，你选择坚守和寂寞，在数以亿计的数据中大海捞针，传承了一代又一代技侦人的光荣传统；

善良需要呵护、正义需要匡扶。面对艰难的“1·10专案”，你们跨越了大半个中国，日夜奋斗，最终牢牢锁定刘汉刘维黑社会性质组织犯罪集团的犯罪证据，在惊心动魄的较量中彰显了法治之威……

……

义无反顾的信念，不畏牺牲的精神，全心为民的情怀，你们在各自的岗位上彰显了法治的力量，树立了法治的权威，在爱民的一举一动中谱写了一曲曲平安之歌。那镌刻着“人民警察”的奖杯是人民给予你们的肯定和褒奖，你们手捧的是至高无上的荣誉。

然而，我们不得不面对一个令人痛心的现实：和平时代，公安队伍是流血牺牲最多的一支队伍。新中国成立以来，全国1.2万余名公安民警牺牲，17万余名民警光荣负伤，3200人被追认为烈士。仅2012年以来，就有1186位人民警察光荣牺牲。那些在群众危难时刻不顾一切挺身而出，用血肉之躯忠实践行了“不怕牺牲”誓言的战友，刘洪坤、刘洪魁在灭火战斗中光荣牺牲，吴春忠因病去世……他们没能亲自登上那个荣誉的殿堂，没能亲手接过人民赋予的光荣，

68名“我最喜爱的人民警察”向因公牺牲的公安英烈姓名墙敬礼

但他们永远是警队的骄傲，是警队的自豪！

祖国终将选择忠诚于祖国的人，人民终将记住奉献于人民的人！你们无愧于祖国、无愧于人民、无愧于誓言，“我最喜爱的人民警察”——你们当之无愧！你们，就是和平时代最伟大的英雄！

致敬！向和平时代最伟大的英雄深深致敬！那镌刻着牺牲与奉献的英雄事迹，终将永远传颂，成为凝聚警心、激励斗志的华美乐章。

“奉法者强则国强，奉法者弱则国弱。”党的十八届四中全会把全面推进依法治国提升到了新的高度，公安司法力量在法治中国建设中将承担起更大的责任和使命。我们有理由相信，以“我最喜爱的人民警察”为榜样，警队中必将涌现出越来越多让百姓喜爱的人民警察，广大人民警察的赤胆忠心也必将汇聚成推动法治不断进步的强大力量。

现场观众热泪盈框

第五届“我最喜爱的人民警察”评选活动颁奖典礼在各地公安机关引发强烈反响

（《人民公安报》2014年11月11日）

11月9日晚，由公安部和中央电视台共同主办的第五届“我最喜爱的人民警察”评选活动颁奖典礼盛况在中央电视台综合频道首播。各地公安机关纷纷组织民警、家属收看颁奖典礼晚会。大家纷纷表示，要以英雄的群体和个人为榜样，立足本职岗位，以饱满的热情、严明的纪律、良好的形象，争当群众“最喜爱的人民警察”。

北　京

11月9日晚，北京市公安局组织广大民警收看了颁奖典礼盛况，并紧密结合学习贯彻习近平总书记在会见全国公安机关爱民模范集体代表和爱民模范时的重要讲话精神，迅速在全局范围内掀起学习热潮，坚决打好反恐维稳工作的主动仗、整体仗，圆满完成各项维稳和安保任务，确保APEC会议的绝对安全。

广大民警纷纷表示，要以曹志刚等人为榜样，学习英雄模范的崇高品德和先进事迹，锐意进取、爱岗敬业，扎实做好本职工作，全身心投入到APEC安保工作中，为APEC会议的顺利召开保驾护航。

山　西

11月9日，山西省各级公安机关纷纷组织民警及民警家属观看颁奖典礼。因执勤、值班、办案等不能观看的民警，第二天均通过网络视频进行了集中观看。

各级公安机关通过召开座谈会、组织讨论和交流心得体会等形式收集整理了民警及家属的观看体会。大家纷纷表示，要以英模为榜样，学习他们对党忠诚、献身使命的崇高品质，忠于党、忠于祖国、忠于人民、忠于法律，永远争当党和人民的忠诚卫士，为全省城乡人民安居乐业提供更多贴切、高效的民生服务，为建设法治山西、平安山西作出新的更大的贡献。

内蒙古

11 月 9 日晚，在内蒙古自治区巴彦淖尔市公安局会议室，200 多位公安民警怀着激动的心情早早守在了电视机前。

晚会用“沙画”的艺术形式呈现了宝音德力格尔十七年来用真心赢得牧民信任、用真情温暖千家万户的感人故事。“我生在牧区，长在牧区，我的根已深深地扎在乌拉特草原上，我对草原的一草一木都非常熟悉，也和牧民群众有着亲人般的感情。”一句句感人肺腑的话，激励着全体民警。“和宝音到他帮扶的困难户家，看到牧民那激动的泪水，我就体会到真诚的爱心所带来的巨大力量。”民警柴永强说。

吉　林

11 月 9 日晚，吉林省公安机关广大民警、社会各界群众收看了颁奖典礼活动盛况，并引发强烈反响。

吉林省公安厅下发了通知，要求全省公安机关广大民警合理安排休息和工作时间，认真收看颁奖典礼盛况。吉林省各级公安机关 2 万余名民警或在家中、或在值班室，通过电视、网络等多种媒体观看了第五届“我最喜爱的人民警察”颁奖典礼。汪清县公安局民警李永一感慨万分：“崔光日是我们局的骄傲，同时，我们也看到许许多多英雄民警付出了常人无法想象的牺牲，取得了不平凡的业绩，激励着我们大家要以他们为榜样，不断前行。”

上　海

11 月 9 日，上海市公安局组织收听收看颁奖典礼。晚会播出前，市局官方微博、微信“@警民直通车－上海”通过微博、微信平台发布节目播出预告。“唤醒从警宣誓时的热血激情，踏实走好从警路上的每一步。”广大青年民警表示，在张宝发等英模身上强烈地感受到“无名英雄”、“誓言无声”、“无怨无悔”等等词汇的含义。

下一步，上海公安系统将继续深化推进各项宣传学习活动措施，进一步弘扬公安先进典型忠诚履职、敬业奉献的精神风貌，全力以赴推进“四项建设”。

浙　江

11 月 9 日，浙江省公安机关组织广大公安民警收看了颁奖典礼。

在收看颁奖典礼过程中，当陈素青走上颁奖台时，陈素青的徒弟、金华市公安局刑侦支队民警郑天宇眼眶有些湿润。他激动地说：“师傅在岗位上奋战多年，他这样‘干一行、爱一行’的精神值得我们学习。”“看着爸爸上台领奖，妈妈很高兴。她很感动，一直等到节目全部播完才去睡觉。”陈素青的儿子陈玄宏说，“感谢党组织和领导对他的认可，看着他在工作上的成绩，作为他的家人十分自豪。成绩是大家共同努力的结果，荣誉不只属于个人。”

安　徽

11 月 9 日晚，安徽各地公安机关组织民警收看了颁奖典礼。看后，民警深受鼓舞。

池州市公安局贵池分局民警张振雷收看了颁奖典礼，“当看到颁奖现场一个个平凡而又丰满的人民警察形象时，我根本无法抑制内心的感动，看到一个个感人的事迹，我流泪了。”

铜陵市公安局杨家山派出所组织全体民警集中收看了颁奖典礼，将通过积极组织召开座谈会，撰写收看心得、学习体会等方式，组织开展向先进典型学习活动，在全所形成学习身边模范、做好本职工作的浓厚氛围。

福　建

11 月 9 日晚，当郑伯武出现在第五届“我最喜爱的人民警察”颁奖典礼的电视画面上时，福建省永泰县公安局大院内掌声、欢呼声经久不息。这个永泰县公安局年轻的派出所所长，用汗水、泪水、青春和热血，为“我最喜爱的人民警察”的光荣称号作了美丽诠释。

全省守在电视机前的数万名战友和父老乡亲也给身边的英雄、给他们的警察兄弟送上了最珍贵的祝福。在省厅机关工作的民警张发建说：“长期战斗在基层一线的民警们，他们是真正的勇士。”大学生小江看了郑伯武的事迹报道后，敬佩之情溢于言表：“警察不易，小武哥，保重！”

湖　北

11 月 9 日上午，湖北省公安厅政治部通过“湖北公安手机报”向全省民警发送第五届“我最喜爱的人民警察”颁奖典礼收看预告。

当晚，各地公安民警或通过集中组织，或与家人一起，收看了典礼盛况，并通过微信朋友圈、微博平台表达对英模的崇敬之情。反恐英雄、打黑英雄、技侦英雄……每一个获奖民警的出现都掀起一阵阵“点赞”高潮。民警们纷纷表示，要以这些英雄的群体和个人为榜样，立足本职岗位，以饱满的热情、严明的纪律、良好的形象，争当群众“最喜爱的人民警察”！

海　南

11 月 9 日晚，海南省公安厅组织全省广大民警收看了颁奖典礼。颁奖典礼如同一道精神大餐，对海南广大民警进行了一次心灵上的深刻洗礼。民警们既感受到了无上荣光，也感受到了广大群众对公安工作的深深期许。

“我最喜爱的人民警察”的先进事迹，为践行群众路线提供了最为鲜活的教材。广大公安民警纷纷表示，要化感动为行动，向英模学习，更好地肩负起人民警察的责任。“化感动为行动，在振奋中再出发。”这是广大公安民警在学习、讨论“我最喜爱的人民警察”事迹后的共同心声。

云　南

11 月 9 日，云南 16 个州（市）、129 个县（区）公安机关近 5 万民警认真收看了颁奖典礼。大家纷纷表示，一定要为头上的警徽增光，谱写“人民警察为人民”的新篇章。此前，云南省公安厅专门下发文件，要求全省各级公安机关组织收看颁奖典礼。

云南省公安厅要求，要以巡回报告、故事讲演等方式，分批组织全省公安民警认真学习“我最喜爱的人民警察”和爱民模范的感人事迹，号召民警爱岗敬业、求真务实，在平凡的岗位上不断进取，在全省公安机关形成学习先进、崇尚先进、争当先进的良好风尚，传递越来越多的正能量。

甘　肃

11 月 9 日，甘肃省兰州市公安局提前向全局民警发送收看短信，提醒广大民警和家属注意准时收看颁奖典礼。部分值班备勤的单位组织了集中收看、讨论和座谈，紧密结合学习贯彻习近平总书记在会见全国公安机关爱民模范集体代表和爱民模范时的重要讲话精神，号召民警向参选民警学习。

缉毒民警张宏州说：“为我们的缉毒英雄而骄傲，今后，我要牢记职责，不辱使命，在平凡的工作中实现崇高的人生价值。”“祖国终将选择忠诚于祖国的人，祖国终将记住奉献于祖国的人。”颁奖典礼结束时的两句话，震撼了所有观看民警的心灵。

新 疆

11 月 9 日晚，新疆公安机关民警通过多种形式观看了颁奖典礼。他们纷纷表示，将以当选的先进人物为榜样，全力以赴投入到严厉打击暴力恐怖活动专项行动中，为维护社会稳定和长治久安作出贡献。

此前，新疆维吾尔自治区公安厅专门下发通知，要求全区公安机关组织广大公安民警和家属观看。据悉，自治区公安厅将向全区公安机关发出倡议，号召广大民警立足岗位学习“我最喜爱的人民警察”的先进事迹，并以参选第五届“我最喜爱的人民警察”评选活动的民警为主，举行爱民模范先进事迹报告会，同时通过座谈会、媒体宣传等方式，大力宣传英模的先进事迹。

第五届“我最喜爱的人民警察”颁奖典礼引发公众强烈反响

（《人民公安报》2014年11月11日）

“‘我最喜爱的人民警察’，
这是称号——多么美好，
这是荣誉——多么崇高……
在通向这神圣领奖台的路上，
有过多少次汗水湿透征袍，
有过多少次寂寞把你煎熬，
英雄不说，百姓心里知道。”

11月9日20时，由公安部和中央电视台共同主办的第五届“我最喜爱的人民警察”评选活动颁奖典礼在中央电视台综合频道首播后，立刻引发万千观众强烈反响。10日清晨，新浪网友“孤独的快手”在自己的博客上发出了这篇《诗赠第五届“我最喜爱的人民警察”获奖英雄》，以饱含深情的语言表达着对获奖民警的礼赞。

人民警察人民爱。颁奖典礼虽然不足两个小时，但感动与震撼却贯穿始终，赢得如潮好评。曹志刚、木拉提·西日甫江、高明、郑伯武、宝音德力格尔、陈怡、崔光日、韦汉忠、张宝发、侦办刘汉刘维特大黑社会性质组织犯罪集团专案组的“四剑客”以及“烈火双雄”刘洪坤、刘洪魁……无数观众在泪水中记住了这些优秀公安民警的名字，记住了“人民警察”这个光荣的群体，颁奖典礼也引发了社会各界的强烈反响。

感动与震撼："泪奔"、"痛哭"、"眼泪停不下来"成为网友留言高频词

在颁奖典礼播放的过程中，许多网友把自己想对获奖民警说的话，以评论、留言的方式传递出来。

网友"大大 zlh"在央视微博中留言说："刚看了'我最喜爱的人民警察'颁奖礼，看到交警崔光日的事迹，哭到不行，感动于他对工作的执著信念，更感动于他们夫妻间互相坚守的爱，如果我遇到了我的那个'他'，我想我也会如此！"

网友"逆袭的学渣"感慨留言："看'我最喜爱的人民警察'颁奖礼，心碎，致敬。曹志刚的短片里，被他救下的群众说人世间最动听的一句话是：'我是警察，别动！'看到这里忽然就哭了，泪奔……"

网友"MIKI-Jasmine"在新浪微博中燃起了许多蜡烛："我正在看颁奖典礼，所有消防战士哭着跪送刘洪坤、刘洪魁的场面太心酸了，我的眼泪像断了线一样。祖国不会忘记你们，我会永远记住你们。今天是全国消防日，向所有消防战士敬礼！"

英烈的事迹令无数人落泪。网友"清风明月 321"说："看央视正在播的颁奖典礼，一直感动着，泪盈眼眶。消防战士刘洪坤的母亲站在台上不停地转身看儿子的照片，看到这一幕，我的眼泪倾泻而下。"同样感到难过的还有网友"Pualjie"，"今晚看了'我最喜爱的人民警察'颁奖典礼，当英雄刘洪坤、刘洪魁的父母颤巍巍走上舞台，回忆起儿子生前的点点滴滴时，我们全家都哭了。"

尽管颁奖典礼已经结束，但一段段撼动人心的短片、一个个感人至深的故事仿佛仍在眼前，许多网友抑制不住内心的激动，一直热烈地讨论着。网友"火华社的火华烨"在央视微博中留言说："这

是我第一次很认真用心地看这个节目，饱含热泪地看完，太震撼人心，太令人揪心，警察们出生入死、尽忠尽职的故事让我泪奔。此时此刻，任何文字都不足以表达心中的感动，唯有真心地向所有人民警察致敬，默默祝福他们及家人安康！”

网友“在家看海的Joe”在“平安北京”相关微博下评论说：“看完今晚播放的颁奖典礼，我的眼泪停不下来。晚会用典型人物的故事浓缩了所有公安民警的艰辛、努力、付出以及牺牲。伟大的背后，可能是鲜血淋漓。因为他们的无私和无畏，人民才能安居乐业。愿所有民警平安顺利！”

致敬与思索：关怀公安民警，珍惜平安生活

感动与震撼过后，是深深的敬意和思索。

许多网友向公安民警群体表达着深深敬意。很多网友表示这台晚会使他们更加理解警察这个特殊的群体，他们就是社会的“正能量”。网友“小四儿公主”说：“向所有为人民服务的警察叔叔致敬，你们是我们的保护神，你们带给我们正能量，有你们我们的生活才更美好，向你们学习！”

网友“空瓶氧气 iGS”在自己的微博中向民警群体敬礼：“看着今晚的颁奖典礼，我不知不觉已经泪流满面，哭得不成样子。自2012年至今，全国公安机关牺牲了一千多名民警，我的心都碎了！向牺牲的民警敬礼，你们都是好样的！我永远不会忘记人民警察的铮铮誓言，再次敬礼！”

许多网友担心着公安民警群体的安危冷暖。

网友“郑植译”的微博中贴满了流泪的表情，“‘恪尽职守，不怕牺牲’，人民警察真的是最伟大、最值得尊敬的人群之一！看到那些牺牲的消防战士好多都才二十多岁，我真的觉得好难过。希望人民的英雄们，在保护人民的同时也要保护好自己。更希望这个

世界少些罪恶，多点光明。”

网友“花语酥心”也在为英雄们担心：“听到消防战士的父亲感叹‘忠孝难两全’，我真是难过极了。真心希望国家能好好完善对公安民警的保护和保障，尤其是照顾好牺牲和伤残的民警，不要让英雄和家人流血又流泪。”

更多网友从当选民警的事迹中深受启发，找到了自己前进和努力的方向。

网友“木木 SVIP”写道：“昨晚看了第五届‘我最喜爱的人民警察’颁奖典礼，那么多优秀警察，他们与歹徒恶战，与罪犯较量，恪尽职守，匡扶正义。我内心澎湃万分。作为一名人民教师，我要像他们一样尽忠职守。”

网友“完全凌乱了”在央视微博中留言说：“在看木拉提·西日甫江的短片时，我看到新疆的公安民警因为暴恐袭击，全年牺牲40余人，无意间看到了一个年轻女性的遗照，眼泪就落了下来。和平生活来之不易，我们更应该好好珍惜。”

网友“超超肉丸子”留言说：“‘我最喜爱的人民警察’颁奖礼上，是满满的感动、满满的正能量，同时是满满的揪心，满满的感慨！在新时期的和平年代，作为平凡的普通人，我们更应该少点抱怨，多点阳光，做好自己的本职工作，为建设强大的祖国添砖加瓦！”

“你们用鲜血染红了旭日，
你们用生命当做给祖国的回报，
英雄不说，百姓心里把你们记牢。
亿万百姓向你们敬礼，鞠躬，折腰，
你们将变成灯塔，成为大海上的航标。”

正如诗歌中所言，颁奖典礼所传递的精神，将化作灯塔，照亮英雄的群体与人民群众一起奋勇向前！

后　记

近年来，特别是党的十八大以来，全国公安机关和广大公安民警深入学习领会、坚决贯彻落实习近平总书记系列重要讲话精神，牢记使命、忠诚履职，为深入推进平安中国、法治中国建设作出了重要贡献，涌现出一批信念坚定、执法为民、敢于担当、清正廉洁，受到群众喜爱和网民点赞的优秀公安民警。为集中宣传和表彰这些优秀公安民警，激励全体公安民警更好地肩负起维护社会大局稳定、促进社会公平正义、保障人民安居乐业的神圣使命，结合党的群众路线教育实践活动，公安部与中央电视台于2014年9月联合启动了第五届“我最喜爱的人民警察”评选活动。

公安工作好不好，群众感受最真切；民警干得怎么样，群众最有发言权。本届评选活动始终坚持民意导向，把评判权交给群众，让群众参与、受群众监督、请群众评判，以组织推荐、群众推荐和媒体推荐等多种方式产生4批70位候选对象。评选期间，所有候选对象的事迹均通过媒体网站向社会公开展示，接受群众推荐、投票和监督、举报。评选活动启动以来，受到社会各界持续高度关注。中央和地方主要媒体和重点网站进行了集中推介和报道，取得了广泛的社会影响。截至目前，评选活动专题网页浏览量超过4亿人次，微博平台相关话题阅读量超过6亿人次，网民评论留言达30万余条。

群众喜爱是最高褒奖。备受社会各界关注的第五届“我最喜爱的人民警察”评选活动于2014年11月3日正式揭晓评选结果。经过社会公众和评委会共同评选产生的10位“我最喜爱的人民警察”

当选者是：成功侦办党的十八大以来全国打黑第一案——刘汉刘维特大黑社会性质组织犯罪集团案的专案组；始终冲在处置绑架、涉枪、涉爆等大要案件最前面，在危急关头舍生忘死的北京市公安局反恐怖总队副总队长曹志刚；忠诚守护戈壁草原、做好事“多如牛羊”的内蒙古巴彦淖尔市乌拉特后旗公安局潮格温都尔镇派出所民警宝音德力格尔；身患尿毒症仍长期坚守在他热爱的交通执勤岗位上的吉林省汪清县公安局交警大队城区中队指导员崔光日；在技侦战线默默奉献数十年、经常在重大案件侦办中发挥关键作用的“技侦专家”上海市公安局技术侦察总队总队长张宝发；让“枫桥经验”在社区警务中升华、用真情赢得辖区群众信任的浙江省宁波市公安局鄞州分局钟公庙派出所民警陈怡；与歹徒搏斗先后两次负伤，把群众当作亲人、用温情书写大爱的福建省永泰县公安局赤锡派出所所长郑伯武；出生入死行走在缉毒一线，带领一支特别能战斗的队伍屡破毒品大案的“缉毒先锋”、云南省临沧市公安局禁毒支队支队长高明；奋战在反恐最前沿，对暴恐犯罪毫不手软、果断亮剑的新疆和田地区公安局民警木拉提·西日甫江；把22年青春年华奉献给蓝色海疆，精通多项过硬技能、屡屡发挥“尖刀”作用的“超级战士”、中国海警海南海警第一支队46001艇代理枪帆长韦汉忠。

此外，为表彰在打击犯罪、维护平安、服务群众、抗震救灾中作出突出贡献的优秀公安民警，评委会授予带领专案组历时一年成功侦办葛兰素史克中国公司商业贿赂犯罪案的湖南省长沙市公安局经济侦查支队支队长胡志国等20位候选对象特别奖；授予北京市公安局网安总队六大队副大队长高媛等38位候选对象提名奖。本届评选活动还专门设立“特别致敬奖”，向以“烈火双雄”刘洪坤、刘洪魁和“焦裕禄式的好民警”吴春忠为代表的，为维护国家长治久安、人民幸福安宁英勇牺牲的公安民警和公安边防、消防官兵致敬。

人力资源社会保障部、公安部决定，授予第五届“我最喜爱的人民警察”当选者“全国公安系统一级英雄模范”荣誉称号，授予特别奖获得者“全国公安系统二级英雄模范”荣誉称号，授予提名奖获得者“全国特级优秀人民警察”荣誉称号。

这些公安战线的优秀代表，无论是在偏远山区，还是在边境海疆，无论是扎根基层，还是冲在前线，他们和他们身后的千千万万名人民警察，都始终站在时代的前列、扎根脚下的沃土，以对党、对国家、对人民、对法律的绝对忠诚，用汗水、鲜血直至生命，依法维护人民权益、维护社会公平正义、维护国家安全稳定。他们是时代的先锋、社会的脊梁，是我们这个时代最可爱的人。他们都有一个共同的名字——“人民警察”，他们都有一个共同的特征——“群众喜爱”。

让英雄走进荣誉的殿堂，让楷模接受人民的褒奖。2014 年 11 月 3 日晚，第五届“我最喜爱的人民警察”评选活动颁奖典礼在湖北省武汉市隆重举行。颁奖典礼通过一部部催人泪下的专题片、一段段饱含深情的致敬词和获奖感言，生动诠释了人民警察人民爱、人民警察为人民的鱼水情深。

“我最喜爱的人民警察”评选活动是公安部和中央电视台共同举办的一项重要品牌性活动，2004 年以来已成功举办过四届，先后评选出了被誉为“中国当代福尔摩斯”的共和国第一代刑侦专家乌国庆，危难时刻挺身而出解救人质、身负重伤的“赤胆英雄”谭纪雄，15000 次和死神“过招”的排爆专家王百姓等一大批深受群众喜爱的公安英雄模范人物，在警营内外产生了重大影响。

图书在版编目 (CIP) 数据

赤胆忠心：第五届“我最喜爱的人民警察”评选活动集锦 / 公安部新闻中心 编. —北京：群众出版社，2015.7

ISBN 978-7-5014-5388-7

Ⅰ. ①赤… Ⅱ. ①公… Ⅲ. ①警察—先进事迹—中国—现代 Ⅳ. ① K828.2

中国版本图书馆 CIP 数据核字（2015）第 143491 号

赤胆忠心

——第五届“我最喜爱的人民警察”评选活动集锦

编　　者：公安部新闻中心
责任编辑：季　伟　谢昕丹

出版发行：群众出版社
地　　址：北京市丰台区方庄芳星园三区 15 号楼
邮政编码：100078
经　　销：新华书店
印　　刷：北京市泰锐印刷有限责任公司

版　　次：2015 年 7 月第 1 版
印　　次：2015 年 7 月第 1 次
印　　张：21.5
开　　本：787 毫米 ×1092 毫米 1/16
字　　数：200 千字
印　　数：0~9000 册

书　　号：ISBN 978-7-5014-5388-7
定　　价：69.00 元

网　　址：www.qzcbs.com
电子邮箱：qzcbs@163.com

营销中心电话：010-83903254
读者服务部电话（门市）：010-83903257
警官读者俱乐部电话（网购、邮购）：010-83903253
啄木鸟杂志社电话：010-83901941